# Theodor W. Adorno
# Versuch, das Endspiel zu verstehen

Aufsätze zur Literatur
des 20. Jahrhunderts I

W0060812

Suhrkamp

suhrkamp taschenbuch 72
Erste Auflage 1973
Copyright dieser Zusammenstellung
© Suhrkamp Verlag Frankfurt am Main 1972
Suhrkamp Taschenbuch Verlag.
Alle Rechte vorbehalten, insbesondere das des öffentlichen
Vortrags, der Übertragung durch Rundfunk oder Fernsehen
und der Übersetzung, auch einzelner Teile.
Druck: Ebner, Ulm. Printed in Germany
Umschlag nach Entwürfen
von Willy Fleckhaus und Rolf Staudt

# Inhalt

# Ist die Kunst heiter?

## 1

Der Vers »Ernst ist das Leben, heiter ist die Kunst« beschließt den Prolog zu Schillers Wallenstein. Er ist einer Wendung aus den Tristien des Ovid nachgebildet: Vita verecunda est, Musa jocosa mihi. Man wird dem anmutig durchtriebenen antiken Dichter dabei eine Absicht unterschieben dürfen. Er, dessen Leben so heiter war, daß es dem Augusteischen Establishment untragbar dünkte, mochte seinen Gönnern zublinzeln, indem er seine Munterkeit in die literarische der Ars amandi zurückdichtete und reuig des Lebens ernstes Führen als Haltung seiner Person durchblicken ließ. Ihm ging es um Begnadigung. Von solcher lateinischen Schlauheit wollte der Hofpoet des deutschen Idealismus nichts wissen. Seine Sentenz hebt zweckfrei den Zeigefinger. Dadurch wird sie vollends ideologisch, einverleibt dem bürgerlichen Hausschatz, bei passendem Anlaß zitierfähig. Denn sie bestätigt die verfestigte und allbeliebte Zweiteilung zwischen Beruf und Freizeit. Was auf die Qual prosaisch unfreier Arbeit und den im übrigen keineswegs unberechtigten Abscheu vor ihr zurückgeht, sei ein ewiges Gesetz der beiden reinlich getrennten Sphären. Keine soll mit der anderen vermischt werden. Gerade durch ihre erbauliche Unverbindlichkeit wird die Kunst dem bürgerlichen Leben als dessen ihm widersprechende Ergänzung eingefügt und unterworfen. Schon ist die Freizeitgestaltung abzusehen, die einmal daraus wird. Sie ist der Garten Elysium, wo die himmlischen Rosen wachsen, welche die Frauen ins irdische Leben flechten sollen, das so abscheulich ist. Dem Idealisten verdeckt sich die Möglichkeit, es könne real einmal anders werden. Er hat dabei die Wirkung der Kunst im Auge. Bei aller Noblesse der Gebärde nimmt er insgeheim jenen Zustand vorweg, der in der Kulturindustrie Kunst als Vitaminspritze für müde Geschäftsleute verordnet. Hegel war, auf der Paßhöhe des Idealismus, der erste, der wie gegen die auf das achtzehnte Jahrhundert, Kant eingeschlossen, zurückdatierende Wirkungsästhetik so auch gegen jene Ansicht von der Kunst Einspruch erhob mit dem Satz, diese sei kein horazisch angenehmes oder nützliches Spielwerk.

2

Dennoch kommt der Platitüde von der Heiterkeit der Kunst ihr Maß an Wahrheit zu. Wäre sie nicht, wie immer auch vermittelt, für die Menschen eine Quelle von Lust, so hätte sie in dem bloßen Dasein, dem sie widerspricht und widersteht, nicht sich erhalten können. Das aber ist ihr nichts Äußerliches sondern ein Stück ihrer eigenen Bestimmung. Die Kantische Formel von der Zweckmäßigkeit ohne Zweck spielt, obgleich sie die Gesellschaft nicht nennt, darauf an. Das Ohne-Zweck der Kunst ist ihr Entronnensein aus den Zwängen von Selbsterhaltung. Sie verkörpert etwas wie Freiheit inmitten der Unfreiheit. Daß sie, durch ihr bloßes Dasein, aus dem herrschenden Bann heraustritt, gesellt sie einem Glücksversprechen, das sie irgend selbst mit dem Ausdruck von Verzweiflung ausdrückt. Noch vor den Spielen Becketts hebt sich der Vorhang wie vor dem weihnachtlichen Zimmer. Vergebens arbeitet die Kunst, im Bestreben, ihres Scheinhaften sich zu entäußern, daran sich ab, jenes Restes von Beseligendem ledig zu werden, indem sie den Verrat wittert an die Jasagerei. Die These von der Heiterkeit der Kunst ist indessen sehr genau zu nehmen. Sie gilt für die Kunst als ganze, nicht für die einzelnen

Werke. Diesen mag Heiterkeit gründlich abgehen, nach dem Maß des Schreckens der Realität. Das Heitere an der Kunst ist, wenn man so will, das Gegenteil dessen, als was man es leicht vermutet, nicht ihr Gehalt sondern ihr Verhalten, das Abstrakte, daß sie überhaupt Kunst ist, aufgeht über dem, von dessen Gewalt sie zugleich zeugt. Darin bestätigt sich der Gedanke des Philosophen Schiller, der die Heiterkeit der Kunst in ihrem Wesen als Spiel erkannte und nicht in dem, was sie, auch jenseits des Idealismus, an Geistigem ausspricht. Kunst ist a priori, vor ihren Werken, Kritik des tierischen Ernstes, welchen die Realität über die Menschen verhängt. Indem sie das Verhängnis nennt, glaubt sie es zu lockern. Das ist ihr Heiteres; freilich ebenso, als Veränderung des jeweils bestehenden Bewußtseins, ihr Ernst.

3

Aber die Kunst, die gleich der Erkenntnis all ihr Material und am Ende ihre Formen von der Realität, und zwar der gesellschaftlichen, empfängt, um sie zu verwandeln, ist dadurch verstrickt in ihre unversöhnlichen Widersprüche. Ihre Tiefe mißt sich danach, ob sie durch die Versöhnung, die ihr Formgesetz den Widersprüchen bereitet, deren reale Unversöhntheit erst recht hervorhebt. In ihren entlegensten Vermittlungen zittert der Widerspruch nach wie im äußersten Pianissimo der Musik das Dröhnen des Schrecklichen. Wo der Kulturglaube ihr eitel Harmonie nachrühmt, wie bei Mozart, bekundet diese die Dissonanz zum Dissonierenden und hat es zur Substanz. Das ist Mozarts Trauer. Nur durch die Verwandlung des gleichwohl als negativ Erhaltenen, Widersprüchlichen vollbringt Kunst, was verleumdet wird, sobald man es zu einem Sein jenseits des Seienden verklärt, unabhängig von seinem Gegenteil. Pflegen die Versuche, Kitsch zu definieren, zu scheitern, so wäre jedenfalls der nicht der schlechteste, der zum Kriterium von Kitsch macht, ob ein Kunstprodukt, und wäre es durch den Nachdruck des Gegensatzes zur Realität, das Bewußtsein des Widerspruchs ausprägt oder darüber betrügt. Unter solchem Aspekt ist von jeglichem Kunstwerk sein Ernst zu fordern. Kunst vibriert zwischen ihm und der Heiterkeit als der Realität Entronnenes und gleichwohl von ihr Durchdrungenes. Allein solche Spannung macht Kunst aus.

4

Was es mit der widerspruchsvollen Bewegung von Heiterkeit und Ernst in der Kunst – ihrer Dialektik – auf sich hat, dürfte einfach sich erläutern durch zwei Distichen Hölderlins, die der Dichter wohl mit Absicht nahe zusammenrückte. Das erste, »Sophokles« betitelt, lautet: *Viele versuchten umsonst das Freudigste freudig zu sagen, / Hier spricht endlich es mir, hier in der Trauer sich aus.* Die Heiterkeit des Tragikers wird nicht im mythischen Inhalt seiner Stücke aufzusuchen sein, vielleicht nicht einmal in der Versöhnung, die er den Mythen angedeihen läßt, sondern darin, daß er es sagt, daß es sich ausspricht; beide Ausdrücke werden in Hölderlins Versen mit Emphase verwandt. Das Glück ist bei der Sprache, die über das bloß Seiende hinausweist. – Das zweite Distichon trägt die Überschrift »Die Scherzhaften«: *Immer spielt ihr und scherzt? Ihr müßt! O Freunde! Mir geht dies / in die Seele, denn dies müssen Verzweifelte nur.* Wo Kunst von sich aus heiter sein will, und damit zu jenem Gebrauch sich schickt, zu dem Hölderlin zufolge nichts Heil'ges mehr taugt, wird sie eingeebnet aufs Bedürfnis der Menschen und ihr Wahrheitsgehalt verraten. Ihre verordnete Munterkeit paßt in den Betrieb. Sie bekräftigt die Menschen darin, ihn weiter über sich ergehen zu lassen, mitzutun. Das ist die Gestalt objektiver Verzweiflung.

Nimmt man das Distichon schwer genug, so richtet es alles affirmative Wesen von Kunst. Es hat seitdem unter dem Diktat der Kulturindustrie, zur Allgegenwart, der Scherz zur grinsenden Fratze von Reklame schlechthin sich entwickelt.

5

Denn das Verhältnis des Ernsten und Heiteren von Kunst unterliegt einer historischen Dynamik. Was irgend heiter an ihr genannt werden darf, ist ein Entsprungenes, undenkbar in archaischen Werken oder solchen strikt theologischen Ortes. Das Heitere an Kunstwerken setzt etwas wie städtische Freiheit voraus, nicht erst im frühen Bürgertum wie Boccaccio, Chaucer, Rabelais, der Don Quixote, sondern bereits als das, was späteren Epochen klassisch hieß, von der Archaik sich sondert. Womit Kunst dem finster-ausweglosen Mythos sich entringt, das ist wesentlich Prozeß, keine unveränderlich zugrunde liegende Wahl zwischen ernst und heiter. Im Heiteren der Kunst wird Subjektivität ihrer selbst inne und bewußt. Durch Heiterkeit zieht sie aus dem Verstrickten sich auf sich selbst zurück. Das Heitere hat etwas von bürgerlicher Freizügigkeit, gerät allerdings damit auch in die geschichtliche Fatalität des Bürgertums. Was einmal Komik war, stumpft unwiederbringlich sich ab; die spätere ist verderbt zum schmatzend einverstandenen Behagen. Am Ende wird sie unerträglich. Wer jedoch könnte danach noch über den Don Quixote lachen und den sadistischen Spott über den, welcher vorm bürgerlichen Realitätsprinzip versagt? Was gar an den heute wie damals genialen Komödien der Aristophanes komisch sein soll, ist zum Rätsel geworden, die Gleichsetzung des Derben mit dem Komischen nur noch in der Provinz nachzufühlen. Je gründlicher die Gesellschaft jene Versöhnung schuldig bleibt, die der bürgerliche Geist als Aufklärung des Mythos ver-

11

sprach, um so unwiderstehlicher wird Komik in den Orkus gerissen, Lachen, einst Bild von Humanität, zum Rückfall in die Unmenschlichkeit.

6

Seitdem die Kunst von der Kulturindustrie an die Kandare genommen wird und unter die Konsumgüter sich einreiht, ist ihre Heiterkeit synthetisch, falsch, verhext. Nichts Heiteres ist vereinbar mit dem willkürlich Angedrehten. Das befriedete Verhältnis der Heiterkeit zur Natur schließt aus, was diese manipuliert und kalkuliert. Der Unterschied, den die Sprache zwischen Witz und Witzelei macht, legt davon recht präzise Rechenschaft ab. Wo Heiterkeit heute auftritt, ist sie entstellt als anbefohlene, bis in das ominöse Jedennoch jener Tragik hinein, die damit sich tröstet, daß das Leben nun einmal so sei. Kunst, die anders als reflektiert gar nicht mehr möglich ist, muß von sich aus auf Heiterkeit verzichten. Dazu nötigt sie vor allem anderen, was jüngst geschah. Der Satz, nach Auschwitz lasse kein Gedicht mehr sich schreiben, gilt nicht blank, gewiß aber, daß danach, weil es möglich war und bis ins Unabsehbare möglich bleibt, keine heitere Kunst mehr vorgestellt werden kann. Objektiv artet sie in Zynismus aus, mag immer sie die Güte menschlichen Verstehens sich erborgen. Übrigens ist solche Unmöglichkeit von der großen Dichtung, zuerst wohl bei Baudelaire, fast ein Jahrhundert vor der europäischen Katastrophe gespürt worden, dann auch bei Nietzsche und in der Absage der George-Schule an den Humor. Dieser ist übergegangen an die polemische Parodie. Dort findet er temporäre Zuflucht, solange, wie er unversöhnlich verharrt, ohne Rücksicht auf den Begriff der Versöhnung, der einst an den Begriff Humor sich heftete. Nachgerade ist die polemische Gestalt des Humors ebenfalls fragwürdig geworden. Sie darf nicht mehr mit solchen rechnen, die sie verstünden, und wenn irgendeine künstlerische Form, vermag Polemik nicht ins Leere zu zielen. Vor einigen Jahren gab es eine Debatte darüber, ob der Faschismus komisch oder parodistisch dargestellt werden dürfe ohne Frevel an den Opfern. Unverkennbar das Läppische, Schmierenkomödiantische, Subalterne, die Wahlverwandtschaft Hitlers und der Seinen mit Revolverjournalismus und Spitzeltum. Lachen läßt darüber sich nicht. Die blutige Realität war nicht jener Geist oder Ungeist, dessen der Geist zu spotten vermöchte. Das waren noch gute Zeiten, mit Schlupfwinkeln und Schlamperei mitten im System des Grauens, als Hašek den Schwejk schrieb. Komödien über den Faschismus aber machten sich zu Komplicen jener törichten Denkgewohnheit, die ihn vorweg für geschlagen hält, weil die stärkeren Bataillone der Weltgeschichte gegen ihn stünden. Die Stellung des Siegers zu beziehen, ziemt am letzten den Gegnern der Faschisten, welche die Pflicht haben, in nichts denen zu gleichen, die in jener Stellung sich verschanzen. Die geschichtlichen Kräfte, welche das Grauen hervorbrachten, stammen aus der Gesellschaftsstruktur an sich. Es sind keine der Oberfläche und viel zu mächtig, als daß es irgendeinem zustünde, sie zu behandeln, als hätte er die Weltgeschichte hinter sich, und die Führer wären tatsächlich die Clowns, deren Gealber ihre Mordreden nachträglich erst ähnlich wurden.

7

Weil indessen das Moment von Heiterkeit in der Freiheit der Kunst vom bloßen Dasein besteht, die noch die desparaten Werke, und sie erst recht, bewähren, wird das Moment von Heiterkeit oder Komik geschichtlich nicht einfach aus ihnen ausgetrieben. Es überlebt in ihrer Selbstkritik, als Komik der

Komik. Die Züge des kunstvoll Sinnlosen und Albernen, die an den gegenwärtigen radikalen Kunstwerken den Positiven soviel Ärgernis geben, sind weniger Rückbildung der Kunst auf ein infantiles Stadium als ihr komisches Gericht über die Komik. Wedekinds Schlüsselstück gegen den Verleger des *Simplizissimus* führt den Untertitel: Die Satire der Satire. Verwandtes enthält Kafka, dessen Schockprosa manche seiner Deuter, auch Thomas Mann, als Humor empfanden und dessen Verhältnis zu Hašek slowakische Autoren erforschen. Vollends vor Becketts Stücken überantwortet die Kategorie des Tragischen ebenso sich dem Gelächter, wie sie allen einverstandenen Humor abschneiden. Sie bezeugen einen Bewußtseinsstand, der die gesamte Alternative Ernst und Heiter nicht mehr zuläßt und auch nicht das Gemisch Tragikomik. Tragik zergeht vermöge der offenbaren Nichtigkeit des Anspruchs der Subjektivität, die da tragisch sein sollte. Anstelle von Lachen tritt das tränenlose, verdorrte Weinen. Die Klage ist zu der von hohlen, leeren Augen geworden. Gerettet wird der Humor in Becketts Stücken, weil sie anstecken mit dem Lachen über die Lächerlichkeit des Lachens und über die Verzweiflung. Dieser Prozeß verbindet sich mit dem der künstlerischen Reduktion, einer Bahn zum Existenzminimum als dem Minimum von Existenz, das übrig ist. Dies Minimum diskontiert, vielleicht um sie zu übergeben, die geschichtliche Katastrophe.

8

In der zeitgenössischen Kunst zeichnet ein Absterben der Alternative von Heiterkeit und Ernst, von Tragik und Komik, beinahe von Leben und Tod sich ab. Kunst verneint damit ihre gesamte Vergangenheit, darum wohl, weil die gewohnte Alternative einen zwischen dem Glück des fortdauernden Lebens und einem Unheil gespaltenen Zustand ausdrückt, welches das Medium seiner Fortdauer bildet. Kunst jenseits von Heiterkeit und Ernst mag ebenso Chiffre von Versöhnung wie von Entsetzen sein, kraft der vollendeten Entzauberung der Welt. Solche Kunst entspricht sowohl dem Ekel vor der Allgegenwart offener und verkappter Reklame fürs Dasein wie dem Widerstreben gegen den Kothurn, der durch die Überhöhung des Leidens abermals Partei für seine Unabänderlichkeit ergreift. So wenig Kunst mehr heiter ist, so wenig mehr ist sie, angesichts des Jüngstvergangenen, ganz ernst. Zweifel werden wach, ob sie je so ernst war, wie die Kultur den Menschen es einredet. Sie darf nicht mehr, wie Hölderlins Dichtung, die mit dem Weltgeist sich fühlte, das Sagen der Trauer dem Freudigsten gleichsetzen. Der Wahrheitsgehalt der Freude scheint unerreichbar geworden. Daß die Gattungen sich verfransen, daß die tragische Gebärde komisch dünkt und die Komik trübselig, hängt damit zusammen. Tragik verwest, weil sie Anspruch auf den positiven Sinn von Negativität erhebt, jenen, den die Philosophie positive Negation nannte. Er ist nicht einzulösen. Die Kunst ins Unbekannte hinein, die einzig noch möglich ist, ist weder heiter noch ernst; das Dritte aber zugehängt, so, als wäre es dem Nichts eingesenkt, dessen Figuren die fortgeschrittenen Kunstwerke beschreiben.

*aus:*
*Süddeutsche Zeitung, 15./16. Juli 1967*

# Valéry Proust Museum

*Hermann von Grab zum Gedächtnis*

*Der* Ausdruck »museal« hat im Deutschen unfreundliche Farbe. Er bezeichnet Gegenstände, zu denen der Betrachter nicht mehr lebendig sich verhält und die selber absterben. Sie werden mehr aus historischer Rücksicht aufbewahrt als aus gegenwärtigem Bedürfnis. Museum und Mausoleum verbindet nicht bloß die phonetische Assoziation. Museen sind wie Erbbegräbnisse von Kunstwerken. Sie bezeugen die Neutralisierung der Kultur. Kunstschätze sind in ihnen angehortet: der Marktwert verdrängt das Glück der Betrachtung. Aber es ist doch auf die Museen verwiesen. Wer nicht selbst eine Sammlung besitzt – und die großen privaten Sammler werden zu Raritäten – kann Malerei und Plastik zu weitem Maß nur in Museen kennenlernen. Wo das Unbehagen an diesen überwiegt und der Versuch gemacht wird, etwa Bilder in ihrer ursprünglichen Umgebung zu zeigen oder einer, welche dieser ähnelt, in Barock- oder Rokokoschlössern, stellt peinlichere Abneigung sich ein, als wo sie abgesprengt und wieder zusammengebracht erscheinen; das Feinsinnige tut der Kunst mehr Harm als selbst das Sammelsurium. Analoges gilt für die Musik. Die Programme der großen Konzertgesellschaften, meist retrospektiv gerichtet, haben mehr stets mit den Museen gemeinsam, aber der bei Kerzenlicht aufgeführte Mozart wird zum Kostümstück erniedrigt, und die Anstrengungen, Musik aus der Distanz der Aufführungen in den Zusammenhang des unmittelbaren Lebens zurückzurufen, haben nicht nur etwas Hilfloses, sondern obendrein etwas von geschäftig rückschrittlicher Ranküne. Mit Grund sagt Mahler, als ein Wohlmeinender ihm riet, der Stimmung zuliebe beim Konzert den

Saal verdunkeln zu lassen, eine Aufführung, über der man nicht die Umgebung vergäße, tauge nichts. Es zeichnet in dergleichen Schwierigkeiten etwas von der fatalen Lage dessen sich ab, was kulturelle Tradition heißt. Sobald dieser keine umfangende, substantielle Kraft mehr innewohnt, sondern sie herbeizitiert wird, weil es doch gut wäre, Tradition zu haben, löst sich als Mittel zum Zweck auf, was von ihr noch übrig sein mag. Die kunstgewerbliche Veranstaltung spottet dessen, was da konserviert werden soll. Glaubt man, das Ursprüngliche lasse sich aus dem Willen wiederherstellen, so verfängt man sich in hoffnungsloser Romantik; die Modernisierung des Vergangenen tut diesem Gewalt an und wenig Gutes; wollte man aber auf die Möglichkeit, das Traditionelle zu erfahren, radikal verzichten, so überlieferte man sich aus lauter Kulturtreue der Barbarei. Daß die Welt aus den Fugen ist, zeigt allerorten sich daran, daß man es falsch macht, wie man es auch macht.

Bei der allgemeinen Einsicht in den negativen Zustand sollte man sich jedoch nicht beruhigen. Ein geistiger Rechtsstreit wie der ums Museum wäre mit spezifischen Argumenten durchzufechten. Dazu gibt es nun zwei außerordentliche Dokumente. Die beiden authentischen Dichter der letzten Generation in Frankreich, Paul Valéry und Marcel Proust, haben zur Frage des Museums sich geäußert, und zwar in genau entgegengesetztem Sinn; ohne daß übrigens jene Äußerungen polemisch aufeinander zugeschnitten wären oder daß auch nur die eine Kenntnis der anderen verriete. Valéry hat in seinem Beitrag zu einem Proust gewidmeten Sammelband hervorgehoben, wie wenig er mit dessen Romanwerk vertraut sei. Das in Rede stehende Stück von ihm heißt »Le Problème des Musées« und steht in dem Essayband Pièces sur l'art. Die Stelle bei Proust kommt im dritten Band von »A l'ombre des jeunes filles en fleurs« vor.

Valérys Plädoyer bezieht sich offensichtlich auf die verwirrende Überfülle des Louvre. Er habe die Museen nicht allzu gern. So viel des Bewundernswerten in ihnen aufbewahrt werde, so wenig gebe es dort das Köstliche. Das Wort délices, das er dafür verwendet, gehört, beiläufig gesagt, zu den schlechterdings unübersetzbaren: Köstlichkeiten klänge wie aus dem Feuilleton, Wonnen schwerfällig-wagnerisch, Entzückungen käme vielleicht dem Gemeinten am nächsten, aber keines von all den Worten drückt die leise Erinnerung an feudalen Genuß aus, die der Haltung des l'art pour l'art seit Villiers de l'Isle-Adam gesellt war und die auf Deutsch nur in der Rosenkavalierkomik von »deliziös« anklingt. Jedenfalls fühlt der seigneuriale Valéry sich bedrängt schon von der autoritären Geste, die ihm den Spazierstock abnimmt, und von dem Schild, welches das Rauchen verbietet. Kalte Verwirrung herrschte unter den Skulpturen, ein Tumult gefrorener Geschöpfe, deren jedes die Nichtexistenz des anderen fordert, sonderbar organisierte Unordnung. Inmitten der zur Kontemplation dargebotenen Bilder werde man, spottet Valéry, von heiligem Schauder ergriffen: man spreche zwar eben noch lauter als in der Kirche, aber doch leiser als im Leben. Man wisse nicht, warum man gekommen sei: um sich Bildung zu holen, um Entzücken zu suchen oder um eine Pflicht zu erfüllen, einer Konvention nachzukommen. Ermüdung und Barbarei fänden sich zusammen. Keine Kultur der Wollust und keine der Vernunft hätten ein derartiges Haus des Unzusammenhängenden errichten können. Tote Visionen seien darin aufgebahrt.

Das Sinnesorgan des Ohrs, meint Valéry, der der Musik ferner stand und daher Illusionen hegen mochte, sei besser daran: niemand könne ihm zumuten, zehn Orchester zugleich zu hören. Vollends der Geist führe nicht simultan alle möglichen Operationen aus. Nur das bewegliche Auge müsse im gleichen

Augenblick ein Portrait und ein Seestück, eine Küche und einen Triumphzug auffassen, vor allem aber: miteinander schlechterdings unvereinbare Malweisen. Je schöner jedoch Bilder seien, um so mehr seien sie voneinander verschieden: seltene Objekte, Unica. Dies Bild, so sage man zuweilen, tötet die anderen, die es umgeben. Wird daran vergessen, so gehe das Erbe zugrunde. Wie der Mensch seine Kräfte einbüße durchs Übermaß von technischen Hilfsmitteln, so verarme er durchs Übermaß seiner Reichtümer.

Valérys Argumentation trägt durchaus kulturkonservative Akzente. Er hat sich gewiß wenig um die Kritik der politischen Ökonomie bekümmert. Um so erstaunlicher, daß die ästhetischen Nerven, die den falschen Reichtum registrieren, so genau auf den Tatbestand der Überakkumulation ansprechen. Metaphorisch gebraucht er einen Ausdruck, der wörtlich für die Wirtschaft gilt, und spricht von der Ansammlung eines exzessiven und daher unverwertbaren Kapitals. Was immer geschehe – ob Künstler produzieren oder reiche Leute sterben, es komme den Museen zugute; wie die Spielbank könnten sie nicht verlieren, und eben das sei ihr Fluch. Denn die Menschen seien trostlos verloren in den Galerien, Einsame gegen so viel Kunst. Keine andere Reaktion darauf sei möglich als jene, die Valéry überhaupt als den Schatten des Fortschritts jeglicher Materialbeherrschung ansieht, anwachsende Oberflächlichkeit. Kunst werde zur Sache von Erziehung und Information, Venus zum Dokument, und Bildung sei, in Angelegenheiten der Kunst, eine Niederlage. Ganz ähnlich argumentierte Nietzsche in der Unzeitgemäßen Betrachtung über den Nutzen und Nachteil der Historie. Valéry erreicht, im Schock des Museums, die geschichtsphilosophische Einsicht ins Absterben der Kunstwerke: wir richten dort, sagte er, die Kunst der Vergangenheit hin.

Er werde das großartige Chaos des Museums – ein Gleichnis,

könnte man es nennen, für die Anarchie der Warenproduktion in der entfalteten bürgerlichen Gesellschaft – noch auf der Straße nicht los und suche nach dem Grund seines Unbehagens. Malerei und Skulptur, so spreche zu ihm der Dämon der Erkenntnis, seien verlassene Kinder. »Ihre Mutter ist tot, ihre Mutter, die Architektur. Solange sie lebte, gab sie ihnen ihren Ort, ihre Beschränkung. Die Freiheit zu irren war ihnen versagt. Sie hatten ihren Raum, ihr wohldefiniertes Licht, ihren Stoff. Es herrschten zwischen ihnen die rechten Verbindungen. Solange jene lebte, wußten sie, was sie wollten ... Leb wohl, sagt mir der Gedanke, weiter will ich nicht gehen.« Mit einem romantischen Gestus hält Valérys Reflexion inne. Indem er sie offenläßt, vermeidet er die sonst unvermeidliche Konsequenz des radikalen Kulturkonservativen: die Kultur zu kündigen, um ihr die Treue zu halten.

Prousts Ansicht über das Museum ist aufs kunstvollste in den Zusammenhang der »Recherche du temps perdu« verwoben. Nur dort erschließt sie sich ganz in ihrem Stellenwert. Durchwegs bei Proust sind die Reflexionen, durch deren Gebrauch er auf die ältere vor-flaubertsche Übung des Romans zurückgreift, nicht bloße Betrachtungen über das Dargestellte, sondern durch unterirdische Assoziationen mit diesem zusammengewachsen und fallen dergestalt wie die Erzählung selbst ins große ästhetische Kontinuum, das des inwendigen Selbstgesprächs. Er berichtet von seiner Reise nach dem Seebad Balbec. Dabei markiert er die Zäsur, die Reisen in den Ablauf des Lebens setzen, indem sie »uns von einem Namen zu einem anderen Namen führen«. Schauplätze jener Zäsur seien zumal die Bahnhöfe, »diese ganz besonderen Stätten ... die sozusagen kein Teil der Stadt sind und doch die Essenz ihrer Persönlichkeit so deutlich enthalten, wie sie in dem Signalschild ihren Namen tragen«. Bahnhöfe werden, wie alles unter dem Blick der Proustschen Erinnerung, die gleichsam die Intention aus ihren Gegenständen saugt, zu geschichtlichen Urbildern, und zwar, als solche des Abschieds, zu tragischen. Von der Glashalle der Gare St.-Lazare heißt es: »Über einer auseinandergerissenen Stadt spannte sie ihren weiten wüsten Himmel voll drohender Dramen; so modern, so fast pariserisch sind manche Himmel von Mantegna oder Veronese, unter solcher Wölbung kann sich nur etwas Furchtbares und Feierliches vollziehen, eine Abfahrt auf der Eisenbahn oder die Kreuzerhöhung.«

Der assoziative Übergang zum Museum ist im Roman verschwiegen: das Bild jenes Bahnhofs, gemalt von dem von Proust leidenschaftlich geliebten Claude Monet, das jetzt in der Sammlung des Jeu de Paume sich befindet. Ohne viel Worte vergleicht er den Bahnhof dem Museum. Beide Orte sind dem konventionellen Oberflächenzusammenhang der Aktionsobjekte entzogen, und dem mag man hinzufügen: beide sind Träger einer Todessymbolik, der Bahnhof der uralten des Reisens, das Museum jener, die sich auf das Werk bezieht, »l'univers nouveau et périssable«, den neuen und hinfälligen Kosmos, den der Künstler geschaffen habe. Gleich den Erwägungen Valérys kreisen die Prousts um die Sterblichkeit der Artefakte. Was ewig dünkt, sagt er an anderer Stelle, enthalte in sich die Motive seiner Destruktion. Die entscheidenden Sätze übers Museum sind eingelassen in die Physiognomik des Bahnhofs. »Aber auf allen Gebieten hat ja unsere Zeit die Manie, uns die Dinge in ihrer natürlichen Umgebung vor Augen führen zu wollen und damit das Wesentliche zu unterschlagen, nämlich den geistigen Vorgang, der sie aus jener heraushob. Man ›präsentiert‹ heute ein Bild inmitten von Möbeln, kleinen Kunstgegenständen und Vorhängen ›aus der Epoche‹ in einer belanglosen Dekoration, die jetzt in neu eingerichteten Stadthäusern eine gestern noch in diesen Dingen völlig unwissende Hausherrin großartig zustande bringt,

nachdem sie ihre Tage in Archiven und Bibliotheken ver-
bracht hat; aber das Meisterwerk, das man während des
Abendessens betrachtet, schenkt uns nicht mehr das gleiche
berauschende Glücksgefühl, das man nur in einem Museums-
saal – der viel besser in seiner nüchternen Enthaltung von allen Details die inneren Räume symbolisiert, in die sich der
Künstler zurückgezogen hat, um es zu erschaffen – wird erwarten können.«

Prousts These ist der Valéryschen vergleichbar, weil er mit
ihm die Voraussetzung des Glücks an den Kunstwerken teilt.
Wie Valéry von den délices, spricht er von der joie enivrante,
der berauschenden Freude. Weniges könnte den Abstand
nicht nur zwischen der gegenwärtigen Generation von der
vorhergehenden, sondern auch zwischen dem deutschen Verhältnis zur Kunst und dem französischen genauer charakteri-
sieren als jene Voraussetzung; schon als »A l'ombre« geschrieben ward, muß im Deutschen der Ausdruck Kunstge-
nuß rührend philiströs geklungen haben wie ein Reimwort aus
Wilhelm Busch. Übrigens war es um diesen Genuß, an den
Valéry und Proust glauben wie an die Versicherung einer bewunderten Mutter, immer schon fraglich bestellt. Wer den
Kunstwerken nah ist, dem pflegen sie so wenig Gegenstände
des Entzückens zu sein wie der eigene Atem. Weit eher lebt
er mit ihnen wie der moderne Einwohner einer mittelalterlichen Stadt, der, vom Besucher auf die Schönheit von Gebäu-
den aufmerksam gemacht, darauf brummig »ja, ja« antwortet,
aber in jedem Winkel und unter jedem Torbogen sich aus-
kennt. Nur dort jedoch, wo jene feste Distanz zwischen dem
Kunstwerk und dem Betrachter herrscht, welche den Genuß
erlaubt, kann die Frage nach deren Lebendig- oder Totsein
aufkommen. Wer im Kunstwerk zu Hause ist, anstatt es zu besuchen, verfiele schwerlich darauf. Die beiden Franzosen
aber, die doch nicht bloß selbst produzieren, sondern zudem

stetig über die eigene Produktion nachdenken, sind gleichwohl des Glückes noch gewiß, das die Werke dem Draußen
spenden. So weit sogar stimmen sie überein, daß sie etwas von
der Todfeindschaft der Werke untereinander wissen, die jenes
Glück begleitet, das im Wettkampf entsprang. Proust jedoch,
anstatt vor solcher Feindschaft zu erschrecken, bejaht sie, als
wäre er so deutsch, wie Charlus es affektiert. Der Prozeß zwischen den Werken ist ihm einer von Wahrheit; die Schulen,
heißt es an einer Stelle von »Sodome et Gomorrhe«, ver-
schlingen sich gegenseitig wie Mikroorganismen und sorgen
durch ihren Kampf dafür, daß das Leben sich erhält. Diese
dialektische, übers Beharren vorm Sein des je Einzelnen hin-
ausgehende Ansicht bringt Proust in Gegensatz zu dem Artisten Valéry und erlaubt ihm die perverse Toleranz für die
Museen, während jenem die Sorge um die Dauer der Werke
alles ist.

Sie mißt sich am Jetzt und Hier. Die Kunst ist für Valéry verloren, wenn sie ihren Platz im unmittelbaren Leben eingebüßt
hat, den Funktionszusammenhang, in dem sie stand; schließlich: ihre Beziehung auf möglichen Gebrauch. Der Handwerker in ihm, der Dinge, Gedichte mit jener Präzision der Kon-
turen herstellt, die stets den Blick auf ihre Umgebung
einbegreift, ist für den Ort des Kunstwerkes, den buchstäbli-
chen und den geistigen, unendlich hellsichtig geworden, so als
wäre bei ihm das perspektivische Gefühl des Malers zu einem
für die Perspektive der Realität gesteigert, in der das Werk
selber erst seine Tiefe empfängt. Sein Standpunkt ist der
künstlerische als der der Unmittelbarkeit, aber zur verwegen-
sten Konsequenz getrieben. Er gehorcht dem Prinzip des l'art
pour l'art bis zur Schwelle von dessen Verneinung. Ihm liegt
am reinen Kunstwerk als Objekt der durch nichts verwirrten
Kontemplation, aber er faßt es so lange und so starr ins Auge,
bis er sieht, daß es gerade als Gegenstand solcher reinen Kon-

templation abstirbt, zum kunstgewerblichen Zierstück degeneriert und jener Würde beraubt wird, die fürs Werk wie für Valéry selbst die raison d'être ausmacht. Dem reinen Werk droht Verdinglichung und Gleichgültigkeit. Mit dieser Erfahrung überwältigt ihn das Museum. Er entdeckt, daß die reinen Werke, die der Betrachtung im Ernst standhalten, nur die nicht reinen Werke sind, die in jener Betrachtung sich nicht erschöpfen, sondern auf einen gesellschaftlichen Zusammenhang hinweisen. Und da Valéry mit der Unbestechlichkeit des großen Rationalisten weiß, daß dieser Stand der Kunst unwiederbringlich ist, so bleibt dem Antirationalisten und Bergsonianer in ihm nichts übrig als die Trauer um die versteinerten Werke.

Fast beginnt der Romancier Proust dort, wo der Lyriker Valéry ins Schweigen fällt, beim Nachleben der Werke. Denn Prousts primäres Verhältnis zur Kunst ist das Gegenteil der Haltung des Experten und des Produzenten. Er ist zunächst der bewundernd Konsumierende, der Amateur, geneigt zu jenem überschwenglichen und unter Künstlern verdächtigen Respekt, den nur jene für Werke aufbringen, die gleichwie durch einen Graben von ihnen getrennt sind. Fast könnte man sagen, seine Genialität habe nicht zum letzten darin bestanden, diese Haltung des Konsumenten – auch die dessen, der im Leben selber als Zuschauer sich geriert – so unbeirrt einzunehmen, bis sie umschlug in einen neuen Typus der Produktivität, bis die Kraft der Kontemplation des Inwendigen und Auswendigen sich steigerte zum Eingedenken, zur unwillkürlichen Erinnerung. Der Liebhaber paßt von vornherein unvergleichlich viel besser ins Museum als der Sachverständige. Dieser, Valéry, fühlt sich dem Atelier zugehörig, jener, Proust, flaniert durch die Ausstellung. Seine Beziehung zur Kunst hat etwas Exterritoriales, und manche seiner Fehlurteile, etwa in Fragen der Musik – was hat der konziliante

Kitsch seines Freundes Reynaldo Hahn mit Prousts Roman zu tun, der in jedem seiner Sätze durch unerbittliche Zartheit eine etablierte Ansicht außer Kurs setzt – zeigen bis zum Ende Spuren des Dilettanten. Aber er hat diese Schwäche so großartig zum Instrument der Stärke umgeschmiedet wie nur Kafka die seine. So viel naiver sein enthusiastisches Urteil über die einzelnen Kunstwerke, zumal die italienische Renaissance, sich anhört als das Valérys, so viel weniger naiv stand er zur Kunst als solcher. Von Naivetät gerade bei Valéry zu reden, bei dem der künstlerische Produktionsvorgang und die Reflexion auf diesen Vorgang unauflöslich ineinander verschlungen sind, mag provokatorisch klingen. Aber er war in der Tat naiv insofern, als er keinen Zweifel an der Kategorie des Kunstwerks als solcher hegte. Er nahm es, nach einer englischen Redensart, for granted; und die Dynamik seines Denkens, seine geschichtsphilosophische Energie steigerte sich gerade im Festhalten an jener Kategorie. Sie wird zum Kriterium dafür, wie die innere Zusammensetzung der Kunstwerke und der Erfahrung von ihnen sich verändert. Proust aber ist ganz frei von dem unabdingbaren Fetischismus des Künstlers, der die Dinge selber macht. Ihm sind von Anbeginn die Kunstwerke, neben ihrem spezifisch Ästhetischen, ein anderes, ein Stück des Lebens dessen, der sie betrachtet, ein Element seines eigenen Bewußtseins. Dadurch gewahrt er an ihnen eine Schicht, die sehr verschieden ist von der, auf welche das Formgesetz der Werke sich bezieht. Das ist aber keine andere als die, welche an den Kunstwerken erst mit ihrer geschichtlichen Entfaltung frei wird, eben die, welche bereits den Tod der lebendigen Intention des Kunstwerks voraussetzt. Prousts Naivetät ist eine zweite; auf jeder Stufe des Bewußtseins reproduziert sich erweitert neue Unmittelbarkeit. Wenn Valérys konservativer Glaube an Kultur als ein reines Ansichsein schneidende Kritik an einer Kultur übt, die jenes Ansichsein vermöge ihrer eigenen historischen Tendenz zerstört, dann resultiert Prousts außerordentliche Sensibilität für Änderungen der Erfahrungsweise, seine bestimmende Reaktionsform, in der paradoxen Fähigkeit, Geschichtliches als Landschaft wahrzunehmen. Museen adoriert er wie Gottes wahre Schöpfung, die ja, Prousts Metaphysik zufolge, nicht fertig ist, sondern kraft jenen konkreten Moments der Erfahrung, kraft jener ursprünglichen künstlerischen Anschauung aufs neue sich ereignet. In seinem staunenden Blick hat er sich ein Stück Kindheit gerettet; ihm gegenüber spricht Valéry von Kunst wie ein Erwachsener. Weiß dieser etwas von der Macht, die Geschichte über Produktion und Apperzeption der Werke hat, so weiß Proust, daß Geschichte im Innern der Kunstwerke selbst gleichwie ein Verwitterungsprozeß waltet. »Ce qu'on appelle la postérité, c'est la postérité de l'œuvre« – das darf man wohl übersetzen: was die Nachwelt heißt, ist das Nachleben der Werke. In der Fähigkeit der Artefakte zu verwittern entdeckt Proust ihre Ähnlichkeit mit den Naturschönen. Er kennt die Physiognomik des Verfalls der Dinge als die ihres zweiten Lebens. Weil nichts bei ihm Bestand hat als das bereits durch die Erinnerung Vermittelte, haftet seine Liebe am zweiten schon vergangenen Leben eher als am ersten. Die Frage nach der ästhetischen Qualität ist dem Proustschen Ästhetizismus sekundär; an einer berühmten Stelle hat er die mindere Musik verherrlicht um der Erinnerung ans Leben des Hörers willen, die jeder alte Schlager so viel treuer und eindringlicher bewahrt, als ein Satz von Beethoven, ein an sich Seiendes, je es vermöchte. Der saturnische Blick der Erinnerung durchdringt den Schleier von Kultur: kulturelle Niveaus und Distinktionen, nicht länger als Domäne des objektiven Geistes isoliert, sondern hereingezogen in die strömende Subjektivität, verlieren jenen pathetischen Anspruch, den ihnen noch Valérys Ketzereien ungebrochen konzedieren. Das

Chaotische des Museums, an dem Valéry sich stößt, weil es den Ausdruck der Werke verwirrt, gewinnt bei Proust eigenen Ausdruck: den tragischen. Der Tod der Werke im Museum erweckt diese für Proust zum Leben; durch den Verlust der Ordnung des Lebendigen, in der sie fungiert haben, soll erst ihre wahre Spontaneität sich entbinden: das je Einmalige, ihr Name, das, worin die großen Werke der Kultur mehr sind als bloß Kultur. Prousts Reaktionsform bewährt in abenteuerlichem Raffinement das Goethesche Diktum aus Ottiliens Tagebuch, daß alles in seiner Art Vollkommene über seine Art hinausweise – einen sehr unklassischen Satz, der der Kunst Ehre widerfahren läßt, indem er sie relativiert.

Wer aber nicht beim geistesgeschichtlichen Verständnis sich bescheiden will, kann nicht der Frage sich entziehen, wer recht habe, der Kritiker oder der Retter des Museums. Für Valéry ist das Museum Stätte der Barbarei. Zugrunde liegt die Anschauung von der Heiligkeit der Kultur, die er mit Mallarmé teilt. Gegenüber allen Einwänden, welche von dieser Religion des spleen herausgefordert werden, zumal den eilfertig sozialen, ist auf dem Moment ihrer Wahrheit zu bestehen. Nur was um seiner selbst willen, ohne den Blick auf die Menschen, denen es gefällig sein soll, da ist, erfüllt seine menschliche Bestimmung. Wenig hat zur Enthumanisierung so viel beigetragen wie der an der Vorherrschaft der schaltenden Vernunft gebildete, allmenschliche Glaube, geistige Gebilde empfingen ihre Rechtfertigung nur, insoweit sie für anderes da sind. Valéry hat ihren objektiven Charakter, die immanente Stimmigkeit des Kunstwerks und die Zufälligkeit des Subjekts ihr gegenüber, mit unvergleichlicher Autorität dargetan, weil er die Einsicht an subjektiver Erfahrung, dem Zwang in der Arbeit des Künstlers selber gewann. Darin war er fraglos Proust überlegen: unverführbar, von größerer Resistenz, während der Proustische Primat des Erfahrungsstroms, der nichts Ver-

27

härtetes duldet, einen finsteren Aspekt, den des Konformismus, der bereitwilligen Anpassung an die je wechselnde Situation mit Bergson gemein hat. Es gibt bei ihm Stellen über Kunst, die aus losgelassenem Subjektivismus jener banausischen Ansicht ähneln, die aus den Kunstwerken eine Batterie projektiver Tests macht, während Valéry gelegentlich, und kaum ohne Ironie, darüber klagt, daß die Qualität von Gedichten nicht sich testen lasse. Nach einer Äußerung im zweiten Band des »Temps retrouvé« ist das Werk des Schriftstellers nichts als eine Art von optischem Instrument, das er dem Leser anbietet, damit dieser in sich entdeckt, was er ohne das Buch vielleicht nicht hätte entdecken können. Auch was Proust zugunsten des Museums vorbringt, ist vom Menschen, nicht von der Sache her gedacht. Nicht zufällig identifiziert er, was im musealen Nachleben der Werke aufgehen soll, mit einem Subjektiven, dem jähen Akt der Produktion, durch den das Kunstwerk von der Realität sich scheidet. Ihn findet er in jener Isolierung der Gebilde widerspiegelt, die Valéry als deren Schandmal betrachtet. Erst diese Treulosigkeit der fessellosen Subjektivität dem objektiven Geist gegenüber befähigt Proust, die Immanenz der Kultur zu durchbrechen.

Weder Valéry noch Proust hat recht in dem latenten Prozeß, der zwischen ihnen anhängig ist, noch ließe gar eine mittlere Versöhnung zwischen beiden sich herbeiführen. Aber ihr Konflikt bezeichnet aufs eindringlichste einen der Sache selbst, und beide stellen Momente jener Wahrheit bei, welche die Entfaltung des Widerspruchs ist. Die Fetischisierung des Objekts und die Vernarrtheit des Subjekts in sich selber finden wechselseitig ihr Korrektiv. Die Positionen gehen ineinander über. Valéry wird des Ansichseins der Werke in unablässiger Selbstreflexion gewahr, während umgekehrt der Proustsche Subjektivismus das Ideal, die Rettung des Lebendigen von der Kunst erhofft. Er vertritt gegen die Kultur, und durch diese hindurch, Negativität, Kritik, den spontanen Akt, der beim Sein sich nicht bescheidet. Damit läßt er den Kunstwerken Gerechtigkeit widerfahren, die nur so weit welche sind, wie sie den Inbegriff solcher Spontaneität verkörpern. Er hält um des objektiven Glücks willen an der Kultur fest, während Valérys Loyalität dem objektiven Anspruch der Werke gegenüber der Kultur verloren gehen muß. Und wie beide kontradiktorische Momente der Wahrheit repräsentieren, so haben beide, die Wissendsten, die in der neuen Zeit über Kunst geschrieben haben, Schranken, ohne die ihr Wissen selber nicht möglich gewesen wäre. Valéry ließ wenig Zweifel darüber, daß er mit seinem Lehrer Mallarmé darin übereinstimmte, daß, wie es in dem Essay »Triomphe de Manet« heißt, Dasein und Dinge einzig dazu da seien, um von der Kunst verzehrt zu werden; daß die Welt existiere, um ein schönes Buch hervorzubringen; daß ein absolutes Gedicht ihre Vollendung sei. Er gewahrte auch scharf den Fluchtpunkt, dem die poésie pure zustrebt. »Nichts führt so sicher zur vollkommenen Barbarei«, beginnt ein anderer seiner Essays, »wie die ausschließliche Bindung an den reinen Geist.« In der Tat kam seine eigene Anschauung, die Erhöhung der Kunst zum Bilderdienst, jenem Prozeß der Verdinglichung und des Verschleißes der Kunst zugute, als dessen Stätte Valéry das Museum verfemt: erst im Museum, wo die Bilder der Betrachtung als Selbstzweck dargeboten sind, werden sie so absolut, wie Valéry es sich erträumte, und er erschrickt tödlich vor der Verwirklichung des eigenen Traums. Dagegen weiß Proust das Heilmittel. Indem die Kunstwerke, als Elemente des subjektiven Bewußtseinsstroms ihres Betrachters, gleichsam nach Hause geholt werden, verzichten sie auf die kultische Prärogative und sind damit befreit von dem usurpatorischen Zug, der ihnen in der heroischen Ästhetik der Impressionisten eignet. Dafür überschätzt Proust nach Art der Amateure den Akt der Freiheit in der Kunst. Oft versteht er die Werke, gar nicht so verschieden von den Nervenärzten, allzu sehr als Abdruck des Seelenlebens dessen, der das Glück und Unglück hatte, sie hervorzubringen oder zu genießen, und gibt nicht volle Rechenschaft davon, daß das Kunstwerk seinem Autor und seinem Publikum bereits im Augenblick der Konzeption als ein Objektives, Forderndes mit eigener Konsequenz und Logik gegenübertritt. Wie das Leben der Künstler, so erscheinen auch ihre Gebilde nur von außen »frei«. Weder sind sie Spiegelungen der Seele, noch Verkörperungen platonischer Ideen, reines Sein, sondern »Kraftfelder« zwischen Subjekt und Objekt. Das objektiv Notwendige, für das Valéry spricht, verwirklicht sich nur durch den Akt der subjektiven Spontaneität hindurch, in den Proust allen Sinn und alles Glück verlegt.

Der Kampf gegen die Museen hat etwas von Donquichotterie nicht bloß, weil der Einspruch der Kultur gegen die Barbarei ungehört verhallt: es bedarf des hoffnungslosen Einspruchs. Aber Valéry ist noch um ein weniges zu harmlos im Verdacht, daß lediglich die Museen es an den Bildern verüben. Noch die an der alten Stelle in den Schlössern jener Adeligen hängen, um die wiederum Proust mehr sich bemühte als Valéry, wären Museumsstücke ohne Museen. Was am Leben des Kunstwerks zehrt, ist zugleich dessen eigenes Leben. Wenn Valérys kokette Allegorie Malerei und Skulptur den Kindern vergleicht, welche die Mutter verloren haben, dann wäre daran zu erinnern, daß in den Mythen die Helden, in denen das Menschliche dem Schicksal sich entringt, allemal die Mutter verloren. Zur vollen promesse du bonheur werden Kunstwerke erst losgerissen von ihrem Nährboden, auf der Bahn zum eigenen Untergang. Das hat Proust erkannt. Der Vorgang, der jedes Kunstwerk heute, und wäre es die jüngste Plastik von Picasso, dem Museum überantwortet, ist irreversibel.

Er ist aber nicht nur verworfen, sondern deutet auf einen Zustand, in dem die Kunst, die ihre eigene Entfremdung von den menschlichen Zwecken vollendet, nach dem Vers des Novalis ins Leben zurück sich begibt. Etwas davon ist in Prousts Roman zu spüren, wo die Physiognomien von Bildern und Personen ohne Schwelle fast ineinander gleiten und die Erinnerungsspuren an Erlebnisse und an musikalische Passagen. An einer der exponiertesten Stellen des Ganzen, auf der ersten Seite von »Du côté de chez Swann«, bei der Beschreibung des Einschlafens, sagt der Erzähler »es kam mir so vor, als sei ich selbst, wovon das Buch handelte: eine Kirche, ein Quartett, die Rivalität zwischen Franz dem Ersten und Karl dem Fünften«. Das ist die Versöhnung des Getrennten, dem Valérys unversöhnliche Klage gilt. Das Chaos der Kulturgüter verdämmert in die Seligkeit des Kindes, dessen Leib sich eins fühlt mit dem Nimbus der Ferne.

Die Museen lassen sich nicht zusperren, es wäre auch nicht einmal zu wünschen. Die Naturalienkabinette des Geistes haben recht eigentlich die Kunstwerke in eine Hieroglyphenschrift der Geschichte verwandelt und ihnen einen neuen Gehalt hinzugefügt, während der alte einschrumpfte. Dagegen ist kein der Vergangenheit abgeborgter und zugleich ihr unangemessener Begriff reiner Kunst aufzubieten. Keiner hätte das besser gewußt als Valéry, der eben darum seine Reflexion abbrach. Wohl aber verlangen die Museen nachdrücklich, was eigentlich schon jedes Kunstwerk verlangt: etwas vom Betrachter. Denn auch der Flaneur, in dessen Schatten Proust wandelte, ist längst hinab, und keiner kann mehr durch Museen schlendern, um hier und dort sein Entzücken zu finden. Das einzige Verhältnis zur Kunst, das in der katastrophisch verhängten Realität noch anstünde, wäre eines, das die Kunstwerke so blutig ernst nimmt, wie der Weltlauf es geworden ist. Des von Valéry diagnostizierten Übels erwehrt sich bloß, wer mit Stöcken und Schirmen die Reste seiner Naivetät draußen abgegeben hat, genau weiß, was er will, zwei oder drei Bilder sich aussucht und vor ihnen so konzentriert verharrt, als wären es wirklich Idole. Manche Museen kommen ihm dabei entgegen. Mit Luft und Licht haben sie auch jenes Prinzip der Auswahl sich zugeeignet, das Valéry zu dem seiner Schule erklärt hat und das er an den Museen vermißt. In jenem Jeu de Paume, wo jetzt die Gare St.-Lazare hängt, wohnen Prousts Elstir und Valérys Degas friedlich nahe und doch diskret getrennt beieinander.

*aus:*
*Theodor W. Adorno, Prismen. Kulturkritik und Gesellschaft.*
*Copyright 1955 by Suhrkamp Verlag Frankfurt am Main*

# Valérys Abweichungen

*Für Paul Celan*

Kurz nacheinander sind auf deutsch zwei Bände mit Prosa von Paul Valéry erschienen. Der Insel-Verlag bringt, in einer vorzüglichen Übersetzung von Bernhard Böschenstein, Hans Staub und Peter Szondi, eine Auswahl aus den Merkbüchern. Der Titel ›Windstriche‹ gibt das ›Rhumbs‹ des Originals wieder, Teilstriche auf der Windrose, sodann die Winkel zwischen einem dieser Striche und dem Meridian, also die Abweichung eines Kurses von der Nordrichtung; von Valéry gemeint sind »Abweichungen von einer bestimmten, von meinem Geist bevorzugten Richtung« (W 9). – Die Bibliothek Suhrkamp hat die ›Pièces sur l'art‹ aufgenommen und nennt sie verkürzt ›Über Kunst‹[1]. Die Übertragung stammt von Carlo Schmid, vermutlich dem ersten und einzigen deutschen Politiker von den front benches, der Valérys Rang und Namen kennt und heroisch die Zeit für derlei schwierige und anspruchsvolle Texte sich abringt. Die beiden Bände sind angesiedelt an den Gegenpunkten der Prosaschriftstellerei des Lyrikers. Der eine enthält Einfälle, deren er als Mann der Ordnung, einem Passus des Vorworts zufolge, kokett sich schämt; der andere offizielle Äußerungen bei Gelegenheit von Ausstellungen und Ähnlichem. In ihnen zeigt Valéry zuweilen den Gestus des Mitglieds der Akademie; ihm gefährlicher vielleicht denn der »Schein des Lebens« von Notizen, deren unterirdischer Zusammenhang ihnen mehr an Einheit und Form verleiht, als Außenarchitektur ihnen hätte verschaffen können.

Die späte Stunde der Publikation mag den beiden Büchern in Deutschland günstig sein. Nicht nur vereinen sie, gleich Proust, das Fortgeschrittene mit einer heute hierzulande seltenen Autorität des Gelingens. Sondern das Spannungsfeld Valérys nimmt um dreißig Jahre das der gegenwärtigen Kunst: das von Emanzipation und Integration, vorweg. Hochmütig spricht Valéry gelegentlich sich selbst die Qualifikation zum Ästhetiker ab (K 114), will damit freilich das Versagen der Schulphilosophie vor den Fragen der aktuellen Produktion treffen, ähnlich wie er der Literarhistorie die sachliche Zuständigkeit abstreitet (K 161). Wohl ist er viel zu gescheit, um nicht einem Ressentiment sich verdächtig zu machen, dem er auf den Grund sah: »Man nennt den anderen einen Sophisten, wenn man fühlt, daß man dümmer ist als er. Wer das Denken nicht angreifen kann, greift den Denkenden an.« (W 99) Aber sein Gedanke schärft sich durch rückhaltlose Preisgabe ans Objekt, nie durchs Spiel mit sich selber. Darüber zergehen ihm die Clichés, deren Demontage mittlere Intellektuelle der Eitelkeit dessen aufzubürden pflegen, der es um jeden Preis besser wissen wolle. Die Fähigkeit, Kunstwerke von innen, in der Logik ihres Produziertseins zu sehen – eine Einheit von Vollzug und Reflexion, die sich weder hinter Naivetät verschanzt, noch ihre konkreten Bestimmungen eilfertig in den allgemeinen Begriff verflüchtigt – ist wohl die allein mögliche Gestalt von Ästhetik heute. Sie bewährt sich daran, daß Valérys Formulierungen kaum andere Kritik dulden als eine, die sie weiterdenkt.

Das Wort Ästhetik hat mittlerweile jenen leise archaischen Klang angenommen, den Valérys Sensorium an so vielem anderen, wie der Tugend, als erster registrierte. Als Lehre vom Schönen, die dessen Gesetze ein für allemal aufrichten möchte – und der Wille dazu war Valéry nicht fremd, so wenig er auch ihm sich verschrieb –, ist sie so reaktionär geworden wie das mit jener Konzeption von Kunst verschwisterte Pathos, das sie über die empirische Realität, die Gesellschaft, ins Absolute erhöht. Dies Pathos hat Valéry von Mallarmé

34

ererbt, obwohl der Essay über Manets Triumphzug in den Stücken über die Kunst gebietend auch über die Parole l'art pour l'art sich erhebt, die man ihm so einfältig zuschiebt; er preist und deutet den Maler als den, welchen Zola nicht weniger geliebt habe als Mallarmé. Aber es ist in der französischen Avantgarde üblich geworden, Valéry unter die Reaktionäre einzureihen, und das wird gewiß seine deutsche Rezeption beeinträchtigen. Nach Bemerkungen von Pierre Jean Jouve gehörte er auf die Baudelairesche Rechte. Dorthin verweise ihn der herrschaftlich-klassizistische Kultus der Form, der samt seinen finsteren politischen Implikationen schon einen Aspekt Baudelaires selber abgab und dann in Mallarmé von den sozialrevolutionären Impulsen der Fleurs du mal sich schied, während der linke Baudelaire über Rimbaud in den Surrealismus mündete. Die Surrealisten haben Valéry in Verruf gebracht. Er muß es sich schon gefallen lassen, daß man auf ihn selber eine Nietzsches würdige Stelle der Windstriche anwendet: »Der Haß bewohnt den Gegner, erforscht seine Tiefen und zergliedert die feinsten Wurzeln der Absichten, die er in seinem Herzen hegt. Wir erkennen ihn besser als uns selbst und besser, als er sich selber erkennt. Er vergißt sich, wir vergessen ihn nicht. Denn wir nehmen ihn durch eine Wunde wahr, und keiner unserer Sinne ist so stark, keiner vergrößert so sehr und bestimmt so genau, wovon er getroffen wird, wie ein verletzter Teil unseres Wesens.« (W 98) Den Büchern mangelt es nicht an schlicht Reaktionärem, von einer Verbeugung vor Mussolini als dem »machtvollen Willen, der jenseits der Berge das Regiment führt« (K 146), über die sich anbiedernde Behauptung, es bedürfe »gesellschaftlicher Ordnungen, die eine Aristokratie gelten lassen und erhalten, der es weder an Reichtum noch an Geschmack gebricht und die den Mut zu dem Gepränge in sich fühlt, das zu ihr gehört« (K 60), bis zur fatalen Moltkeschen Befriedigung: »Diese

35

Welt süßer Beglückung ist nicht unsere Welt, und ich behaupte, daß man dessen im Grunde froh sein muß.« (K 67) Antipolitisch war Valéry wie der Thomas Mann der ›Betrachtungen‹. Pointiert jedoch hat er seine Haltung eher in Worten, die bei Karl Kraus stehen könnten: »Politik ist die Kunst, die Leute daran zu hindern, sich um das zu kümmern, was sie angeht.« (W 32) Die antipolitische Intention ist leicht genug der reaktionären des Privatiers gleichzusetzen. Aber der Vorwurf wäre zu kurzatmig. Valéry beschreibt eine politische Versammlung: »Einer besteigt die Tribüne, Tumult, tierische Schreie, die ›verstimmte‹ Opposition, usw. Er beginnt... Ist es eine Rede? Doch nach und nach tritt, eindringlich, die Arbeit des Denkens hervor, beginnt zu wirken. Das Denken selbst zeigt sich an der Arbeit. Es gibt keine billigen Lösungen mehr, keine einfachen Formeln, keine politischen Programme, keine parlamentarische Taktik, keine überraschenden Vergleiche, keine schlagkräftigen Entgegnungen... Sondern die ungeheure schöpferische Verlegenheit, die sich vortastet, unbekannte Zukunft, unvertraute Gegenwart, mangelhafte Logik, ungestaltetes Wissen, Verfolgung falscher Fährte, der ungreifbare Gegenstand, das grobschlächtige Wort, die Entscheidung immer in der Schwebe... Alles, was die Kunst des Redners verdeckt, alles, worin das Denken ursprünglich mit der wirklichen Wirrnis der Dinge übereinstimmt, wird sichtbar...« (W 32 f.) Den gleichen Widerwillen gegen das Überredende zeigt Valéry auch als Ästhetiker, etwa gegen Wagner. Er findet es allgemein »unwürdig, zu verlangen, daß die andern unserer Meinung seien« (W 67). Seine Aversion gegen Politik als Herrschaftstechnik und als Gestalt von Ideologie schießt hinaus über jenes Engagement, das man dem Artisten so pharisäisch predigt. Was sich gebärdet wie das ça ne me regarde pas des Pariser Individualisten, sympathisiert insgeheim mit der Anarchie.

Dennoch affiziert Valérys antipolitisch-politischer parti pris
auch sein künstlerisches Urteil. Dann geht er unter das Ni-
veau; so wenn er bewundert, »daß man es einmal fertig gebracht hat, zwanzig menschliche Gestalten auf die Leinwand
oder den Kalk zu werfen und dies in den mannigfaltigsten
Haltungen, und daß es um sie her weder an Früchten, noch
an Blumen, noch an Bäumen, noch an Baulichkeiten man-
gelte« (K 98). Weil man es heute so gut nicht mehr habe, pas-
sieren sogar Sätze wie: »Der ausschließliche Geschmack am
Neuen verrät eine Entartung des kritischen Sinns, denn nichts
ist einfacher, als über die Neuheit eines Werks zu urteilen.«
(W 121) Oder: »Die Künste halten mit dem Hasten nicht
Schritt. Zehn Jahre dauern unsere Ideale! Der abgeschmackte
Wahnglaube an das Neue – der unheilvollerweise an die Stelle
des alten und wohltätigen Glaubens an das Urteil der Nachwelt getreten ist – richtet vor dem eifernden Fleiße das trüge-
rischste aller Ziele auf und mißbraucht ihn dazu, das Allerver-
gänglichste zu schaffen, zu schaffen, was schon seinem Wesen
nach vergänglich sein muß: den Reiz des Neuen.« (K 148)
Veraltet auch an den Kunstwerken genau der »Reiz des
Neuen«, so werden doch die, welche eines solchen Reizes entraten, welche nicht in ihm das eingeschliffene Bewußtsein
ihrer Epoche durchbrechen, zu dem auch das dubiose Vertrauen aufs Urteil der Nachwelt rechnet, schwerlich alt
werden.
Aber nur an den reaktionären Momenten ist abzulesen, was
in Valéry weitertreibt. Denn über seine Bücher ist nicht Pro-
gressives und Regressives ausgestreut, sondern das Progres-
sive wird dem Regressiven abgezwungen und transformiert
dessen Schwerkraft in den eigenen Elan. Der Theoretiker Valéry hat, wie man es wohl auszudrücken pflegt, zwischen den
Extremen Descartes und Bergson die Brücke geschlagen.
Aber dem Cartesianer in ihm, dem Hüter eingeborener ewi-

ger Ideen, ebenso wie dem Bergsonianisch aufs Fließende, »Unbestimmte« Horchenden, das der begrifflichen Fixierung spottet, muß Hegel ursprünglich überaus fern gewesen sein, der bewegt denkt und doch in harten Umrissen, ohne jeglichen schwebenden oder fließenden Übergang. Um so nachdrücklicher das Plädoyer für die Dialektik, zu der Valéry gegen Bildung und Temperament, lediglich durch die »Freiheit zum Objekt« genötigt wird, dem er denkend gerecht zu werden trachtet. Sein philosophisches Wesen, hartnäckig wie anschlagende Wellen, unterspült das Gemeinsame der beiden philosophischen Erzfeinde, die Illusion des Unmittelbaren als eines schlechterdings sicheren Ersten. Die Kritik am Ausgang vom je eigenen Bewußtsein als solcher Unmittelbarkeit und die implizite Wendung gegen die Reinheit dessen, der nicht sich zu entäußern vermag, hat Valéry selbst vollzogen in einem Gedankenexperiment, das man in der Phänomenologie, vielleicht auch in der Rechtsphilosophie des seit Cousin bis zur jüngsten deutschen Welle in Frankreich vergessenen Hegel vermutete.»Ein Mensch, der alles nur nach seiner Erfahrung einschätzen würde, der über nichts urteilen würde, was er nicht gesehen und erlebt hat, der sich nur selbständig entschiede, der sich ausschließlich aus den Tatsachen geschöpfte, vorläufige und begründete Meinungen erlaubte, der bei jedem Gedanken, der ihm käme, gleich hinzusetzte, er habe ihn selber erzeugt oder gelesen oder gehört (der eine sei zufälliger und unbekannter Herkunft, der andere nur ein Echo); und was er irgend denke oder verstehe, sei alles nur durch Zufall oder Widerhall vermittelt – der wäre wohl der ehrlichste, selbständigste und wahrhaftigste Mensch auf Erden. Doch seine Reinheit würde ihn hindern sich mitzuteilen, und seine Wahrhaftigkeit verurteilte ihn zum Nichtsein.« (W 33 f.) So wenig in der unmittelbaren Gewißheit des ego cogitans autarkisch sich leben läßt, so wenig stichhaltig ist der Glaube an

Natur als Unmittelbarkeit: Keine Anschauung ist naiver als diejenige, die alle dreißig Jahre zur Entdeckung der ›Natur‹ führt. Es gibt keine Natur. Oder genauer: was man als gegeben annimmt, ist allemal, früher oder später, hergestellt worden. Der Gedanke, daß man Dinge wieder in ihrer Ursprünglichkeit erfaßt, ist von erregender Kraft. Man stellt sich vor, es gebe ein solches Ursprüngliches. Doch das Meer, die Bäume, die Sonnen – und gar das Menschenauge –, all das ist Kunst.« (W 35) In den Essays ›Über Kunst‹ erweitert sich das zu einer Denunziation jenes ästhetischen Wald- und Wiesenbegriffs vom Einfachen, den der Philister als Winckelmannsches Erbe hütet.: »Der Wille zum Einfachen in der Kunst ist immer tödlich, wo er sich selbst genug sein will und uns verführt, uns um eine anfallende Mühsal zu drücken.«(K 78) Unmittelbares, Einfaches ist für Valéry wie für Hegel nicht das Erste, sondern Resultat einer Vermittlung. Das erläutert er an einer Anekdote von chinesischer Schönheit. »Einer der ruhmvollsten Meister der Reitkunst aller Zeiten erhielt, arm und alt geworden, vom Zweiten Kaiserreich eine Stallmeisterstelle in Saumur. Dorthin kam eines Tages, ihn zu besuchen, sein Lieblingsschüler, ein junger Rittmeister und glanzvoller Reiter. Baucher sagte zu ihm:›Ich will für Sie ein wenig in den Sattel steigen‹. Man hebt ihn auf ein Pferd; er durchquert die Bahn im Schritt, kommt zurück … Der andere, geblendet, sieht einen vollkommenen Kentauren daherkommen. ›So‹, sprach der Meister zu ihm, ›ich mag keine Wichtigtuerei. Ich stehe auf dem Gipfel meiner Kunst: Reiten im Schritt und dies fehlerlos.‹ « (a. a. O.)Wie er das Unmittelbare als vermittelt durchschaut, so ist er offen fürs Unmittelbare als telos der Vermittlung. Das ist ihm Kultur. Die Kunst der Renaissance habe dem italienischen Volk »nicht als Dreingabe« gegolten, nicht als etwas, das nur in Ausnahmefällen zum Dasein gehört, sondern als eine seiner natürlichen und so gut wie notwendigen Bedingungen, deren Fehlen ihm eine spürbare Entbehrung bedeuten würde« (K 155). Von dem ist nicht weit zur Hegelschen Definition von Kunst als einer Erscheinung der Wahrheit. Die Wahlverwandtschaft reicht bis in die Logik hinein. In der Hegelschen des Wesens würden Analysen keine üble Figur machen wie: »Aussagen haben stets mehrere Bedeutungen, deren bemerkenswerteste sicherlich der Grund selber ist, warum die Aussage getan wurde. So bedeutet ›Quia nominor Leo‹ durchaus nicht ›Denn Löwe heiße ich‹, sondern: ›Ich bin ein grammatikalisches Beispiel.‹« (W 111) Dafür hat Hegel in Sätzen wie »Je schlechter der Künstler ist, desto mehr sieht man ihn selbst, seine Partikularität und Willkür« Valéry prophetisch plagiiert. Früh nahmen sie die Dynamik der Idee jenes Fortschritts vorweg, dessen Spätzeit noch Valéry, zumindest ästhetisch, zugehörte, der subjektivistischen. Ihre Träger sind ihm Manet, Baudelaire und Wagner, in denen sensuelle Reizsamkeit und Differenziertheit, wie Impressionismus und Symbolismus sie teilten, zum Prinzip geworden und aufs höchste gesteigert seien. Als einer der ersten verbuchte Valéry, was darüber an Kräften der Objektivation und Verbindlichkeit verlorenging. Selber vom Symbolismus geprägt, war er vor der laudatio temporis acti gefeit, schätzte jedoch den Preis ein, den die Stimmigkeit der Gebilde für ihre subjektive Durchdringung zu zahlen hat. Die nach-Valérysche moderne Kunst hat unabhängig von ihm daraus die Konsequenz gezogen. Was in Malerei und Plastik von der Ähnlichkeit mit dem Gegenstand, in der Musik von der Tonalität sich lossagt, wird wesentlich motiviert von dem Drang, dem Gebilde rein von sich aus etwas von jener Objektivität wieder anzuschaffen, deren es enträt, solange es beim subjektiven Reflex auf ein wie immer auch Vorgegebenes sein Bewenden hat. Je mehr das Kunstwerk all der Bedingungen kritisch sich entäußert, die seiner je eigenen Gestalt nicht im-

40

manent sind, desto mehr nähert es mittlerweile einer Objektivität zweiter Potenz sich an. Insofern hat die Radikalisierung der Kunst eingebracht, was Valéry retrospektiv am Fortschritt seiner eigenen Epoche noch bemängelte. Dazu stimmt, daß inmitten einer fortdauernd gefesselten Gesellschaft die Entfesselung des Subjekts, seine Pflicht und sein Glück zugleich auch Schein bleibt und am allgemeinen Schein mitwirkt. Dem ästhetischen Subjekt ging die Autorität alles Traditionalen unwiederbringlich verloren. Es muß auf sich selbst rekurrieren, darf nur auf das sich verlassen, was es aus sich herauszuspinnen vermag; ihm wahrhaft ist der kritische Weg allein offen. Auf keine andere Objektivität kann es hoffen. Zurückverwiesen auf sich, ist es künstlerisch notwendig sich selbst das Nächste und Unmittelbarste. Gesellschaftlich aber bleibt es abgeleitet, bloßer Agent des Wertgesetzes. Je tiefer es seine je eigene Wahrheit als ihm allein erreichbare, von ihm allein zu füllende ausdrückt, desto mehr verstrickt es sich in die Unwahrheit. Diese Antinomie bezeugt Valérys gesellschaftlich bewußtlose Trauer ums Vergangene ebenso treu, wie die ästhetische Eigenständigkeit, die er im Gedanken an die authentischen Werke von einst verficht, durch ihre hermetische Abdichtung vom kommunikativen Unwesen mit Tendenzen solcher übereinkommt, denen Valéry anathema ist und die er selbst wohl ohne Zögern als Verfall verdammt hätte. Wenn in der Phase des Tachismus und der Experimente mit aleatorischer Musik Mallarmés Würfeltheorie aktuell geworden ist, so manifestiert darin sich ein Zusammenhang, in den das œuvre seines Schülers Valéry insgesamt fällt. Wie nach ihm die Spannung zwischen dem konstruktiven Gesetz und der Kontingenz in der Kunst bis zum Bersten sich steigerte, so wird schon seiner eigenen anachronistischen Insistenz auf Begriffen wie Ordnung, Regelhaftigkeit und Dauer die Abweichung konstitutiv beigesellt. Sie ist ihm Bürgschaft

41

der Wahrheit. Schroff widerspricht er der Ansicht des common sense von Erkenntnis: »Jede Sicht der Dinge, die nicht befremdet, ist falsch. Wird etwas Wirkliches vertraut, so kann es nur an Wirklichkeit verlieren. Philosophische Besinnung heißt vom Vertrauten auf das Befremdende zurückkommen, im Befremdenden sich dem Wirklichen stellen.« (W 144) In einer Gesellschaft, deren Totale sich fugenlos zur Ideologie abgedichtet hat, kann wahr nur sein, was der Fassade nicht gleicht. Das kritische Bewußtsein des konservativen Artisten vom Banalen als Trug geht über in Brechts Verfremdungseffekt. In seinen Gedanken so wenig wie in der Praxis der Künstler läßt das Allgemeine dem Besonderen so bruchlos sich versöhnen, wie es der traditionellen Kunst und Ästhetik vor Augen stand. Indem der Reaktionär Valéry dessen gedenkt, was auf dem Weg des Fortschritts vergessen wird; was der großen Tendenz sich entzieht, deren Fürsprecher er doch als einer der ästhetischen Naturbeherrschung selber ist, muß er auf die Seite der Differenz, des nicht Aufgehenden sich schlagen. Daher der nautische Name seiner Merkbücher. Keine Interpretation könnte das präziser herausstellen als seine eigene Formulierung vom »Akzidens, das meine Substanz ist« (W 80).

Dem hätte Valérys deklarierter Antipode Proust zugestimmt, dem klassische Rationalität und Ordnungsgefüge vorweg verdächtig sind: wozu Valéry widerstrebend sich nötigen läßt, ist das Formgesetz des Proustischen Geamtwerks. Aber Prousts enthusiastisches Vertrauen auf den Wahrheitsgehalt des Inkommensurablen, der unwillkürlichen Erinnerung ist bei Valéry schwermütig gebrochen: »Die richtigen Gedanken sind immer unerwartet. Jeder unerwartete Gedanke ist einige Augenblicke lang richtig.« (W 108) Die Evidenz des Unwillkürlichen, der Zeitkern der Wahrheit als eines jeweils Neuen, die plötzlich erscheinende Wahrheit hat den Aspekt des Trügerischen und Hinfälligen. Das ist der Grund des Schmerzes, den die unwiderleglich jähe Einsicht Valéry wie Proust bereitet. Der Nachfahre Baudelaires, der die Lüge der Geliebten verherrlichte, bringt dessen spleen ein in eine leidvolle Physiognomik, wie Proust nicht anders an Albertine sie hätte einwerfen können. »Die Menschen flehen schweigend die Menschen an, ihnen zu sagen, was sie nicht denken. ›Sagt uns, was wir hören möchten!‹ ›Sag mir etwas Freundliches!‹ singen die Augen.« (W 137) Larochefoucauldsche Aufklärung und neuromantische Sensibilität verschränken sich in der Beobachtung. Gleich Proust hat Valéry die verhärtete Scheidung von Denken und Intuition widerrufen, an welche das verdringlichte Bewußtsein befriedigt sich klammert: »...es sei denn, man verstehe unter Inspiration eine so bewegliche, geordnete, scharfsinnige, unterrichtete und berechnende Kraft, daß man sie ebensogut Intelligenz oder Kenntnis nennen könne« (W 48). Zuweilen reicht die Übereinstimmung bis in die philosophische These: »Die Vergangenheit ist ganz und gar nicht, was man dafür hält. Die Vergangenheit ist nicht, was einmal war; sie ist nur, was von dem, was einmal war, übrigblieb. Das sind Spuren und Erinnerungen. Sonst ist einfach nichts vorhanden.« (K 163) Die Besinnung über den klassischen Begriff des Dauernden und Bleibenden, den Valéry nicht antastet, führt zur Verneinung des monumentum aere perennius. In Valérys Geschichtsphilosophie öffnet sich ein Spalt im Gefüge der vérités éternelles. Der Generalnenner für Proust und Valéry ist aber kein anderer als jener Bergson, dem Valéry, unter der nationalsozialistischen Besetzung, die Totenrede hielt.

Nirgends kann man den Zwang, antithetisch über jene Art Position hinauszugehen, welche alle traditionelle Philosophie mit Besitzerstolz hütet, in Valéry deutlicher wohl erkennen, als an seinem Verhältnis zur Musik. Er hat sich unmusikalisch genannt, wenn nicht antimusikalisch: »Musik langweilt mich nach kurzer Zeit.« (W 118) Der einem mittleren Komponisten wie Honegger seinen »mächtigen Atem« (K 34) nachrühmt, beschreibt die opernhaften Züge jenes Racine, »dessen Tragödien Lulli sich so beflissen anzuhören pflegte und dessen Linienführung und Themen sich anhören, als seien sie unmittelbar in die schönen Formgebilde und die reinsten Durchführungen Glucks übergegangen« (K 31), nicht wissend, daß es bei Gluck kaum »Durchführungen« gibt und daß die Primitivität von dessen Formgestaltung ihn zum blutigen Hohn reizen müßte, wenn er ihr in der Malerei begegnete. Dennoch charakterisiert er unmittelbar danach Unmanieren beim Sprechen von Versen so, wie es wörtlich auf schlechte musikalische Interpretationen angewendet werden könnte: »Man zerschlägt sie, man unterschlägt sie; andere Male scheint es, als ob man nur ihre Zwänge zur Geltung bringen wolle; man unterstreicht, man übertreibt die Zeilenfügung, die Ecksilben der Alexandriner, eingebürgerte Formelelemente, die meiner Meinung nach durchaus ihren Nutzen haben, die aber zu grobschlächtigen Wirkungsmitteln werden, wenn die Sprechweise sie nicht in die Gewänder ihrer Anmut hüllt.« (a. a. O.) So fern und nah war Valéry der Musik. Er fügte sich zunächst dem Schema, welches das Visuelle als statisch rational in einfachen Gegensatz rückt zum Fließenden und Chaotischen der begriffslosen Zeitkunst. Im Gegensatz zu Dichtung und Musik schreibt er der Malerei ein dinghaft positivistisches Moment zu. Daher seine Reservate gegen die magische Wirkung des Bildes. Der Symbolist Valéry hat es denn auch mit den Impressionisten gehalten und nicht mit Puvis de Chavannes. »Die Malerei darf, bei Vermeidung von Gefahren, sich nicht herausnehmen, uns den Traum vorzutäuschen. Die Einschiffung nach Kythera scheint mir nicht vom Besten Watteaus zu sein. Die Zauberwelten Turners bringen es bisweilen fertig, mich zu entzaubern.« (K 90) Nicht

44

wenn Kunst desperat ihr magisches Erbe hütet, nur wenn sie es sich versagt, durch die Ernüchterung hindurch, kann sie überleben und übergehen in jene Sprache, als welche Valéry sie las. Darin terminiert seine Interpretation Manets. Die »Naturalisten«, denen er ihn in diesem Zusammenhang zuzählt, haben, analog zu Baudelaire, »ein wirkliches Verdienst: sie haben in Gegenständen oder Vorwürfen, die bis auf ihre Zeit für schmählich oder bedeutungslos galten, Poesie entdeckt (oder vielmehr darein eingebracht) und bisweilen solche vom höchsten Range« (K 110). Aber er war nicht so intransigent gegen Musik wie gegen die Pseudomorphose an sie. Schon zu Beginn der Windstriche ist, in erstaunlicher Parallele zu Kierkegaard, vom »philosophischen Ohr« die Rede (W 16). Valéry besaß es selber. Der den musikalischen Sinn sich aberkannte, konnte als Lyriker nicht darüber sich täuschen, daß »die Wege der Musik und der Dichtung sich kreuzen« (W 57). »Es war die Zeit des Symbolismus: wir waren, ein jeder wie es seiner Anlage und seiner Schule entsprach, reichlich damit beschäftigt, nach besten Kräften das Maß an Musik zu mehren, das die französische Sprache in die Aussage einzuführen erlaubt.« (K 35) Aber er beharrt nicht auf dem synästhetischen Programm von Verlaines Art Poétique, sondern legt seine widerspruchsvolle Erfahrung auseinander. Den Witz: »Gute Verse vertonen, heißt ein Gemälde durch ein Kirchenfenster beleuchten« (W 61), meint er boshaft gegen die Musik. Er zielt zu kurz: kaum sonst könnte die Qualität von Liedern so sehr abhängen von der der Gedichte; jene siedeln sich eher in deren Hohlräumen an, stehen ihnen eher in ihrer Fehlbarkeit bei, als daß sie sie verdoppelten. Dafür aber ist die Verfremdung eines Bildes durch den Strahl, der durch gemalte Scheiben bricht, kein schlechtes Gleichnis für die Transfiguration guter Verse in einem guten Lied. Valéry gesteht sich denn auch zu, was Goethe nicht Wort haben mochte: seine antimusikalische Haltung wehrt eine bedrohliche Lockung ab, der er dann doch unerschrocken folgt. »Meine ›Ungerechtigkeit‹ gegen die Musik kommt vielleicht von dem Gefühl, eine solche Macht wäre imstande, selbst dem Absurden Leben zu verleihen« (W 63), Sinnzusammenhänge jenseits des Rationalen zu stiften: ». . . habt vor allem keine Eile, an die Schwelle des Sinnes zu gelangen« (K 32). Danach umschreibt Valérys Postulat jener reinen Dichtung, welche den Sinn der Sprache unter sich lasse, die Kriterien eines seiner selbst bewußten Musikers: »Welche Schande, zu schreiben, wenn man nicht weiß, was Sprache, Wort, Metapher sind, Gedankenübergänge und Wechsel im Ton; wenn man die Struktur der zeitlichen Folge eines Werks und die Voraussetzungen für seinen Schluß nicht begreift, kaum das Warum kennt und schon gar nicht das Wie! Die Scham darüber, eine Pythia zu sein . . .« (W 166) Die Sehnsucht, daß der Sinn im Vers verschwinde, ist beheimatet in der Musik, die Intentionen kennt nur als untergehende. Das Korrelat dazu bemerkt Valéry an der Sprache: »Wenn der Klang, der Rhythmus dem Sinn zum Bewußtsein kommen, machen sie sich nur für einen Nu geltend: als eine sich im Augenblick aufbrauchende Notwendigkeit, als Hilfsorgan der Sinnbedeutung, die sie herführen und die sie dann unverzüglich aufzehrt« (K 29)[2]. Es zeugt für die gegensätzliche Einheit der beiden Medien, daß, wo in der Lyrik musikalische Strukturen die meinende Sprache überflügeln, die Musik strukturell der Prosa sich anähnelt, vor deren Spuren Valéry den Vers schützen möchte. Die Ästhetik des Antimusikalischen klingt zuzeiten wie eine Musikästhetik: »Alle Teile eines Werks müssen ›arbeiten‹.« (W 169) Nicht anders verwendet die musikalische Terminologie den Begriff thematischer Arbeit. Dies bewußtlose Einverständnis Valérys mit der Musik kommt manchmal Werken zugute, die er nie hörte. »In sehr kurzen Werken erreicht die

Wirkung des geringsten Details die Größenordnung der Gesamtwirkung« (W 170) – das ist die Physiognomik Anton von Weberns. Dem optisch-kristallinischen Valéry verwandelt am Ende jegliche Kunst sich in die von ihm gefürchtete Musik; nicht bloß ist ihm, wie in Benjamins Jugendwerk, alle Kunst Sprache, sondern es gibt »Schauseiten, Formen, Zustände auch in der Welt des Sichtbaren, die Gesang sind« (K 83). Ihn entdeckt der saugende Blick des Dichters auf Farben und Formen.

Seine diffizile Stellung zur Musik ist aber relevant nicht bloß für die allgemeine Abgrenzung der Künste gegeneinander und ihre Einheit. Ein Fragenkomplex, um den Valéry kreist, rückte heute ins Zentrum des Komponierens: die Beziehung integraler Konstruktion, wie sie den Gedanken der Autonomie des Werks, seine Unabhängigkeit vom je Aufnehmenden zu Ende denkt, zum Zufall. In der Idee des integralen, in sich lückenlos geschlossenen und bloß seiner immanenten Logik verpflichteten Kunstwerks, welche aus der Gesamttendenz der abendländischen Künste zur fortschreitenden Naturbeherrschung, konkret: zur vollkommenen Verfügung über ihr Material folgt, ist etwas ausgelassen. Kunst, die dem zivilisatorisch-rationalen Zug sich einfügt und ihm die historische Entfaltung ihrer Produktivkräfte verdankt, meint doch zugleich auch den Einspruch gegen ihn, das Eingedenken dessen, was in ihm nicht aufgeht und was er eliminiert; eben das Nichtidentische, worauf das Wort Abweichung anspielt. Sie verschmilzt darum nicht bruchlos mit der totalen Rationalität, weil sie dem eigenen Begriff nach Abweichung ist, nur als solche in der rationalen Welt ihr Lebensrecht hat und die Kraft, sich zu behaupten. Wäre sie bloß identisch mit der Rationalität, sie verschwände in dieser und stürbe ab, während sie ihr doch nicht ausweichen darf, wenn sie nicht hilflos Reservate besiedeln will, ohnmächtig gegenüber der unaufhaltsamen

Naturbeherrschung und ihren gesellschaftlichen Verlänge-
rungen, und gerade als geduldete erst recht jener hörig. Die
ästhetisch aktuelle Figur solcher Paradoxie ist der Zufall, das
mit ratio Nichtidentische, Inkommensurable als Moment der
Identität selber, einer rationalen Gesetzlichkeit von eigenem
Typus, der statistischen, deren Valéry häufig gedenkt. Als
Zufall schlägt die sich selbst entfremdete Gestalt der Subjektivität im objektiven Kunstwerk durch, dessen Objektivität
nie eine an sich sein kann, sondern durchs Subjekt vermittelt
wird, während es keinen unmittelbaren Eingriff des Subjekts
mehr dulden möchte. Zugleich bekundet der Zufall die Ohnmacht eines Subjekts, das zu nichtig wurde, um legitimiert zu
sein, im Kunstwerk überhaupt unmittelbar noch von sich zu
reden. Er negiert das Gesetz der ästhetischen Freiheit zuliebe
und bleibt doch in seiner Heteronomie Widerspiel der Freiheit. Das bestätigt Valéry, als spräche er wider den gegenwärtigen Raum total determinierter und vom Subjekt schlechterdings unabhängiger Musik: »In allen Künsten – und darum
gerade sind sie ja Künste – kann das Aus-Notwendigkeit-so-
geworden-sein, das uns ein glückliches zu Ende gebrachtes
Werk glaubhaft machen muß, nur durch einen Akt freier
Schöpfung ins Leben gerufen werden. Der Fug und der ab-
schließende Zusammenklang der voneinander unabhängigen
Eigenschaften, die es zu verweben gilt, werden nie durch ein
Rezept oder einen Automatismus erzielt, sondern durch das
Wunder oder schließlich und endlich durch Bemühung –
durch Wunder im Verein mit Bemühungen, die ein Wille
trägt.« (K 18 f.) Darum bleibt nach seinem Willen wie dem der
jüngsten Kunst der Zufall gesteuert, der Rationalität des
Ganzen unterworfen. Aber er markiert doch auch die Grenze
der Rationalität an dem Material, das sie zurichtet; nur ist es
von jener schon so ausgelaugt, daß seine Abstraktheit wiederum mit der bloßen Gesetzmäßigkeit, der formalen Einheit

48

des Begriffs, zusammenfällt, der der Zufall opponiert: das Nichtidentische als Identisches. Was der Zufall an Sinnfremdheit in jedes Gebilde hineinträgt, ahmt die des Zeitalters nach; indem er unbeschönigt die Sinnfremdheit der Totale einbekennt, erhebt er Einspruch gegen sie. Die Erfahrungen alles dessen hat Valéry gemacht. Dabei sympathisiert er wie Mallarmé ohne apologetische Vorbehalte, großartig unbekümmert um den Widerspruch zu seiner primären Neigung, mit dem Zufall, obgleich sein ganzes Pathos daher rührt, daß der Geist seiner selbst mächtig werde, indem das Kunstwerk seiner mächtig wird. Die Konstellation beider Momente ist entworfen in dem Essay der Pièces sur l'art über die Würde der künstlerischen Verfahrungsweisen, an denen das Feuer beteiligt ist. »Doch all die Wachsamkeit des erlauchten Handwerkers am Feuerofen, alles, was seine Erfahrung, seine Wissenschaft von der Hitze, den gefährlichen Zuständen, den Temperaturen für die Schmelze und die Reaktion der Stoffe vorauszusehen erlauben, lassen die adelnde Ungewißheit in ihrer Unermeßlichkeit bestehen. Sie alle schaffen den Zufall nicht ab. Seine hohe Kunst bleibt unter der Herrschaft des Wagnisses und wird dadurch gleichsam geheiligt.« (K 12) Was der Notwendigkeit entschlüpft, schlägt er nicht geringer an als diese und vom Zufall erhofft er sich die Indifferenz von beidem. Gerade das sinnfremde Moment des Zufalls, wahrhaft eines Grenzwertes im temps espace, assoziiert er mit dem Bergsonschen temps durée, dem unwillkürlichen Eingedenken als der einzigen Gestalt des Überlebens. Denn in der Anarchie der Geschichte ist dies Eingedenken selbst zufällig: das definiert bei Valéry die Würde des Zufalls. Von einer Keramikausstellung sagt er: »Nichts gleicht dem bis zum heutigen Tage angehäuften Kapital unserer Kenntnisse, unserem Haben im Buche der Geschichte so, wie diese Sammlung von Dingen, die der Zufall uns erhalten hat. All unser Wissen ist

wie sie ein Rückstand. Unsere Geschichtsurkunden sind
Strandgut, das ein Zeitalter einem anderen überläßt, wie es
der Zufall will, und in vollem Durcheinander.« (K 164)
Gleichwohl mildert diese Rettung nicht sein Mißtrauen gegen
die unmittelbare Zufälligkeit des künstlerischen Produktionsprozesses, gegen das Zu leicht. Der Nachdruck, den er
auf widerstrebende Materialien legt, die den Zufall ins Kunstwerk tragen, rührt her von eben diesem Mißtrauen gegen den
Zufall bloßer Subjektivität. »Darum befällt in allen Künsten,
deren zugeordneter Stoff nicht schon durch sein bloßes So-
sein gegenwirkende Widerstände häuft, die wahren Künstler
das Gefühl der Gefahren und der Langeweile allzu großer
Leichtigkeit des Schaffens.« (K 9 f.) Mag der Zufall, als ein
dem schaltenden Künstler Entzogenes, mit der freilich heute
bereits ein wenig antiquierten Vorstellung vom »Akt freier
Schöpfung« unvereinbar sein – ihre Unvereinbarkeit definiert
die Frage, wie Kunst überhaupt noch möglich sei.

Valérys Widersprüche insgesamt haben ihre gesellschaftlich-
historische Seite. Wie die Essays über die italienische Malerei
der Renaissance, zumal Veronese, nach neuromantischer
Sitte Herrschaft schlechthin, die große Allüre, die souveräne
Verfügung adorieren, die im bürgerlichen Individualismus zur
Formlosigkeit zersplittert dünkt, so mag Valéry in den Musi-
kanten windige Leute beargwöhnt haben, deren flüchtige
Spektakel so wenig fest, verbindlich, zuverlässig im Raum angesiedelt und der Ordnung immanent sind wie die Herumzie-
henden selber. Unter seinen Idealen ist nicht das letzte das
einer Kunst, die des Vagantentums sich entäußert hätte, ihres
wie immer auch sublimierten gesellschaftlichen Odiums,
während doch dies Vagantische, der Kontrolle seßhafter Ordnung nicht gänzlich Unterworfene allein der Kunst erlaubt,
inmitten von Zivilisation zu überleben. Aber die Lauterkeit
eines Gedankens, der von der Ideologie nicht sich fesseln läßt,

auf die er vereidigt ist, hält auch vor diesem Motiv nicht inne. Valéry, der als Kind des rationalen Zeitalters die säuberliche Scheidung von Produktion und Reflexion in der Kunst nicht anerkennt, ist viel zu reflektiert, um sich darüber zu täuschen, daß auch solche Künstler, welche die Rücksicht auf den Markt verschmähen, an die prekäre Stellung des Geistes in der herrschaftlichen Gesellschaft gekettet bleiben, der sie noch als opponierende willfahren müssen. Künstler heute sind Intellektuelle, sie mögen es akzeptieren oder nicht, und als solche das, was die Theorie der Gesellschaft dritte Person nennt: sie leben von abgezweigtem Profit. Während sie selber keine »gesellschaftlich nützliche Arbeit« leisten, nichts zur materiellen Reproduktion des Lebens beitragen, repräsentieren sie allein die Theorie und alles Bewußtsein, das über den blinden Zwang der materiellen Verhältnisse hinausweist; so wehrlos gegen das Mißtrauen des Bestehenden, von dem sie leben, ohne ihm zuverlässig zu dienen, wie gegen das seiner Feinde, denen sie nichts sind als ohnmächtige Agenten der Macht. Sie ziehen darum als neuralgischer Punkt der Gesellschaft den Haß der ganzen Welt auf sich. Nicht aber sind sie durch die abstrakte Anpreisung des Geistes zu verteidigen, sondern einzig dadurch, daß auch ihr Negatives ausgesprochen wird. Erst wenn die ideologische Hülle ihrer eigenen Existenz fällt; erst in der schonungslosen Selbstreflexion, die zugleich eine der Gesellschaft wäre, gelangten sie zu ihrer gesellschaftlichen Wahrheit. Dazu hilft Valéry. Den Makel, der jeden Gedanken befleckt, nimmt Valéry in diesen hinein: »Ohne ihre Schmarotzer, Diebe, Sänger, Mystiker, Tänzer, Helden, Dichter, Philosophen, Geschäftsleute wäre die Menschheit eine Gesellschaft von Tieren; oder nicht einmal eine Gesellschaft: eine Gattung; die Erde wäre ohne Salz.« (W 36) Die gleiche Liste der dritten Personen könnte bei Marx stehen, dessen Namen Valéry kaum über die Lippen gebracht hätte. Auch der Zusammenhang des Geistes und der geistigen Produktion mit dem, was in der Sprache der politischen Ökonomie Zirkulationssphäre heißt, ist ihm nicht fremd. »Wenn ›Handel treiben‹ bedeutet, daß man einkauft, mit der Absicht wiederzuverkaufen, so ist der Künstler oder Autor ein Handelsmann, der nur darum anschaut, reist, liest, ja lebt, um zu produzieren, um seinen Eindruck auf den Markt zu bringen. – Statt für sich selber zu erwerben. – Aber, wer weiß, für sich selber erwerben ist vielleicht sinnlos.« (W 41) Der unbestechlich auf der Reinheit des Werkes um seiner selbst willen insistiert, durchschaut zugleich, wie sehr diese Reinheit des ästhetischen An-sich einem Für-anderes, dem Markt, sich verdankt; wo mesquine Künstler vom Schöpfertum schwafeln und gerade, indem sie es ideologisch anpreisen, des allgemeinen Einverständnisses auf dem Markt sicher sind, gesteht Valéry den paradoxen Zusammenhang des autonomen Werks mit seinem Warencharakter zu. Es wird überhaupt erst zu einem Objektiven, indem der Produzierende nicht unmittelbar zu seinen Erfahrungen ist, sondern diese vergegenständlicht; die sich selbst entfremdete Wahrheit wird zum eingestandenen Modell des absoluten Gebildes. Was sich selbst Ursprünglichkeit und Genius ist, ist gesellschaftlich ein natürliches Monopol. Darauf spielt eine jener witzigen Bemerkungen an, die, laut Nietzsche, das kaum bemerkbare Lächeln erzeugen: »Wie, könnte ein Genie zu sich selber sagen –, so bin ich also ein Kuriosum … Und was mir so natürlich erscheint, das Bild, das mir da einfiel, ein unmittelbar einleuchtendes Wort, eines, das mich nichts gekostet hat, flüchtiges Ergötzen meines inneren Auges, meines heimlichen Hörens, meiner Stunden, und dann die Zufälle beim Denken und Reden … machen sie aus mir ein Ungeheuer? – Seltsam ist meine Seltsamkeit. So wäre ich nur eine Rarität? Und ohne daß ich mich im geringsten zu ändern brauchte, genügten hunderttausend meinesgleichen, und ich würde nicht mehr auffallen ... Und bei einer Million wäre ich gar irgendein Trottel ... Ein Millionstel meines früheren Wertes ...« (W 68) Derlei Erwägungen kulminieren in einer erstaunlichen Gleichung von Geist, Selbstentfremdung und Warencharakter: »Je ›bewußter‹ ein Bewußtsein ist, desto mehr scheinen ihm seine Person, seine Meinungen, seine Taten, seine Eigenheiten und seine Gefühle befremdlich – fremd. So neigt es dazu, über seinen eigensten und persönlichsten Besitz als über etwas Äußeres und Zufälliges zu verfügen.« (W 146) Eine selbstzerstörerische Spitze ist dabei unverkennbar. Anti-intellektuelle Motive fehlen neben exponierten Rettungen des Anfälligsten am Geist so wenig wie bei Nietzsche. Stimmgeräusche aus der Ära des Vorfaschismus lassen sich vernehmen: »Das Geschäft der Intellektuellen ist es, mittels Zeichen, Namen, Symbolen alles aufzurühren, ohne das Gegengewicht wirklicher Handlungen. Das macht ihre Reden verblüffend, ihre Politik gefährlich, ihr Vergnügen oberflächlich. Es sind soziale Reizmittel, mit den Vorteilen und Gefahren aller Reizmittel.« (W 37) Aber wo Valérys spezifische Erfahrung sitzt, in der künstlerischen Produktion, gewährt er derlei Flausen keinen Raum. Intuition, der Markenartikel der Anti-Intellektuellen, kommt bei ihm schlecht weg. Er polarisiert sie in die Extreme von Bewußtsein und Zufall und heftet spottend den gelben Fleck der dritten Personen gerade an die offiziell Begnadeten: »Unerträglich ist oder sollte den Dichtern die Vorstellung sein, wonach sie das Beste ihrer Werke von erdichteten Mächten empfangen haben. Mittelsmänner – eine demütigende Auffassung. Ich, für mein Teil, will davon nichts wissen. Ich berufe mich nur auf den Zufall, der allen Menschen zugrunde liegt; und dann auf eine zähe Arbeit, die gegen eben diesen Zufall wirkt.« (W 95)

Was in solchen Modellen sich zuspitzt, aber insgesamt den Rhythmus von Valérys denkender Bewegung definiert, wäre, nach dem Brauchtum der offiziellen Philosophiegeschichte, der Widerstreit von rationalistischen und irrationalistischen Motiven. Ihr Stellenwert in Frankreich jedoch ist umgekehrt als in Deutschland. Hier ist man gewohnt, den Rationalismus dem Fortschritt zuzurechnen und den Irrationalismus, als romantisches Erbe, der Restauration. Bei Valéry aber ist das traditionale Moment eins mit dem Cartesianisch-rationalistischen, und irrationalistisch die Selbstkritik des Cartesianismus. Das rational-konservative Moment bei Valéry ist das herrisch-zivilisatorische, die deklarierte Verfügung des autonomen Ichs übers Unbewußte. »Die Träume abschütteln, die Schlacken, die Dinge, denen Abwesenheit und Nachlässigkeit erlaubt hat, zuzunehmen und sich breit zu machen; die Naturprodukte, Unrat, Irrtümer, Torheiten, Schrecken, Bedrängnisse. Die Tiere kriechen wieder in ihr Loch. Der Meister kehrt von der Reise zurück. Der Hexenspuk ist gestört. Weggang und Rückkehr.« (W 17) Nach wie vor wird solche Herrschaft Cartesianisch gerechtfertigt durch clara et distincta perceptio. Valérys Zweifel noch an den bündigen Antworten, Ferment seiner irrationalen Abweichungen, mißt sich an jener Bündigkeit: »Aber unsere richtigen Antworten sind überaus selten. Die meisten sind schwach oder nichtig. Wir spüren das so genau, daß wir uns zuletzt gegen unsere Fragen wenden. Damit aber sollte man gerade beginnen. Man sollte eine Frage in sich ausbilden, die allen anderen vorausgeht und jede auf ihren Wert hin befragt.« (W 70) Der Cartesianismus überschlägt sich kraft seines eigenen methodischen Motors, des Zweifels: »Ich stelle mir oft einen Menschen vor, dem alles zur Verfügung stände, was wir an genauen Verfahren und Vorschriften kennen, dem aber alle Begriffe und Bezeichnungen unbekannt wären, die keine klaren Vorstellungen erwecken, die nicht zu einheitlichen und wiederholbaren Handlungen führen. Er hat nie von Geist, von Denken, von Substanzen reden hören, nie von Freiheit und Willen, von Zeit und Raum, von Kräften, von Leben, Instinkt, Gedächtnis, Ursache, von Göttern, nie von Moral, nie von Ursprüngen; kurz: er weiß alles, was wir wissen, und kennt nicht, was uns unbekannt ist, aber er kennt nicht einmal die Namen davon. So setze ich ihn den Schwierigkeiten aus und den Gefühlen, die sich aus ihnen ergeben; so lasse ich ihn entstehen. Jetzt setze ich ihn in Bewegung und liefere ihn den Umständen aus.« (W 148 f.) Das Beharren auf der Forderung des absolut Gewissen endet im Offenen, nach Descartes' Kriterien Ungewissen. Das sum cogitans wird der Zufälligkeit seiner bloßen Existenz überführt, auf die bei jenem nicht reflektiert war und die den Meditationen den Boden unter den Füßen weggezogen hätte. Ausdrücklich wird daraus die volle erkenntnistheoretische Konsequenz gezogen, die der Nichtidentität des Seienden mit seinem Begriff: »Die kleinen, unerklärten Fakten enthalten in sich immer genug, um alle Erklärungen der großen Fakten zu entkräften.« (W 140) Valéry bringt den Rationalismusstreit, ohne Entscheidung sich anzumaßen, auf die mathematisch elegante Formel: »Was nicht festgehalten wird, ist nichts. Was festgehalten wird, ist tot.«(W 112) Darf etwas den Namen von Philosophie überhaupt noch beanspruchen, dann solche Antithesen. Indem sie unversöhnt stehenbleiben, drückt der Gedanke die eigene Grenze aus: die Nichtidentität des Gegenstandes mit seinem Begriff, der ebenso jene Identität fordern, wie ihre Unmöglichkeit begreifen muß.

Auch der Rationalismusstreit hat bei Valéry seine geschichtsphilosophische Dimension, die einer Dialektik der Aufklärung. Von ihr hat er ein Zentrales gewahrt, das Heraufkommen eines bloß noch instrumentellen Denkens, den Triumph subjektiver über objektive Vernunft vermöge des Fortschritts von Rationalität als solcher: »Hinzu kommt, daß die Ideen, selbst die grundlegenden, allmählich den Charakter von We-

senheiten verlieren und zu Werkzeugen werden.« (W 38) Er
zögert nicht vor der Folgerung, daß damit die entfesselte Vernunft sich gegen sich selbst wendet: »Die Wissenschaft hat das
Gewissen der Vernunft und des gesunden Menschenverstandes zerstört.« (a.a.O.) Den Schauder, der ihn befällt, hat seitdem das Grauen der Praxis schon überboten: »Mit dem Einwand des gesunden Menschenverstandes weicht der Mensch
vor dem Unmenschlichen zurück, denn im gesunden Menschenverstand liegt nichts als der Mensch, seine Vorfahren,
die Maßstäbe des Menschen und die menschlichen Fähigkei-
ten und Beziehungen. Doch die Forschung und selbst die
Mächte rücken vom Menschen ab. Die Menschheit wird sich
daraus retten, so gut sie kann. Die Unmenschlichkeit hat vielleicht eine große Zukunft.« (W 39) Die Verschränktheit der
losgelassenen subjektiven Rationalität und der Selbstentfremdung des Subjekts ist ihm so wenig entgangen wie der
Zusammenhang dieser Tendenz mit der totalitären: »Eine zu
genaue Vorstellung vom Menschen, eine zu deutliche Wahrnehmung seines Mechanismus, das vollständige Fehlen von
Aberglauben in menschlichen Dingen, die kategorische Wei-
gerung, den Menschen als Ding an sich, als sein eigenes Ziel
zu betrachten, eine zu statistische Sicht der Lebenden, eine zu
genaue Voraussicht ihrer Reaktionen, der heute schon fest-
stehenden Wandlungen und Rückfälle, die ihre Gefühle in
einigen Wochen oder Jahren erfahren werden, ein zu starkes
Gefühl für Ordnung und für das Staatsideal – all dies ist an
der Spitze vielleicht nicht am richtigen Platz. Wenn der Verstand herrschen sollte?...« (W 100 f.) Vom neuen Staatsideal
redet er in Gleichnissen wie Karl Kraus: »Der Staat ist ein rie-
sengroßes, furchtbares und schwaches Wesen. Ein Zyklop von
berüchtigter Kraft und Ungeschicklichkeit, das mißgestaltete
Kind der Gewalt und des Rechts, die es aus ihren Widersprüchen gezeugt haben. Er lebt nur dank den unzähligen Männ-

lein, die linkisch seine trägen Hände und Füße bewegen, und sein großes Glasauge sieht nur Pfennige und Milliarden. Der Staat ist jedermanns Freund und jedes Einzelnen Feind.« (W 100)

So heikel steht es um Valérys Konservativismus. Bei aller Aversion gegen die verwaltete Welt verschmäht er es, hinter Invektiven gegen Dekadenz und Perversion sich zu verschanzen. Was der Vernunft, den Menschen als deren Trägern, dem Subjekt widerfährt, ist ihr eigenes Prinzip: »Das Denken ist brutal, es kennt keine Schonungen. Was ist brutaler als ein Gedanke?« (W 109), oder gar: »Das Gemeinste auf der Welt, ist es nicht der Geist? Der Körper weicht vor Schmutz und Unrat zurück. Der Geist rührt gleich einer Fliege an alles. Weder Abscheu noch Ekel, weder Bedauern noch Reue stammen von ihm; sie sind ihm nur ein Gegenstand der Neugier. Die Gefahr spricht ihn an, und wäre der Körper nicht so mächtig, der Geist führte ihn mit einer Art Torheit und einer absurden und drängenden Gier nach Erkenntnis ins Feuer.« (W 144) Reiner Geist beichtet in Valéry die eigene Unwahrheit. Seine Komplizität mit dem Abscheulichen ist aber nichts anderes als die Erbschaft der Gewalt, die er seit Jahrtausenden all dem widerfahren läßt, was ist, indem er es dem Prinzip seiner eigenen Selbsterhaltung unterwirft. Bei Valéry ist Geist gestählt genug, um seinem Geheimnis ins Auge zu sehen. Dem, der soviel riskiert, ist auch die Kunst nicht tabu. Als vergeistigte ist sie in Fortschritt und Wissenschaft zum Guten und zum Unheil verstrickt. »Es gibt in allen Künsten einen Naturgesetzen unterworfenen Bereich, den man nicht mehr betrachten und behandeln kann wie ehedem: es ist nicht möglich, ihn den Unternehmungen des Erkenntnisvermögens und der Schaffenskraft von heute vorzuenthalten.« (K 46) Valérys Stolz richtet in keinem Elba von Irrationalität wie in einem Fürstentum sich ein: »Weder die Materie, noch der Raum, noch die Zeit sind in den letzten zwanzig Jahren geblieben, was sie vordem seit jeher waren. Man muß damit rechnen, daß so bedeutsame Neuerungen die ganze Technik der Künste umwandeln, damit auf den schöpferischen Vorgang selbst wirken – so sehr, daß sie vielleicht in erstaunlicher Weise bestimmen könnten, was künftig unter Kunst zu verstehen sein wird.« (a. a. O.) Der Erzfeind des Naturalismus schont nicht die Romantiker: »Ihr Geist suchte sich eine Fluchtburg in einem Mittelalter, das sie sich zurechtmachten; an der Esse des Alchimisten brachten sie sich vor dem Chemiker in Sicherheit. Wohl fühlten sie sich nur in der Welt der Sage oder der Geschichte, das heißt bei den Gegenfüßlern der Physik. Sie retteten sich vor den Bedingtheiten eines durch die Mechanismen der Gesellschaft geprägten Daseins durch die Flucht in die Leidenschaft und die Wallungen des Gemüts, deren Pflege und Ausbeutung sie zu einer Institution ausbauten (und sogar zur Komödie). Auf die Vergötzung des Fortschritts antwortete man mit der Vergötzung der Verdammung des Fortschritts; das war alles und ergab zwei Gemeinplätze.« (K 118 f.) Freilich gelangt in dem fast Max Weberschen Gestus, mit dem der Artist für die Rationalität der Kunst Partei nimmt, das reaktionäre Element nach oben als Einverständnis mit Entwicklungen, deren Träger bis heute die Kulturindustrie war. Wahr ist, daß der Geist und was ihm nicht gleicht in der Kunst von Anbeginn sich verbanden und dichter stets sich durchdrangen: »Nun hat der Gang der Zeit, oder, wenn man lieber will, der Dämon der unverhofften Verkettungen (jener, der aus dem, was ist, die überraschendsten Folgerungen zieht und münzt und daraus zusammenbraut, was sein wird), sich damit vergnügt, zwei einstmals genau entgegengesetzte Begriffe in wunderlicher Weise durcheinander zu werfen.« (K 120) Definiert aber Valéry jene »Begriffe« als »das Wunderbare und das Gegebene« (a. a. O.) und hofft er darauf, daß diese beiden Feinde von ehedem sich verschworen haben, um unsere Lebensordnungen in eine unbegrenzte Abfolge von Wandlungen und Überraschungen zu verwickeln« (a. a. O.), so ähnelt dies Vertrauen allzusehr der Begeisterung von Poeten für die Möglichkeiten des Visionären, die der Film eröffnen werde. Die Übermacht der mechanischen Massenmedien verschlägt manchmal selbst Valéry den Gedanken, ob der Fortschritt der rationalen Naturbeherrschung nicht in Ideologie sich verkehrt, wenn er ausgespitzt als Kunst Zauber destilliert. Auch Valéry zollt einem Zeitalter Tribut, in welchem das positivistisch »Gegebene«, von dessen Kultus seine Meditationen mehr als bloß die Spur tragen, mit der Verzauberung der Welt mühelos übereinkommt: die Übermacht dessen, was der Fall ist, wird ihr zur magischen Aura.

Valéry ist nicht blind gegen die Untaten der Kulturindustrie und ihren gesellschaftlichen Grund: »Von der Herstellung der Wunderwelt-Fabrikation leben Tausende und Abertausende von Menschen. Der Künstler jedoch hat an dieser Herstellung von Wunderdingen keinerlei Anteil genommen. Sie ist Tochter der Wissenschaft und des Kapitals. Der Bürger hat sein Geld in Traumfabriken angelegt und spekuliert auf den Untergang des gesunden Menschenverstandes.« (K 121) Aber die Kritik bleibt zweideutig. Sie wappnet Valéry nicht gegen eine Banalität, wie sie ihm sonst als Index des Unwahren gilt: »Schließlich sind dann fast alle Träume, die die Menschheit geträumt hatte und die in unseren Märchen verschiedenster Ordnung ihren Niederschlag gefunden haben, nunmehr aus dem Gehege des unmöglichen und des Gedachten herausgetreten.« (a. a. O.) Er vergißt hinzuzufügen, daß, wie in den Märchen selbst, bis heute die Erfüllung der Wünsche einer Menschheit nicht zum Segen geriet, die inmitten aller utopischen Abschlagszahlungen im Bann von Versagung verharrt. Valéry meint: »Ludwig XIV. hat auf dem Gipfel seiner Macht nicht den hundertsten Teil der Macht über die Natur und die Mittel besessen, sich ein Vergnügen zu schaffen, seinen Geist zu bilden oder ihm Erlebnisse zu bieten, die heutzutage so vielen Menschen recht mittelmäßigen Herkommens zu Gebote stehen.« (a. a. O.) Derlei Vergleiche sind prekär. Was in verschiedenen Zeiten Glück war, läßt kaum sich vergleichen. Aber man möchte doch glauben, daß die Lust des Roi Soleil die vor dem Fernsehschirm einigermaßen übertraf. 1928, als Valéry jene Gedanken niederschrieb, mochte in Europa noch nicht abzusehen gewesen sein, wohin es mit der Konsumentenkultur hinauswollte. Sicherlich hat seitdem der Weltlauf Valéry widerlegt, wenn er den »Menschen unserer Zeit« verherrlicht, der hinfliegen kann, wohin er will, sich »jeden Abend in einem Palaste zum Schlafe« (K 122) niederlegt, sich hundert Lebensformen zu eigen machen könne und in einem jeden Augenblick in einen glücklichen Menschen sich verwandeln. Denn die hundert Lebensformen verstecken nicht länger das Skelett ihrer standardisierten Einheit. Sie sind auch gar nicht das einheimische Reich dessen, dem sie aufgezwungen werden; sein Glück ist bloß dessen subjektives Zerrbild und vielfach nicht einmal das. So preiswert war die Einheit von Kunst und Wissenschaft nicht zu haben, wie Valéry sardonisch es ausmalt. Freilich betrachtete er als Modelle rationaler Kunst wohl eher die technischen Utopien von Futuristen und Konstruktivisten als das juste milieu von Radio und Kino. »Ein schönes Buch ist vor allem eine vollkommene Lesemaschine, deren Bedingtheiten recht genau durch die Gesetze und Methoden der physiologischen Optik bestimmt werden können; gleichzeitig ist es ein Kunstgegenstand, ein Ding.« (K 21) Klee taufte ein berühmtes Bild »Zwitschermaschine«. Um so unbestechlicher hat Valéry visiert, was die jüngsten Entwicklungen für die traditionellen Kulturgüter bedeuten: »Geben wir doch zu, daß wir nur noch aus Pflichtgefühl bewundern, was uns zwingt, der Vielschichtigkeit des Vorwurfs, den scharfen Bedingungen, denen ein Künstler sich unterworfen hat, unsere Achtung zu zollen.« (K 98) Denn »alle Werke vergehen« (W 92). Anstatt den Verfall der traditionellen Werke larmoyant zu beklagen, läßt er von der eigenen Erfahrung dessen Unausweichlichkeit sich mitteilen. Genug vom fin de siècle dauerte in ihm fort, um ihn vor Krokodilstränen über den Verlust der Mitte durch die Moderne zu behüten: »All das – ich habe es gesagt – ist nur durch das Vorangehen einiger Männer vom ersten Range möglich geworden. Nur solche sind es, die je und je die Wege bahnen: um einen Verfall einzuleiten, bedarf es nicht geringeren Könnens, als erforderlich ist, um etwas seinen möglichen Höhepunkten zuzuführen.« (K 103) Jener Verfall, der der Werke selbst wie ihrer Rezeption, ist objektiv diktiert durchs Schrumpfen historischen Bewußtseins, des Sinnes für Kontinuität überhaupt. Valéry gibt davon wohl als der erste, vor Huxleys Brave New World, Rechenschaft: »Angenommen, die maßlose Umwandlung, deren Zeugen wir sind, die wir erleben und die uns umtreibt, entwickle sich weiter, richte vollends zugrunde, was noch an Bräuchen übriggeblieben ist, bringe Bedürfnisse und Mittel des Lebens in völlig anderen Fug – dann wird das zu etwas ganz Neuem gewordene Zeitalter bald Menschen in seinem Schoße austragen, die durch keinerlei Gewöhnung des Geistes mehr mit der Vergangenheit verbunden sein werden. Die Geschichtsbücher werden ihnen Berichte zur Verfügung stellen, die ihnen fremd, ja unverständlich vorkommen werden, denn für kein Ding ihrer Zeit wird die Vergangenheit ein Musterbild gestellt haben, und nichts aus der Vergangenheit wird in ihre Gegenwart hinein überleben.« (K 123) Zugestanden wird, daß Kultur die heraufziehende Barbarei verdiente. Als schuldhaft entblößt sie sich durch ihre beginnende Komik: »So ist es eine der sichersten und grausamsten Wirkungen des

Fortschritts, daß er dem Tod eine Nebenstrafe beigibt, die sich in dem Maße, in dem der Umsturz der Bräuche und der Denkbilder deutlichere Formen annimmt und sich überstürzt, ganz von selber immer weiter verschärft. Es war nicht genug zu vergehen: man muß darüber hinaus unverständlich, ja lächerlich werden, und – möge man Racine oder Bossuet gewesen sein – seinen Platz bei den wunderlichen, buntscheckigen, tätowierten, dem Grinsen preisgegebenen und ein wenig grauslichen Gestalten einnehmen, die in den Galerien umherstehen und übergangslos an die zu Menschen erklärten Endprodukte der Stammesgeschichte des Tierreichs anschließen...« (K 124) Was die Kultur ereilt, enthüllt sie als das, worüber sie noch nicht hinauskam, bloße Naturgeschichte. Valéry verifiziert den Satz Kafkas, ein Fortschritt habe noch gar nicht angefangen.

Das wirft Licht auf seine Lehre von der Zeit. Sie weist unmittelbar auf Baudelaire zurück, den Kultus des Todes als le Nouveau, als des schlechthin Unbekannten, der einzigen Zuflucht des spleen, der die Vergangenheit verlor und dem der Fortschritt den Makel der Immergleichheit trägt. Mit Kierkegaardscher Paradoxie vermummt die Utopie sich in das X: »Man rettet sich in das Unbekannte. Man verbirgt sich in ihm vor dem Bekannten. Das Unbekannte ist die Hoffnung der Hoffnung. Im Unbestimmten hätte das Denken ein Ende. Die Hoffnung ist jener innerste Akt, der Unwissenheit schafft, die Mauer zur Wolke wandelt – und kein Skeptiker, kein Zweifler zerstört Urteil und Vernunft, Evidenz und Wahrscheinlichkeit, wie dieser rasende Dämon Hoffnung.« (W 27) Aber noch diese wolkige Stelle wird von Valéry zerdacht. Er bestimmt sie als Augenblick, als einzig Erfülltes; als das Differential, das die verlorene Vergangenheit und die hoffnungslose Zukunft um ein Geringes überragt. Valérys Passion für den Impressionismus gilt der Verewigung des Augenblicks in künstlerischen Verfahrungsweisen, die zur obersten Tugend des Geistes Geistesgegenwart erheben: »Das Genie hängt an einem Augenblick. Liebe entsteht auf einen Blick; und ein Blick genügt, ewigen Haß zu erzeugen. Und wir sind nichts, wenn wir nicht imstande waren und imstande wären, einen Augenblick außer uns zu sein.« (W 28) Das äußerste Gegenbild dieser Idee ist der bürgerliche Begriff der abstrakten Arbeitszeit, nach der die Waren sich tauschen lassen. Idiosynkratisch sträubt Valéry sich gegen das Heraufdämmern eines Zeitalters ohne Zeit: »Die Meinung ›Zeit ist Geld‹ ist der Gipfel der Gemeinheit. Zeit ist Reifung, Einteilung, Ordnung, Vollendung. Die Zeit schafft den Wein und die Güte des Weins, solcher Weine, die sich langsam verändern und die man trinken soll, wenn sie ein bestimmtes Alter erreicht haben, wie eine Frau eines bestimmten Typus ihr Alter hat, das man abwarten muß, oder nicht verpassen darf, um sie zu lieben. Dieselben großen Nationen, denen der verfeinerte Sinn fehlt für die reiche Zusammensetzung der Weine, für das verborgene Gleichgewicht ihrer Qualitäten, für die Jahre, die sie brauchen, und für die, die für sie ausreichen, haben auch jene unmenschliche ›Zeitgleichung‹ eingeführt und der Welt aufgenötigt. Ihnen fehlt auch der Sinn für Frauen und für die Nuancen der Frauen.« (W 28 f.) Eindringlicheres ist selten zur Verteidigung des verurteilten Europa gesagt worden. Zeitbewußtsein konstituiert sich zwischen den Polen der Dauer und des hic et nunc; was droht, kennt beides nicht mehr, die Dauer wird kassiert, das Jetzt vertauschbar, fungibel. Dem wirft Valéry, Enkel von Baudelaires vieux capitaine, als heroisch Scheiternder sich entgegen: »Der Geist verabscheut die unendliche Wiederkehr, und nun grüßen ihn die Wellen, die untergehen werden, den ganzen Tag...« (W 81) Solchem Geist wird Sonnenuntergang zur Baudelaireschen Allegorie seines eigenen: »Das Gefühl einer Enthauptung liegt in der

Tiefe, die dieser Dauer innewohnt. Langsam fällt das Haupt dieses Tages. Die Scheibe ertrinkt.« (a. a. O.)

Todverfallener Geist sympathisiert mit dem Stofflichen, nicht selber Geistigen mitten im Geist. In einem Materialismus zweiten Grades trifft Valéry sich mit Walter Benjamin, dessen Ästhetik mehr wohl von ihm lernte als von irgendeinem anderen. Ihm sind die Stoffe Gegengift gegen den sich selbst zerstörenden Geist, den er ohnehin, wie Nietzsche, als »Schallverstärker« beargwöhnt, der Erfahrung durch Steigerung fälsche. Einer verwegenen Meditation sind Stoffe, Brot und Wein, Bedingungen der Logosreligion, des Christentums: »Wo Brot und Wein selten sind oder gar fehlen, wirkt die Religion, die sie heiligt, entwurzelt, wie eine Fremde, die nur von ungewohnten, fernher kommenden Speisen leben kann. Im Lande des Reises, der Bataten, der Bananen, des Biers, der sauren Milch und des klaren Wassers sind Brot und Wein exotische Produkte, und die heilige Handlung, die auf dem Eßtisch das Einfachste ergreift, um es zum Erhabensten zu machen, ist dem Leben entfremdet, dessen Hunger nach Übersinnlichem sie in Gestalt dessen stillen wollte, was das Leben physisch erneuert und verlängert.« (W 30) Er rührt damit an ein Moment der unwiderstehlichen Auflösung von innen her, das der Enthusiasmus für Bindungen eifrig übertäubt: daß der Gehalt des Christentums so wenig wie der der anderen großen Religionen isoliert werden kann von Sachgehalten des Lebens, die geschichtlich dahin sind. Sagt es von allem Stofflichen, in Raum und Zeit Bestimmten sich los, wird es reiner Geist, überantwortet es sich wahrhaft der Entmythologisierung: dann zieht es sich nicht nur die Autorität unter den eigenen Füßen weg, sondern verflüchtigt sich, durch bloße Symbolik hindurch, schließlich in Menschliches und büßt jene Substantialität ein, vor deren Schrumpfen doch die liberale Theologie die dialektische warnte, ohne doch den

Prozeß aufhalten zu können. Daß Valéry, der Ästhetiker, all das verschweigt, steigert bloß die Spannkraft von Denkmodellen wie dem von Brot und Wein. Das Stoffliche ehrt er als die Schicht, in der allein der künstlerische Geist seiner selbst mächtig wird. Je tiefer dieser produzierend in das sich versenkt, woran er sich abarbeitet, je mehr seine eigene Form dem sich anbildet, was ihm widerstrebt, um so höher erhebt er sich selber: »Dichter ist, wer durch die eigentümliche Schwierigkeit seiner Kunst auf Einfälle kommt – und der ist es nicht, bei dem sie ihretwegen ausbleiben.« (W 46) Gerade der spirituelle Artist hat die Naivetät verloren, in der Kunst irgend etwas zu tolerieren, was nicht auswendig geworden wäre; Pathos der Objektivation und Sympathie mit dem Stoff werden eines. Mit dem Gestus des Justament nimmt er im Gedicht lieber fürs Schriftbild Partei als für den Sinnzusammenhang: »Der Geist des Schriftstellers blickt sich im Spiegel an, den ihm die Druckerpresse liefert.« (K 21; vgl. K 17) Dabei glorifiziert Valéry, der Anti-Idealist, keineswegs die Stoffe Fichteanisch als Vehikel des Geistes, um sie damit wiederum zu erniedrigen. Trauernd vielmehr spricht er ihnen den Sieg zu, den Geist bloß usurpiert. So ephemer ist er, daß alle Artefakte Opfer der zerstörenden Gewalt der Stoffe ebenso wie der eigenen Insuffizienz werden: »Bücher haben dieselben Feinde wie der Mensch: das Feuer, die Feuchtigkeit, Tiere, die Zeit – und den eigenen Inhalt.« (W 161) Solche Trauer macht jedoch insgeheim gemeinsame Sache mit der Hinfälligkeit. Geist wird zum Geist erst, wo er der eigenen Naturwüchsigkeit innewird: »Die einen Denker haben das Verdienst klar zu sehen, was alle übrigen undeutlich sehen; die andern, undeutlich zu sehen, was noch keiner sieht. Sehr selten findet man diese Verdienste vereint. Die einen werden schließlich von jedermann eingeholt. Die anderen gehen in diesen auf oder werden völlig vernichtet, spurlos und für immer. Die einen verschwinden in der Menge, in der sie sich auflösen; die andern in dieser oder einfach in der Zeit. Das ist das Los der Denker.« (W 65) Es zu denken, anstatt mitleidlos von Essen und Trinken sich loszureißen, wäre ihre humane Freiheit. Dies Äußerste spricht Valéry epigrammatisch, als Witz aus in Betrachtungen über die Töpferkunst: »Eine bestimmte Gattung der Dichtkunst könnte es darauf anlegen, vom Grunde unserer Teller abgelesen zu werden.« (K 162)

Für Valérys ästhetische Erfahrung bewähren Kraft und Spontaneität des Subjekts sich nicht in seiner Bekundung, sondern, Hegelisch, in seiner Entäußerung: je gründlicher das Gebilde vom Subjekt sich ablöst, desto mehr hat das Subjekt darin vollbracht. »Ein Werk dauert gerade insofern es ganz anders zu erscheinen vermag, als es sein Verfasser geplant hat.« (W 175) Schneidend kritisiert Valéry, was zu schwach ist, sich zu objektivieren, die bloßen Intentionen; was immer Dichter sich bei Werken denken oder in Werke legen, ohne daß es von ihnen sich emanzipierte und zu einem an sich Beredten und Verbindlichen würde. »Wenn ein Werk erschienen ist, hat die Deutung, die ihm sein Verfasser gibt, nicht mehr Gewicht als die eines andern ... Meine Absicht ist nur meine Absicht, und das Werk ist das Werk.« (W 171) Er, in dem das dichterische Vermögen und das philosophische sich wie kaum bei einem anderen wechselseitig produzierten, haßte die »philosophischen Dichter«, die »einen Maler von Seestücken mit einem Schiffskapitän verwechseln« (W 61); »in Versen philosophieren hieß und heißt immer noch, nach den Regeln des Damespiels Schach spielen zu wollen« (W 92). Seine Selbstreflexion der Kunstwerke wird kontrapunktiert von dem, was am schwersten begreift, der jene von außen betritt: daß sie nicht ihrem Autor gehören, nicht wesentlich dessen Abbild sind, sondern daß er mit dem ersten Zug der Konzeption an diese und sein Material gebunden ist, zum Vollzugsorgan dessen wird, was das Gebilde will: »Ganz andere Kräfte als ein ›Verfasser‹ arbeiten an einem Werk.« (W 48) Künstlerische Produktivkraft ist die der Selbstauslöschung. »Wir schreiben immer, selbst in der Prosa, notwendig solches, was wir nicht schreiben wollten. Was wir wollten, will es.« (W 167) Schließlich wird das Convenu vom schöpferischen Künstler antithetisch berichtigt: »Das Werk verändert den Autor. Bei jeder Bewegung, die es aus ihm herausholt, erfährt er eine Veränderung. Ist es vollendet, wirkt es nochmals auf ihn. Er wird dann, zum Beispiel, derjenige, der fähig war, es zu erzeugen. Hinterher wird er irgendwie zum Erbauer des verwirklichten Ganzen – das ein Mythus ist.« (W 90) Verschlüsselt ist damit erreicht, daß das ästhetische Subjekt nicht das produzierende Individuum in seiner Zufälligkeit ist sondern ein latentes gesellschaftliches, als dessen Stellvertreter der einzelne Künstler agiert. Daher Valérys Verachtung für die Lehren von der Inspiration: ihm ist das Werk kein dem Subjekt als Privateigentum Geschenktes sondern ein Forderndes, das ihm Glück verweigert und es zu unbegrenzter Anstrengung anspornt. Einen großen Künstler läßt er von seinem Werk sagen: ».... die unmittelbare Gesamtwirkung, die plötzliche Erschütterung, die Entdeckung, und am Ende die Geburt des Ganzen, die vielfältige Stimmung, all dies ist mir verwehrt, all dies ist nur für die Menschen, die dieses Werk nicht kennen, die nicht mit ihm zusammengelebt haben, die nichts ahnen von langsamen Tastversuchen, von Widerwillen und Zerfall ... die nur einen großartigen Plan auf einmal erfüllt sehen« (a.a.O.). Als Geburtshelfer solcher Objektivität ist der Künstler das Gegenteil dessen, wozu die bürgerliche Kunstreligion ihn stilisiert: »Jeder Dichter wird schließlich soviel taugen, wie er als Kritiker (seiner selbst) getaugt hat.« (W 126) Implizit erteilt das dem ästhetischen Relativismus Bescheid. Die Objektivität der Kunst, die von der Gestalt des Problems vorgezeichnet ist und

67

nicht von der Intention des Autors, zeitigt jeweils verbindliche Maßstäbe, ohne daß diese doch auf abstrakte Regeln, auf apriorische Kategorien zu bringen wären: »Das Ziel der Malerei ist unbestimmt.« (W 117) Der Valérysche Künstler ist ein Bergmann ohne Licht, aber die Schächte und Stollen seines Baus schreiben ihm im Dunkeln seine Bewegung vor: der Künstler als Kritiker seiner selbst ist bei Valéry der, welcher »ohne Maßstäbe« urteilt (K 36). Indem der Produktionsprozeß zu dem der Reflexion auf das wird, was das sich entäußernde Werk von seinem Urheber ebenso wie vom Rezipierenden will, legitimiert sich das Denken über Kunst, dessen Fusion mit dem künstlerischen Prozeß bei Valéry das Normalbewußtsein permanent herausfordert. Das Werk entfaltet sich in Wort und Gedanken; Kommentar und Kritik sind ihm notwendig: »Alle Künste leben von Worten. Jedes Kunstwerk verlangt, daß man ihm antworte; und zu dem, was den Menschen treibt, Werke zu schaffen, gehört ebenso wie zu den Geschöpfen dieses absonderlichen Instinkts untrennbar eine ›Literatur‹, sei diese nun zu Papier gebracht oder nicht, entspringe sie der Unmittelbarkeit des Erlebens oder denkerisch bewältigter Verinnerlichung.« (K 72) Was für divergent gilt, ästhetische Irrationalität und ästhetische Theorie, erkennt Valéry, geschichtsphilosophisch, in seiner Einheit: »Dies veranlaßt mich, darauf aufmerksam zu machen, daß die Künstler, die versucht haben, aus den Mitzeln, die ihnen eigneten, die kräftigste Wirkung auf die Sinne herauszuholen; die von der Eindringlichkeit, den Kontrasten, dem Mitschwingenlassen, den Klangwirkungen einen Gebrauch gemacht haben, der an Mißbrauch grenzt; die die schärfsten Reize mischten, die auf die Tiefenschichten des Empfindungsvermögens, und ihre Allgewalt, die auf die irrationalen Entsprechungen der oberen Nervenzentren mit dem Vagus und dem Sympathikus setzten – unsere unbeschränkten Herren –, daß diese Künstler zugleich die ›intellektuellsten‹, am meisten theoretisierenden, am eifrigsten auf Gesetze der Ästhetik versessen gewesen sind. Delacroix, Wagner, Baudelaire – insgesamt sind sie große Theoretiker, insgesamt sind sie darauf aus, die Seelen auf dem Wege über die Sinne in ihre Gewalt zu bekommen.« (K 75) Organon dieser Einheit ist die künstlerische Technik, die über die unwillkürliche Regung und das heteronome Material gleichermaßen verfügt. »Der Künstler hat ... durch sein ›Handwerk‹ und seiner Art gemäß darzutun, was er will und was er denkt.« (K 180) Der schwere Akzent, den bei Valéry das Werk trägt, die Absage an die Dichtung als Erlebnis, richtet schließlich auch das ideologische Bedürfnis von Kunden, Kunst müsse ihnen etwas geben. Valérys Humanismus denunziert den vulgären Anspruch, Kunst solle menschlich sein: »Gewisse Leute glauben, die Lebensdauer eines Werks hänge von seiner ›Menschlichkeit‹ ab. Sie bemühen sich, wahr zu sein. Doch welche Werke sind älter als Wundergeschichten? Das Falsche und das Wunderbare ist menschlicher als der wahre Mensch.« (W 124) Der Abhebung des objektivierten Kunstwerks von der menschlichen Unmittelbarkeit verdankt Valéry eine bedeutende Einsicht, die er mit Benjamin abermals teilt, bei dem sie in der Kritik der Goetheschen Wahlverwandtschaften in metaphysischem Zusammenhang auftritt: daß die Kunst zur Darstellung des Moralischen überhaupt nicht und kaum zur Psychologie fähig ist; von all dem zu reden, wäre Valéry zufolge so sinnvoll, wie wenn man Betrachtungen über die Leber der Venus von Milo anstellen wollte (W 61). Die Objektivation des Kunstwerks geht auf Kosten der Abbildung von Lebendigem. Leben gewinnen die Kunstwerke erst, wo sie auf Menschenähnlichkeit verzichten. »Der Ausdruck eines unverfälschten Gefühls ist immer banal. Je unverfälschter, um so banaler. Um es nicht zu sein, muß man sich anstrengen.« (W 127) »Literarischen Aberglauben«

nennt er »jede Überzeugung, die nicht von der Einsicht in die sprachliche Bedingtheit der Literatur ausgeht. Das gilt etwa für die Eigenexistenz und Psychologie von Figuren, Geschöpfen ohne Eingeweide.« (W 180) Aber die imaginären Geschöpfe haben dafür ein Leben eigener Struktur mit Entfaltung, Blüte und Absterben: »Erst sind sie zur Freude da, dann zur Unterweisung, zuletzt als Dokument.« (W 93) Die Morphologie solchen Lebens terminiert in einer geschichtsphilosophischen Bestimmung des Klassischen, die leicht alles aufwiegen dürfte, was über den verbrauchtesten Begriff der Ästhetik je gedacht wurde: »Die klassischen Werke sind vielleicht jene, die erkalten können, ohne zu vergehen, ohne sich zu zersetzen, und es lohnte, einmal den Willen zur Bewahrung, den die Begriffe ›Vollendung‹ und ›geschlossene Form‹ enthalten, in den Prinzipien, Regeln, im Kanon und in den Gesetzen der Kunst jener Epochen aufzudecken, welche man die klassischen nennt.« (W 121) Das aber sprengt Valérys Klassizismus. Denn klassische Werke überleben durch ihre Autorität, durch Ruhm, und der ist überschattet vom blinden Zufall: »Der Ruhm von heute geht bei der Vergoldung älterer Werke nicht planvoller vor als ein Brand oder ein Holzwurm bei ihrem Zerstörungswerk in einer Bibliothek.« (W 52) Der tödliche Autoritätsverlust so vieler traditioneller Kunst heute hat Valérys Verdacht gründlich bestätigt. Dafür hat alle Kunst, auch die avancierte, an sich bereits etwas Konservatives angenommen, den Gestus des Überwinterns. Noch wer zum Äußersten geht, und vielleicht er am ehesten, arbeitet, unter höchst ungewissen Auspizien, an einem Vorrat, über den erst eine versöhnte Menschheit verfügte; was er tut, ist nicht so aktuell, wie er vermeint, sondern möchte an besseren Tagen einmal erwachen. Auch das ist Valéry nicht entgangen: »Dichtung ist Fortleben. In einer Epoche, da sich die Sprache vereinfacht, da die Formen vernachlässigt und entstellt wer-

70

den, in einer Zeit der Spezialisierung ist Dichtung ein Bewahrtes. Heute, heißt das, würde man den Vers nicht erfinden.« (W 163)

Trotz alledem jedoch verstockt Valérys objektivistische Ästhetik sich nicht dogmatisch. Seine Reflexion erteilt die fetischhaften Züge ihrer Baudelaireschen Ursprünge: noch die Entmenschlichung des Kunstwerks wird aufs Subjekt reduziert, auf seine Naturwüchsigkeit und Sterblichkeit. Das objektivierte Kunstwerk will Dauer, die wie immer auch ohnmächtige, selber sterbliche Utopie des Überlebens; insofern führt Valéry Nietzsches Programm aus. Ihr zuliebe stellt er anthropologische Spekulationen an: »Es gibt jedoch andere Auswirkungen unserer Wahrnehmungen, die jenen ganz und gar entgegengesetzt sind: sie erregen in uns das Verlangen, das Bedürfnis, die Zustandsänderungen, denen eigen ist, die auslösenden Wahrnehmungen bewahren oder neu finden oder auch nachvollziehen zu wollen. Wenn ein Mensch Hunger hat, wird dieser Hunger ihn tun lassen, was es braucht, um ihn so rasch wie möglich zu beseitigen; wenn aber die Speise ihm köstlich dünkt, wird dieses Köstlichsein in ihm weiterdauern, sich fortsetzen und neu entstehen wollen. Der Hunger drängt uns, eine Empfindung abzukürzen; das Köstlichsein, eine zweite sich entfalten zu lassen; und diese zwei Strebungen werden sich bald selbständig genug gemacht haben, um den Menschen lernen zu lassen, auf die Verfeinerung seiner Nahrung Bedacht zu nehmen und zu essen, ohne Hunger zu haben. Was ich vom Hunger sagte, läßt sich leicht auf das Liebesbedürfnis erstrecken – und im übrigen auf alle Arten von Empfindungen, auf alle Erscheinungsformen des Empfindungsvermögens, in die bewußtes Handeln einzugreifen vermag, um das wiederherzustellen, zu verlängern oder auch zu steigern, zu dessen Beseitigung das Handeln aus dem Reflex allein ausdrücklich geschaffen zu sein scheint. Sehen, Tasten,

Riechen, Hören, Bewegen, Sprechen führen uns insgesamt ein Mal ums andere in die Versuchung, uns in den Eindrücken häuslich einzurichten, die sie uns bescheren, sie am Leben zu erhalten oder sie neu entstehen zu lassen.« (K 142 f.) Daraus springt die Theodizee der Kunst hervor: »Der Inbegriff dieser von mir eben herausgeschälten Auswirkungen, deren Wesen darin besteht, auf Unendlichsein auszugehen, könnte die Ordnung der Dinge bestimmen, die dem Bereich des Ästhetischen zugehören. Um diesem Wort ›Un-endlichkeit‹ sein Recht und seine scharf umrissene Bedeutung zu geben, braucht man nur daran zu erinnern, daß innerhalb dieser Ordnung die Befriedigung das Bedürfnis wiedererstehen läßt, die Antwort die Frage zu neuem Leben ruft, das Dasein in seinem Schoße das Nichtdasein austrägt und das Besitzen das Verlangen.« (K 143) »Denn alle Lust will Ewigkeit.« Kein anderes Motiv hat Proust zur Konstruktion des Lebens aus der gewaltlosen, unwillkürlichen Erinnerung bewogen. Ein Moment der Desperaten, Jugendstilhaften; der Gestus des sich selbst aus dem Sinnverlassenen herausprojizierenden Sinnes ist dabei unverkennbar. Ästhetisches Bewußtsein, das den Sturz der Religionen – ausdrücklich bei Baudelaire, implizit auch bei Valéry – voraussetzt, kann nicht Kategorien aus dem theologischen Bereich wie die der Ewigkeit umstandslos zur Kunst säkularisieren, als ob solche Transposition deren Anspruch und Wahrheitsgehalt nicht selber berührte. Die Kritik, die Valéry an der Gottähnlichkeit des künstlerischen Selbst übte, dürfte auch vor der Idee der Dauer der Werke nicht verstummen, an deren Realität er ohnehin zweifelte. Seitdem hat die moderne Kunst Grenzen überschritten, die Valérys Generation respektierte und in denen seine Ästhetik veraltete.

Unter den Idealen seines in sich reflektierten, gebrochenen Klassizismus fehlen auch die etwas gipsernen Attribute der Reife und Vollkommenheit nicht (vgl. W 57), während doch

die exemplarischen Werke keineswegs die runden und vollkommenen sind sondern jene, in denen der Konflikt zwischen
der Intention auf Vollkommenheit und ihrer Unerreichbarkeit die tiefsten Spuren hinterließ. An archaischen Gebilden
sieht Valéry wohl Ähnliches: »Wenn große Epen schön sind,
so sind sie es trotz ihrer Größe und nur bruchstückweise ...
Zu Beginn einer Literatur gibt es keine reinen Dichter, wie ja
auch die ersten Handwerker keine reinen Metalle kannten.«
(W 59) Ihm ist gleich Nietzsche gegenwärtig, wie sehr Ordnung, der Kanon der Klassizität, dem Chaotischen abgezwungen ist; den Alten kam, Valéry zufolge, »die irdische Welt ...
sehr wenig geordnet vor« (W 176). »Unrein«, heißt es darum,
»ist kein Tadel.« (W 60) »Ein Gedicht zu fügen, das nur Dichtung enthielte, ist unmöglich. Wenn es nur Dichtung enthält,
ist es nicht gefügt, ist es kein Gedicht.« (W 167) Das kommt
auch der Moderne zugute. »An den Exzessen der Neuerer von
gestern verwundert uns immer ihre Ängstlichkeit.« (W 46)
Tatsächlich erweisen sich heute die Werke der Generation
von Schönberg und Picasso als durchsetzt von Elementen, die
ihrer reinen Konsequenz und Durchbildung sich widersetzen;
von Rudimenten dessen, wovon sie abstießen. Aber das be-
einträchtigt nicht die Qualität. Die Authentizität solcher Produkte könnte gerade in dem Prozeß zwischen dem noch nicht
Gewesenen und dem Gewesenen ihre Substanz haben, an
dem das Neue sich reibt und seine Gewalt vermehrt. Diese
Spannung haben die Gebilde etwa aus dem Dezennium vor
dem Ersten Weltkrieg vor den stimmigeren nach dem Zweiten
voraus, und sie erlaubt ihnen zu überleben; der Spannungs-
verlust in so vielem Späteren könnte eine Funktion sein von
dessen eigener Konsequenz. Trotz dieser Verteidigung des
Stilbrüchigen aber war für Valéry Dauer, das bürgerliche Ru-
diment in seinem Denken, eine nach dem Modell des Besitzes
vorgestellte Wahrheit, eins mit Ordnung. Als einzige Macht,

die den Menschen »über die Geschehnisse« gegeben sei, »denen gegenüber sein direktes Handeln nichts ausrichtet«, ist ihm, wie allen Klassizisten, »Ordnen göttlich« (W 177). Seinen Klassizismus stützt er mit dem kräftigen Argument, daß ans gelungene Kunstwerk der herkömmliche Stilunterschied von klassisch und romantisch nicht heranreiche[3]. »Der Unterschied zwischen klassisch und romantisch ist ganz einfach der zwischen einem, der sein Handwerk versteht, und einem, der es nicht versteht. Ein Romantiker, der seine Kunst gelernt hat, wird zum Klassiker. Deshalb führt die Romantik schließlich zur Schule der Parnassiens.« (W 179) Die Dauer verleihende Ordnung heißt ihm Form. Sie rückt, durch Valérys Kritik alles Inhaltlichen, und wäre es auch selber geistig, nämlich die vom Werk vermeinte Philosophie, ins Zentrum seiner Ästhetik. Aber ihr eigener Begriff bleibt schwächlich. »Man gelangt zur Form, wenn man danach strebt, dem Leser sowenig Mitarbeit wie nur möglich einzuräumen und auch sich selber möglichst wenig Unsicherheit und Willkür.« (W 169) So wahr es ist, daß jene bewältigte künstlerische Form Zwang auf den Rezipierenden ausübt, der als das Authentische des Gebildes erfahren wird, so wenig verbürgt er allein dessen Rang. Gerade Valéry hat darauf bestanden, daß im ästhetischen Formbegriff keine wie immer geartete Rücksicht auf den Empfangenden oder den Produzierenden enthalten sei. Aber er gleitet darüber hinweg; vielleicht weil sonst die Kunstmetaphysik selbst gefährdet würde. »Form«, sagt er im Einverständnis mit dem abgestandenen Formalismus, »ist wesentlich an Wiederholung gebunden« (a.a.O.); als hätten nicht schon zu seiner Zeit die authentischesten Kunstwerke ihr Formgesetz am Ausschluß des äußerlichen und regressiven Formmittels der Wiederholung gesucht; als schriebe er nicht ein paar Seiten später: »Der Geist aber erträgt keine Wiederholung.« (W 172) Nur einen akademischen Formbegriff kann er wirksam vorgeblicher Neuerungssucht kontrastieren: »Die Anbetung des Neuen ist demnach dem Bemühen um die Form entgegengesetzt.« (W 169) Form, die über ihre Parodie, das Schulstück, sich erhebt, wäre schwerlich noch von der Obsession mit dem Neuen zu trennen. Aber Valéry zeigt sich darin mit dem Neoklassizismus verschworen, daß er von außen gesetzte Formen rechtfertigt, unabhängig von der Immanenz der Form in der Gesetzmäßigkeit des je einzelnen Gebildes. Der nichts einem anderen als dem Ingenium verdanken möchte, läßt von masochistischer Freude an Typen sich verlocken, die heteronome und unbestätigte Autorität ausüben; vergafft in den Reiz zweideutiger, als Gesetz maskierter Zufälligkeit, der so schnell sich verbrannte zur Asche der Langeweile. Manches aus den Windstrichen könnte in Strawinskys musikalischer Poetik stehen: »Ein großer Erfolg des Reims ist es, die einfältigen Leute zu ärgern, die naiv genug sind zu meinen, es gebe auf der Welt Wichtigeres als eine Übereinkunft. Sie haben den arglosen Glauben, irgendein Gedanke könne tiefer und dauerhafter sein – als jede beliebige Konvention ...« (W 167) Den ästhetischen Objektivismus Valérys trägt, genetisch-literarisch und auch sachlich, ein Subjekt, das der Substantialität der Formen sich unwiderruflich entfremdet weiß und gleichwohl das Bedürfnis danach bewahrt. Es zitiert sie als disziplinierendes Mittel, als Schwierigkeit herbei, welche die Kunst sich selber bereiten müsse, um vollkommen zu werden; als wäre nicht die künstlerische Praxis durch jene Mittel allzu bequem geworden. Ihn verleitet die Willkür einer Subjektivität, die weder an jene Formen noch wesentlich gebunden ist, noch kraft der eigenen Arbeit und Anstrengung, die Valéry sonst zu fordern nicht müde wird, Form aus sich selbst, ihrer Selbstversenkung, unbekümmert um Muster und vergangene gesellschaftliche Übereinkunft, konstituierte. In solcher Gesinnung preist Valéry, nicht ohne die Ironie des Provokativen, eine dichterische Form, die vor andern den Verdacht des mechanisch Klappernden erregt: »Zuweilen bin ich einer, der, falls er in der Unterwelt dem Erfinder des Sonetts begegnete, ihm mit viel Hochachtung sagen würde (gesetzt den Fall, daß davon in der anderen Welt etwas übrigbleiben sollte): ›Lieber Herr Kollege, ich begrüße Sie in aller Demut. Ich weiß nicht, was Ihre Verse, die ich nie gelesen habe, taugen, und ich wette, daß sie nichts taugen, weil schon immer viel dafür gesprochen hat, darauf zu wetten, daß Verse schlecht sind. Doch so schlecht, so flach, so blöd, so durchsichtig, so einfältig, so kindlich sie auch gefügt sein mögen – ich stelle Sie unter allen Umständen in meinem Herzen über alle Dichter der Erde und der Unterwelt! Sie haben eine Form gefunden, und im Gesetz dieser Form fanden die Größten ihr Maß.‹« (K 24 f.) Wohl möchte man fragen, wie der Gedanke an die Erfindung einer Form mit ihrer Würde sich verträgt, welche doch diesen Gedanken erweckte. Das ist die Schwelle, die Valéry von deutschen Erfahrungen trennt, mit denen sonst seine Spekulation konvergiert. Damit Kunst ihm das Oberste bleibe, muß er krampfhaft die Augen verschließen. Sie ist ihm am Ende doch nicht, wie für Hegel, eine Entfaltung der Wahrheit, sondern, mit jenem zu reden, ein angenehmes Spielwerk. Das Moment des weltläufig Zivilisatorischen darin ist unverächtlich genug gegenüber der Befangenheit in einem Reich des Geistes, das der Befangene buchstäblich nimmt und verabsolutiert. Gleichwohl verhindert es Valéry daran, den vollen Begriff des Kunstwerks als eines Kraftfeldes von Subjekt und Objekt zu erreichen. Noch das hat er empfunden. Er versichert sich, im Gegensatz zur Toleranz fürs nicht ganz Ernste, der Unvereinbarkeit der geistigen Gebilde miteinander, die doch widerstrebend aufeinander verwiesen sind: »Keinen von ihnen« – den bedeutenden Künstlern – »kann ich mir einzeln vorstellen; und dabei hat sich doch jeder verzehrt, damit keiner neben ihm bestehe.« (W 95) Darum demontiert er ein Cliché, das, heruntergekommen aus der großen Philosophie, nur noch zum Vorwand jener bürgerlichen Kultur taugt, die, wo Notwendigkeit sein sollte, Freiheit verhimmelt, weil Notwendigkeit herrscht, wo Freiheit sein sollte: »Über Geschmack und Farben soll man streiten.« (W 34) Keineswegs verläßt er sich auf die in Frankreich sakrosankte Kategorie des Geschmacks: »Wer nie den guten Geschmack verletzt, hat sich nie sehr weit in sich vorgewagt. Wer gar keinen Geschmack hat, hat es getan, ohne daraus Nutzen zu ziehen.« (W 169) Er hätte schwerlich, wie der Musicien Français Debussy, die Pariser Erstaufführung von Mahlers Zweiter Symphonie protestierend verlassen. Dennoch behält bei ihm das Kunstwerk etwas Unverbindliches. Seine oberste ästhetische Kategorie, das Formgesetz, gründet sich auf Wahl, Entschluß und Reminiszenz. Er sperrte sich dagegen, daß eben durch den Überschuß einer im Subjekt nicht eingeschmolzenen Objektivität, an dem sein Objektivismus sich orientiert, Objektivität selber herabgesetzt wird zum Trug, zur bloßen subjektiven Veranstaltung. Und damit zu einem ideologisch Schmückenden. Trotz aller Polemik gegen Kommunikation und Wirkungszusammenhänge fügt sich das Valérysche Kunstwerk zustimmend in den Bannkreis der Gesellschaft, den romanisches Denken zögert zu überschreiten, nach Cocteaus Wort steht dessen eingedenk, wie weit man zu weit gehen darf. »Ein Gedicht muß ein Fest des Intellekts sein. Es kann nichts anderes sein. Ein Fest: das heißt ein Spiel, aber ein hohes, geregeltes, voller Bedeutung; ein Bild dessen, was man gewöhnlich nicht ist, eines Zustandes, in dem die Anstrengung im Rhythmus erlöst ist. Man feiert etwas, indem man es in seiner reinsten und schönsten Form vollendet darstellt.« (W 162) Man darf durch die Spiritualisierung der Idee vom Fest nicht darüber sich täuschen lassen, daß das festliche Kunstwerk eingeschworen bleibt auf die Bejahung dessen, was ist. Der ästhetische Konformismus der Valéryschen Lehre von der Form ist gesellschaftlich zugleich.

Selbst sein Neoklassizismus jedoch enträt nicht des Gärstoffs. Die neoklassizistische Bewegung in Frankreich war insgesamt, wie man weiß, kunststrategisch ein Gegenschlag gegen Wagner. Die stipulierte Ordnung sollte dem rauschhaften Wesen, der trüben Vermischung der Künste, dem deutschen Hang zum Superlativ (W 49) widerstehen. Diesem Programm hat Valéry auch als Dichter sich verschrieben in dem Plan des musikalischen Dramas Amphion, das, nachdem Debussy spröde sich gezeigt hatte, schließlich von Honegger vertont wurde. Neoklassizistisch ist nicht nur der griechische Stoff sondern die Idee. Sie beruht auf jener scharfen Distinktion der Künste durch Valéry, die das Wagnerische Musikdrama vorweg negiert. Er hat sie an der eigenen Entwicklung erfahren als die der Architektur, der seine erste Liebe gehörte, und der Musik; hat es aber nicht bei der Distinktion sein Bewenden haben lassen und damit auch nicht bei Stilkopien des siebzehnten und achtzehnten Jahrhunderts. In seinem Medium, der Sprache, das ihm musikalisch war und keines der begrifflichen Signifikation, hielt er der Architektur die Treue. Dazu inspirierte ihn, daß beide Kunstgattungen insofern verwandt sind, als sie nichts Gegenständliches nachahmen oder bezeichnen. Er spricht an auf die coincidentia oppositorum: »Die Komposition – das heißt die Verknüpfung des Ganzen mit dem Einzelnen – ist in den Werken der Musik und der Architektur viel spürbarer und gebotener als bei den Künsten, deren Gegenstand die Wiedergabe sichtbarer Dinge ist: da diese ihre Elemente und ihre Musterbilder der Welt außer uns entnehmen – der Welt der ganz und gar schon zu Ende geschaffenen Dinge und der schon festgelegten Schicksale –, entspringt daraus ein gewisser Mangel an Reinheit der Form, einige Anspielung auf jene andersartige Welt, manch ein Eindruck, der mehrdeutig bleibt und zufällig ist.« (K 38) Das erst spezifiziert seine Idee von Form: die Wiederkunft des Architektonischen im Musikhaften. »Noch bei den ungewichtigsten Stücken muß man an das denken, was Dauer verleiht, und das heißt an das, was in der Erinnerung zu bleiben vermag, an die Form also, so wie die Erbauer der mit ihrem Filigran schwerelos in den Himmel ragenden Turmspitzen an die Gesetze denken, die den Halt des Baues verbürgen.« (K 37) Der Künstler, dem die Reflexion auf Kunst und diese eins sind, zieht daraus den Impuls seines Musikdramas. Sein Vorwurf ist die Urgeschichte der Musik in ihrem Gegensatz zur Architektur, die zugleich in der dramatischen Einheit durcheinander vermittelt sind. Gleichgültig jedoch, ob das Projekt gelang oder nicht: nachdem einmal Valéry auf das Abenteuer solcher Vermittlung sich einließ, geht es Kategorien wie der säuberlichen Trennung der Künste, dem an der Optik orientierten Primat von Ordnung, schließlich dem Neoklassizismus ans Leben. Enthusiastisch grüßt er die Beschreibung eines von Musik Besessenen durch E. T. A. Hoffmann, der »glaubt, einen Ton von außerordentlicher Eindringlichkeit und Reinheit zu vernehmen, den er den Euphon nennt und der ihm das unendliche und eigene Weltbild des Gehörsinns aufschließt ... So erlebt sich innerlich der Ordnung der Bildenden Kunst der Mensch, der sieht, unversehens als Seele, die singt, und diesen Zustand – ›Ich singe ja!‹ – läßt in ihm einen Durst nach Schöpfung entstehen, der das Geschenk des Augenblicks festhalten und verewigen möchte.« (K 94) Er verfällt darauf, »daß einer den Plan fassen könnte, die Notenschrift zu diesem Tanze aufzuzeichnen. So könnte man einer gegebenen Plastik ein bestimmtes Musikstück zuordnen, das ganz auf dem Rhythmus der Hantierung des Künstlers aufgebaut wäre.« (K 174)

Das Baudelairisch-neuromantische Motiv der Synästhesie
wird sublimiert: nicht länger verschwimmen Töne und Düfte
in der Luft des Abends, sondern das Getrennte wird synthe-
siert kraft seiner harten Getrenntheit. Auch das wäre mit einem dogmatischen Begriff von Form unvereinbar. Ihn sprengt
Valérys verzehrendes Bewußtsein, das bei keiner festen Bestimmung sich ausruht, durch die Interpretation der Kunst als
einer Sprache eigenen Wesens. Sie ist Nachahmung; nicht eines Gegenständlichen, sondern mimetisches Verhalten. Noch
die ästhetische Kategorie, welche als die subjektive schlechthin erscheint, die des Ausdrucks, wird im Namen solcher
Nachahmung zu einem Objektiven: zur Nachahmung der
Sprache der Dinge selber. Sie ist daran gebunden, daß das
Gebilde der Ähnlichkeit mit jenen sich entschlägt. »Dichtung
ist der Versuch, mit den Mitteln der artikulierten Sprache das
darzustellen oder wiederherzustellen, was Schreie, Tränen,
Liebkosungen, Küsse, Seufzer usw. dunkel auszudrücken
versuchen und was die Dinge scheinbar ausdrücken wollen in
dem, was wir für ihr Leben und ihre Absicht nehmen.« (W
163) Der musikalische Sprachgebrauch kennt in der Vor-
tragsbezeichnung espressivo, die gleichgültig ist gegen das
Ausgedrückte wie gegen das ausdrückende Subjekt, etwas
nah Verwandtes. Als Metaphysik der Nachahmung tastet Valérys Ästhetik am Ende des Essays über die Würde der Künste, an denen das Feuer teilhat, nach dem Äußersten: »Die
Künste, die das Feuer wirkt, wären damit die verehrungswür-
digsten von allen, ahmen sie doch so genau das überirdische
Wirken eines Weltschöpfers nach.« (K 14) Kunst ist Nachahmung nicht von Geschaffenem sondern des Aktes der Schöpfung selber. Diese Spekulation steht hinter Valérys provoka-
torischer, entschlossen alexandrinischer Ansicht, der künstlerische Produktionsprozeß sei zugleich der wahre Gegenstand
der Kunst: »Warum sollte man denn die Ausführung eines

Kunstwerkes nicht auch als Kunstwerk ansehen dürfen?« (K 174) Das zerstört wie kaum eine andere Theorie die Illusion vom Kunstwerk als einem Sein. Gerade als objektives verwandelt es sich ins Werden, während die vulgäre These es statisch vorstellt und sein dynamisches Moment dem vermeintlichen Schöpfungsakt des Künstlers zumißt, der bei Valéry in jener höchsten Nachahmung erlischt. Die Paradoxie erhellt sich damit, daß die objektiv gerichtete Ästhetik Valérys, die das Werk so wenig als Nachahmung eines Äußeren wie als die des Inneren, der Seele des Autors, dulden möchte, gleichwohl nicht so sehr von dem »unmittelbaren Vergnügen«, das die Werke der Kunst ihm geben, berührt wird, »als durch die Vorstellung, die sie mir vom Tun dessen, der sie schuf, eingeben« (K 170). Nach der abgründigen Passage von jenem Menschen der Vorwelt, der, »gedankenabwesend ein beliebiges grobes Gefäß liebkosend, in sich den Gedanken keimen fühlte, ein anderes Gefäß auszuformen, nur um es liebkosen zu können« (K 13), wäre Kunst vielleicht Nachahmung der schöpferischen Liebe selber. Als Nachahmung eines Schöpfungsaktes anstatt der geronnenen Gegenstände gerät Kunst in Gegensatz zur Natur: »Wir spüren in uns gewisse Sehnsüchte, denen die Natur nicht zu genügen vermag, und uns sind Vermögen eigen, die ihr abgehen.« (K 67) So kommen Baudelaires paradis artificiels nach Hause, Mimesis dessen, was aller Dinglichkeit vorausgeht, durch die künstlerische Freiheit, die dem Bann der Dinge entrückt ist. Diese Theorie der Nachahmung verbindet vollends mit dem Ideal des l'art pour l'art, daß die Ähnlichkeit des Kunstwerks – nicht länger eine mit etwas – zur Funktion seiner immanenten Form gemacht wird. »Man darf nicht vor jeglichem Dinge die Ähnlichkeit wollen; diese muß vielmehr aus der Übereinstimmung einander zugewandter Beobachtungen und Verrichtungen hervorgehen, die in die Form des Ganzen eine ständig sich mehrende Vielheit von Bezogenheit der einzelnen Teile speichern, die der Künstler wahrgenommen hat. Es kennzeichnet die Güte einer Arbeit, daß man sie immer weiter der Genauigkeit zu vorantreiben kann, ohne daß man ihre Anlage oder die Bezugspunkte zu ändern brauchte.« (K 176) Kunstwerke wären um so ähnlicher, je vollkommener sie durchgebildet sind bei sich selber: »Für sie gab es eben richtigerweise die Ähnlichkeit nur in ihrer Bezogenheit auf das allgemeine Prinzip der Kunst und deren eigentlichen Gegenstand.« (K 177) Es wird nicht genannt und ist zugehängt, aber sein Gleichnis ist der Schöpfungsakt, und das Kunstwerk rangiert um so höher, je mehr es diesem gleicht; je ähnlicher, ließe pleonastisch sich sagen, es sich selber ist. Denn in der Ähnlichkeit mit sich selbst wird es zum Gleichnis des Absoluten, dem es unmittelbar, in seiner Partikularität, nicht zu ähneln vermag. »Was aber schön ist, selig scheint es in ihm selbst« – das ist die Utopie in ihrer ästhetischen Gestalt. Auf sie, die reine Möglichkeit, zielt Valérys denkende Bewegung. »In meinen Gedanken suche ich mit all dieser Zaubermacht des Meeres zurechtzukommen, indem ich mir sage, daß es nicht aufhöre, meinen Augen das Mögliche vorzuführen.« (K 130) Nur durch die verblendete Besessenheit mit sich selber, nicht durch die durchsichtige Intention auf das, was mehr wäre, wird das Kunstwerk mehr, als es ist. Seine Ähnlichkeit mit sich selber macht es zur Sprache. Allein in solcher Sprachähnlichkeit hat alle Kunst ihre Einheit. Ihre Idee ist von der meinenden Sprache so geschieden wie ästhetische Ähnlichkeit überhaupt von der mit den Dingen. Die Inkommensurabilität der Sprachen gerade verweist auf diese Schicht: »Es gibt Lehren, die nicht vertragen, in eine fremde Sprache übersetzt zu werden, die nicht die ihrer ursprünglichen Formulierung ist. Das Vertrauen darauf, daß man ihnen Glauben schenkt, der Zauber, die Scheu gehen dabei verloren, die ihnen eigen waren, seitdem sie sich in Worte kristallisierten; in Worte, die sich verschleiert und nur ihnen geweiht haben.« (W 147) In der Konzeption ungegenständlicher Ähnlichkeit wird der neuromantische Kultus der Nuance theoretisch heimgebracht. »Das Schöne erfordert vielleicht die sklavische Nachahmung dessen, was in den Dingen unbestimmbar ist« (W 94), lautet der schönste Satz der Windstriche. Das Unbestimmbare ist das Unnachahmliche, und die ästhetische Mimesis wird zu einer des Absoluten, indem sie im Bedingten solches Unnachahmliche nachahmt. Daran haftet das utopische Versprechen: »Merk auf dieses feine, unaufhörliche Geräusch; es ist die Stille. Horch auf das, was man hört, wenn man nichts mehr vernimmt.« (W 76)

Valérys Utopie geht über in die Prousts: »Die Blumen, die das Blumenmädchen gegenüber, unter dem großen Palasttor, verkauft, bringen allen Menschen Botschaften und Träume der Liebe. Was nie eintreffen, niemals geschehen kann, duftet, riecht gut.« (W 20 f.) An sie heftet sich die Sehnsucht des Denkers nach einem Denken, das des eigenen Zwangscharakters ledig wäre: »Am schönsten wäre es, in einer selbsterfundenen Form zu denken.« (W 72) Unbegrenzte Mühsal des Denkens will auf dessen Untergang in der Erfüllung hinaus; die intellektuelle Anstrengung auf die Abschaffung der Gewalt von »selbstgegebenen Gesetzen« (K 74). Wohl ist unstillbar Valérys Drang, seiner selbst mächtig zu werden, und seine Kunsttheorie möchte Autonomie dorthin noch ausdehnen, wo ihr sonst bloß Kontingenz sich entgegensetzt. »Weder das Neue noch das Geniale verlocken mich – sondern die Herrschaft über sich selbst.« (W 69) Aber dies Ideal transzendiert den eigenen Subjektivismus. »Wer arbeitet, sagt sich: Ich will mächtiger, gescheiter, glücklicher sein – als – Ich.« (W 128) Schrankenloses Verfügen des Subjekts über es selber meint dessen Aufhebung in einem Objektiven. Das Werk, das

83

die Sprache der Dinge als Ebenbildlichkeit mit dem Schöpfungsakt nachahmt, bedarf der Herrschaft des Produzierenden, den es wiederum unterjocht. So wird es für Valéry zugleich Strafe: »Und zu deiner Strafe wirst du sehr schöne Dinge herstellen. Dies hat ein Gott, der keineswegs Jehova ist, dem Menschen nach dem Sündenfall in Wahrheit gesagt.« (W 89) Aber mit Strafe will er sich nicht gemein machen. Sie untergrabe, heißt es, abermals in Nietzsches Tonfall, »die Moral, denn sie schafft für das Verbrechen einen deutlich begrenzten Ausgleich. Aus dem Grauen vor dem Verbrechen macht sie ein bloßes Grauen vor der Strafe; – eigentlich spricht sie frei; sie macht das Verbrechen zu etwas Verkäuflichem und Meßbarem: feilschen wird möglich.« (W 151) Valéry, der Denkende, durchschaut die Befleckung von Denken selber als einem Kalkül durch den Tausch: »Das Wertvollste darf nichts kosten. Und den andern (Gedanken): darauf am meisten stolz sein, wofür man am wenigsten kann.« (W 165) So wird im Denken dessen Prinzip, Herrschaft selber, widerrufen. Der alles an seine Macht als Künstler setzt, denunziert die Kunstwerke, insoweit sie Macht ausüben. »Nichts liegt Corot ferner als die Sorge dieser gewaltigen und umgetriebenen Geister, die so angstvoll sich mühten, an diesen gebrechlichen und verborgenen Punkt des Wesens heranzukommen und zu etwas von ihnen Besessenem (im diabolischen Verstand dieses Wortes) zu machen, der es auf dem Umwege über die Tiefenschichten des Organismus und die Eingeweide ganz und gar ausliefert. Sie wollen verknechten. Corot will zu dem von ihm Erfühlten hinverführen. Er denkt nicht daran, sich zum Herren über einen Sklaven zu machen. Doch hofft er, aus uns sich Freunde zu schaffen, Gefährten seines glückhaften Schauens an einem schönen Tage vom silbernen Morgen bis an die Schwelle der Nacht.« (K 76) Die Idee der unversöhnlichen Anstrengung von Kunst ist Versöhnung als ihr Ende.

1 Im folgenden steht W für ›Windstriche‹, K für ›Über Kunst‹.

2 vgl. Th. W. Adorno ›Musik, Sprache und ihr Verhältnis im gegenwärtigen Komponieren‹ in ›Jahresring 1956/57‹, Stuttgart, S. 90.

3 vgl. Th. W. Adorno, Klangfiguren, Berlin und Frankfurt 1959, Klassik, Romantik, Neue Musik, S. 182 ff.

*aus:*
*Theodor W. Adorno, Noten zur Literatur* II
© *Suhrkamp Verlag Frankfurt am Main 1961*

# Kleine Proust-Kommentare

Gegen kleine Kommentare zu einigen Abschnitten aus der
›Suche nach der verlorenen Zeit‹ ließe sich sagen, daß bei dem
verwirrend reichen und krausen Gebilde der Leser mehr der
orientierenden Überschau bedürfe, als daß er noch tiefer ins
Einzelne verstrickt werden möchte, aus dem ohnehin nur
schwer und mühsam der Weg zum Ganzen sich bahnen ließe.
Der Einwand scheint mir der Sache nicht gerecht zu werden.
An großen Übersichten fehlt es nicht länger. Das Verhältnis
des Ganzen zum Detail jedoch bei Proust ist nicht das eines
architektonischen Gesamtplans zu seiner Ausfüllung durchs
Spezifische: eben dagegen, gegen das gewalttätige Unwahre
einer subsumierenden, von oben her aufgestülpten Form hat
Proust revoltiert. Wie die Gesinnung seines Werkes die her-
kömmlichen Vorstellungen von Allgemeinem und Besonde-
rem herausfordert und ästhetisch ernst macht mit der Lehre
aus Hegels Logik, das Besondere sei das Allgemeine und umgekehrt, beides sei durcheinander vermittelt, so kristallisiert
sich das Ganze, allem abstrakten Umriß abhold, aus den in-
einandergewachsenen Einzeldarstellungen. Eine jede birgt
Konstellationen dessen in sich, was am Ende als Idee des Romans hervortritt. Große Musiker der Epoche, Alban Berg
etwa, wußten, daß die lebendige Totale gerät nur durchs ve-
getabilisch wuchernde Gerank hindurch. Die produktive
Kraft zur Einheit ist identisch mit dem passiven Vermögen,
schrankenlos, ohne Rückhalt ans Detail sich zu verlieren. Der
inneren Formzusammensetzung des Proustschen Werkes
aber, das den Franzosen seiner Zeit nicht bloß um der langen
und dunklen Sätze willen so deutsch dünkte, wohnt trotz seiner vorwiegend optischen Begabung, und ohne alle billige
Analogie mit dem Komponieren, ein musikalischer Impuls

inne. Er bewährt sich am eindringlichsten in der Paradoxie, daß der große Vorwurf, die Rettung des Vergänglichen, durch die eigene Vergängnis, die Zeit hindurch gerät. Die Dauer, der das Gebilde nachfragt, konzentriert sich in ungezählten, vielfach voneinander isolierten Augenblicken. Einmal verherrlicht Proust mittelalterliche Meister, die in ihren Kathedralen Zierate so verborgen angebracht hätten, daß sie wissen mußten, es werde nie ein Mensch sie erblicken. Die Einheit ist keine fürs menschliche Auge veranstaltete, sondern unsichtbar mitten im Zerstreuten, und erst einem göttlichen Betrachter würde sie offenbar. Im Gedanken an jene Kathedralen ist Proust zu lesen, beharrend vorm Konkreten und ohne vorwitzigen Griff nach dem, was bloß durch die tausend Facetten hindurch, nicht unmittelbar sich gibt. Darum will ich weder bloß auf vorgebliche Glanzstellen hinweisen noch eine Interpretation des Ganzen vorbringen, die noch im glücklichsten Fall bloß wiederholte, was der Autor von sich aus an Intentionen ins Werk hineintat. Sondern ich hoffe, durch Versenkung ins Bruchstück etwas von jenem Gehalt aufleuchten zu lassen, der sein Unverlierbares von nichts anderem empfängt als von der Farbe des hic et nunc. Mit solchem Verfahren glaube ich Prousts eigener Intention besser die Treue zu halten, als wenn ich sie abzudestillieren versuchte.

*Zu ›In Swanns Welt‹, 115–123*

Henri Bergson, Prousts Verwandter nicht nur im Geist, vergleicht in der ›Einleitung in die Metaphysik‹ die klassifizierenden Begriffe der kausal-mechanischen Wissenschaft Konfektionskleidern, welche um den Leib der Gegenstände schlotterten, während die Intuitionen, die er preist, so genau auf der Sache säßen wie Modelle der haute couture. Könnte ein wissenschaftliches oder metaphysisches Verhältnis ebenso bei Proust in einem Gleichnis aus der Sphäre der mondanité ausgesprochen sein, so hat er umgekehrt nach der Bergson-schen Formel sich gerichtet, mochte er sie kennen oder nicht. Freilich nicht durch bloße Intuition. Deren Kräfte balancierten sich in seinem Werk mit denen französischer Rationalität, einer gehörigen Portion welterfahrenen Menschenverstandes. Erst die Spannung und Zusammensetzung beider Elemente macht das Proustische Klima aus. Wohl aber ist ihm eigentümlich die Bergsonsche Allergie gegen die Konfektion des Gedankens, das vorgebende und etablierte Cliché: unerträglich in seinem Takt, was alle sagen; solche Empfindlichkeit ist sein Organ für die Unwahrheit, und damit für die Wahrheit. Während er in den alten Chor über gesellschaftliche Heuchelei und Unwahrhaftigkeit miteinstimmte, aber gleich jenem Chor am gesellschaftlichen Grund nirgends ausdrückliche Kritik übte, ist er dennoch gegen seinen Willen, und darum um so authentischer, zum Kritiker der Gesellschaft geworden. Er respektierte weithin ihre Normen und Inhalte; als Erzähler indessen hat er ihr Kategoriensystem suspendiert, und damit ihren Anspruch auf Selbstverständlichkeit, den Trug, sie wäre Natur, durchbrochen. Nur der wird Proust begreifen, gefeit sein dagegen, ihn als den verzärtelt in sich selbst Verliebten zu erkennen, der er freilich auch war, wer die ungemessene Energie des Widerstandes gegen die Meinung spürt, der tendenziell jeder Satz des Platonikers Proust abgerungen ist. Dieser Widerstand, die zweite Entfremdung der entfremdeten Welt als Mittel zu ihrer Restitution, verleiht dem Raffinierten seine Frische. Er macht ihn so untauglich zum literarischen Vorbild wie nur Kafka, denn jede Nachahmung seines Verfahrens setzt diesen Widerstand als bereits geleistet voraus, dispensierte sich von ihm und verfehlte damit vorweg, was Proust traf. Die Anekdote von jenem alten Mönch, der in der ersten Nacht nach seinem Tod einem befreundeten Or-

densbruder im Traum erscheint und ihm »Alles ganz anders«
zuflüstert, könnte Prousts Recherche zur Maxime dienen, als
einem corpus von Recherchen darüber, wie es denn nun im
Gegensatz zu dem, worin alle einig sind, wirklich gewesen sei:
der ganze Roman ist ein einziger Revisionsprozeß des Lebens
gegen das Leben. Die Episode von der Entzweiung mit dem
bewunderten Onkel Adolf enthüllt am Schluß die völlige Dis-
paratheit von subjektiven Motiven und objektiv Geschehen-
dem. Die Kokotte aber, die ohne Schuld das Unheil auslöst,
bleibt trotz jenes Bruchs dem Roman unverloren. Sie wird als
Odette Swann eine seiner Hauptfiguren und bringt es zu den
größten gesellschaftlichen Ehren, so wie der Sohn des Kam-
merdieners jenes Onkels, Morel, Tausende von Seiten später
den Sturz des hochmögenden Barons Charlus herbeiführt. In
Prousts Werk ist eine der sonderbarsten Erfahrungen aufgefangen, eine, die jeglicher Verallgemeinerung sich zu entziehen scheint und darum im Sinne der Recherche das Urbild
wahrer Allgemeinheit ist: daß die Menschen, mit denen wir
im Leben entscheidend zu tun haben, wie von einem unbekannten Autor designiert und abgezählt auftreten, als hätten
wir sie an dieser und keiner anderen Stelle erwartet; und daß
sie, auch aufgeteilt zwischen mehrere Personen, uns immer
wieder begegnen. Diese Erfahrung aber läuft wohl darauf
hinaus, daß gegen ihr Ende die liberale Gesellschaft, die sich
noch als offene verkennt, nach Bergsons Begriffen zu einer
geschlossenen wird, einem System prästabilierter Disharmo-
nie.

*Zu ›In Swanns Welt‹, 259–265*
*Zu ›Die Welt der Guermantes‹, 37–39; 113–114*

Unter den verhärteten Vorstellungen, welche das allgemeine

Bewußtsein wie einen Besitz hütet und welche Prousts Eigensinn, der eines Kindes, das es sich nicht ausreden läßt, zerstört, ist die wichtigste vielleicht die von der Einheit und Ganzheit der Person. An kaum einer Stelle speichert sein Werk so heilsames Gegengift gegen falsche Heiligtümer von heutzutage auf als an dieser. Die Vormacht der Zeit holt ästhetisch den von Hume abgeleiteten Satz Ernst Machs ein, das Ich sei nicht zu retten; aber haben jene es nur als Einheitsprinzip der Erkenntnis verworfen, so präsentiert er dem vollen empirischen Ich die Rechnung seiner Nichtidentität. Der Geist jedoch, in dem das geschieht, ist dem des Positivismus nicht nur verwandt sondern auch entgegengesetzt. Wohl führt Proust konkret durch, was die Poetik sonst nur als formale Forderung aufstellt, die Entwicklung der Charaktere, und dabei zeigt sich, daß die Charaktere keine sind; eine Hinfälligkeit des Festen, die vom Tod ratifiziert, keineswegs aber erst hervorgebracht wird. Diese Auflösung jedoch ist gar nicht so sehr psychologisch als eine Flucht der Bilder. Mit ihr greift Prousts psychologisches Werk die Psychologie selber an. Was an den Menschen sich ändert, entfremdet wird bis zur Unkenntlichkeit, und wie in musikalischer Reprise wiederkehrt, sind die imagines, in die wir sie versetzen. Proust weiß, daß es ein An-sich der Menschen, jenseits dieser Bilderwelt, nicht gibt; daß das Individuum eine Abstraktion ist, daß sein Fürsichsein allein so wenig Wirklichkeit hat wie sein bloßes Fürunssein, wie es dem vulgären Vorurteil für Schein gilt. Das unendlich komplexe Gefüge des Romans ist unter diesem Aspekt der Versuch, durch eine Totalität, welche Psychologie, Beziehungen zwischen Personen, und Psychologie des intelligiblen Charakters, also Verwandlung der Bilder, zusammennimmt, jene Wirklichkeit zu rekonstruieren, die durch jeglichen aufs bloß tatsächlich Psychologische oder Soziologische gerichteten Blick um dessen Vereinzelung willen

90

nicht zu gewinnen wäre. Auch darin ist sein Werk das Ende des neunzehnten Jahrhunderts, das letzte Panorama. Die oberste Wahrheit aber sieht Proust in den Bildern der Menschen, die über ihnen sind, jenseits ihres Wesens und jenseits ihres zum Wesen selber gehörigen Erscheinens. Der Entwicklungsprozeß des Romans ist die Beschreibung der Bahn dieser Bilder. Sie hat Stationen wie die drei Stellen, die sich auf Oriane Guermantes beziehen; die erste Konfrontation ihres Bildes mit der Empirie in der Kirche von Combray, dann ihre Wiederentdeckung und Modifikation, als die Familie des Erzählers im Pariser Haus der Herzogin, in ihrer unmittelbaren Nähe wohnt, schließlich das Erstarren ihres Bildes in der Photographie, die der Erzähler bei seinem Freund Saint-Loup bemerkt.

### Zu ›Die Welt der Guermantes‹, 54–56

Eine von den Formulierungen, die zur Charakteristik Prousts taugen, könnte in seinem wie ein Spiegelsaal in sich reflektierten Werk ganz wohl selber stehen. Es ist die, daß der 1871 Geborene die Welt bereits mit den Augen der dreißig oder fünfzig Jahre Jüngeren sah; daß er also, auf einer neuen Stufe der Romanform, auch die einer neuen Weise von Erfahrung repräsentierte. Das setzt sein mit so vielen Modellen aus der französischen Tradition, etwa den Memoiren des Herzogs von Saint-Simon und der Comédie humaine Balzacs spielendes Werk in die unmittelbare Nähe einer traditionsfeindlichen Bewegung, deren Anfänge er eben noch miterlebte, des Surrealismus. Diese Affinität beschließt Prousts Moderne in sich. Ihm wird das Zeitgenössische mythisch wie für Joyce. Surrealistische Störungsaktionen, wie die Dalis, der eine Abendgesellschaft im Taucheranzug besuchte, hätten, als Metapher verbrämt, durchaus ihren Ort in einer Beschreibung wie der der großen Soirée der Princesse de Guermantes in ›Sodom und Gomorra‹. Prousts mythologisierender Zug will aber keine Reduktion des Gegenwärtigen aufs Uralte und sich Gleichbleibende; ganz gewiß zeitigt ihn keine Gier nach psychologischen Archetypen. Sondern er ist surrealistisch insofern, als er mythische Bilder der Moderne entlockt, wo sie am modernsten ist; darin verwandt der Philosophie Walter Benjamins, seines ersten großen Übersetzers. Im Guermantes-Teil wird ein Theaterabend beschrieben. Der von einem Publikum in großer Toilette besuchte Zuschauerraum verwandelt sich in eine Art jonischer Seelandschaft, ja ähnelt sich dem Unterwasserreich maritimer Naturgottheiten an. Der Erzähler selbst aber spricht davon, daß »Gestalten der Meeresungeheuer«, mythische Bilder sich fügen einzig nach den Gesetzen der Optik und dem jeweiligen Einfallswinkel – also einer dem Bewußtsein äußerlichen, naturwissenschaftlichen Notwendigkeit gehorchend. Was wir um uns erblicken, blickt vieldeutig, rätselhaft auf uns zurück, weil wir in nichts das Erblickte mehr als Unseresgleichen wahrnehmen: Proust redet von »den Mineralien und Leuten, zu denen wir keine Beziehung haben«. Die gesellschaftliche Entfremdung der Menschen voneinander in der hochliberalen bürgerlichen Gesellschaft, wie sie im Theater sich zur Schau stellte und genoß; die Entzauberung der Welt, welche den Menschen Dinge und Menschen zu bloßen Dingen werden ließ, verleiht dem Unverständlichen zweite Bedeutung. Daß sie wahnhaft sei, daran erinnert Proust mit der Wendung, wir zweifelten in solchen Augenblicken an unserem Verstande. Dennoch ist sie Wahrheit. Durch die vollendete Entfremdung hindurch enthüllt sich das gesellschaftliche Verhältnis als blind naturwüchsiges, so wie die mythische Landschaft es war, zu deren allegorischem Bild das Unerreichbare und Unansprechbare gerinnt;

und die Schönheit, welche die Dinge in solchen Beschreibungen annehmen, ist die hoffnungslose ihres Scheinens. Im geschichtlichen Einstand drücken sie die Naturverfallenheit von Geschichte aus.

## Zu ›Die Welt der Guermantes‹ 56–59

Die Beschreibung des Theaters als vorweltlich mediteraner Landschaft leitet einige Seiten über die Prinzessin von Guermantes-Bayern ein, welche, dank jener Beschreibung, als Große Göttin eingeführt werden kann. Was von ihr gesagt wird und von der Wirkung, die sie auf die Anwesenden ausübt, ist ein Exempel jener durchs ganze Werk hindurch verstreuten Passagen, die unsympathische Leute veranlassen, über Prousts Snobismus zu zetern, und die den Schwachsinn des mittleren Fortschritts herausfordern, der fragt, warum man für eine schon zu Prousts Zeiten ihrer realen Funktion enteignete und statistisch keineswegs repräsentative Hocharistokratie sich interessieren solle. Auch André Gide, der von Haus aus in gewissem Sinn gesellschaftlich mehr dazugehörte als Proust, scheint zunächst an den Proustschen Prinzessinnen sich geärgert zu haben, und noch André Maurois, dessen Buch in manchen subtilen Details über die Vermittlersphäre hinausweist, aus der es stammt, weiß vom Snobismus als einer Gefahr Prousts zu melden, die er überwunden habe. Statt dessen stünde es an, Proust gegenüber nach dem Satz von Hofmannsthal zu verfahren, der eine ihm vorgeworfene Schwäche lieber gut erklären wollte als verleugnen. Denn daß Proust selber von seinem Swann sich imponieren ließ, weil dieser, wie der Erzähler nicht müde wird zu wiederholen, tatsächlich dem Jockeyklub angehörte und als Sohn eines Börsenmaklers in der großen Gesellschaft reçu war, ist so offenbar, daß Proust es darauf angelegt haben muß, die eigene provokatorische Neigung hervorzukehren. Man wird aber ihrem Sinn am ehesten auf die Spur kommen, wenn man der Provokation folgt. Snobismus, so wie der Begriff Prousts Recherche durchherrscht, ist die erotische Besetzung gesellschaftlicher Tatbestände. Darum verletzt er ein gesellschaftliches Tabu, das an dem gerächt wird, der auf die heikle Sache zu sprechen kommt. Bekennt der Antipode des Snobs, der Zuhälter, durch seinen Beruf die Verflochtenheit des Sexus mit dem Erwerb ein, welche die bürgerliche Gesellschaft zudeckt, so demonstriert umgekehrt der Snob, was nicht minder allgemein gilt, die Ablenkung der Liebe von der Unmittelbarkeit der Person auf die sozialen Verhältnisse. Der Zuhälter vergesellschaftet den Sexus, der Snob sexualisiert die Gesellschaft. Gerade weil diese die Liebe eigentlich nicht duldet, sondern dem Reich ihrer Zwecke unterwirft, wacht sie wütend darüber, daß Liebe mit ihr nichts zu tun habe, daß diese Natur, reine Unmittelbarkeit sei. Der Snob verschmäht die approbierte Neigungseinheirat, aber verliebt sich in die hierarchische Ordnung selbst, die ihm die Liebe austreibt und die solche Gegenliebe schlechterdings nicht ertragen kann. Er läßt die Katze aus dem Sack, der dann das Proustsche œuvre die Schelle anhängt: nicht umsonst wird ihm, wie vor vierzig Jahren Carl Sternheim, automatisch der Vorwurf gemacht, daß er als Kritiker des Snobismus jenem von ihm übrigens harmlos genannten Laster verfallen gewesen sei, während doch bloß der dem gesellschaftlichen Verhältnis die eigene Melodie vorzuspielen vermag, der ihm idiosynkratisch verfallen war, anstatt mit der Rancune des Ausgeschlossenen es zu verleugnen. Was ihm aber an den vorgeblich überflüssigen Luxusexistenzen aufging, rechtfertigt seine Vernarrtheit. Dem Hingerissenen wird die gesellschaftliche Ordnung ins Märchenbild transfiguriert wie einmal die Geliebte dem wahren Lieben-

94

den. Den Proustschen Snobismus entsühnt, was ihm die Instinkte der nivellierten Mittelstandsgesellschaft insgeheim vorwerfen: daß die angebeteten Erzengel und Mächte kein Schwert mehr haben, selbst schutzlose Nachbilder ihrer liquidierten Vergangenheit wurden. Wie jede Liebe möchte der Snobismus aus der Verstrickung bürgerlicher Verhältnisse hinaus in eine Welt, die nicht länger durch universale Nützlichkeit übertüncht, daß sie die Bedürfnisse der Menschen nur akzidentiell befriedigt. Prousts Regression ist ein Stück Utopie. Wie die Liebe scheitert er daran, aber im Scheitern denunziert er die Gesellschaft, die befiehlt, daß es nicht sein soll. Jene Unmöglichkeit der Liebe, die er an seinen societyleuten, allen voran an der eigentlichen Zentralfigur der Recherche, dem Baron Charlus, darstellte, dem am Ende nur noch ein Zuhälter die Freundschaft wahrt, hat sich unterdessen als Kältetod über die gesamte Gesellschaft ausgebreitet, in der die Totalität des Funktionierens selbstvergessene Liebe, wo sie sich noch regt, erstickt. Darin war Proust, was er einmal den Juden zuschreibt, prophetisch. Demütig hat er um die Gunst von Stockreaktionären wie Gaston Calmette und Léon Daudet geworben; aber einer der an gewissen Tagen das Monokel trug, hieß Karl Marx.

*Zu ›Im Schatten junger Mädchenblüte‹ 475–478*

Baron de Charlus ist der Bruder des Herzogs von Guermantes. Die Szene seines ersten Auftritts bezeugt das Verhältnis Prousts zur französischen Décadence, die er verkörpert zugleich und unter sich läßt, indem sein Werk sie geschichtlich beim Namen ruft. Ein berühmter Roman aus jener Epoche heißt A Rebours, Gegen den Strich: Proust hat die Erfahrung gegen den Strich gekämmt. Aber das »Alles ganz anders«

95

bliebe geschlagen mit der Ohnmacht des Aparten, wäre nicht seine Kraft auch die des »So ist es«. Aufmerksam machen möchte ich auf Prousts Bemerkung, daß manche Leute einen Laut ausstoßen, als wäre es ihnen übermäßig schwül, ohne daß sie jedoch so empfänden. Ihre Evidenz kommt ihrer Abseitigkeit gleich. Das schlechte Allgemeine zersetzt sich unter Prousts süchtigem Blick, aber was für zufällig gilt, gewinnt dafür eine quere, irrationale Allgemeinheit. Einem jeden, der überhaupt die Voraussetzung zur Lektüre Prousts mitbringt, wird es vielerorten zumute sein, als wäre es ihm so, eben so ergangen. Mit der Tradition des großen Romans teilt Proust die vom jungen Lukács herausgearbeitete Kategorie des Kontingenten. Er schildert das sinnverlassene, vom Subjekt her nicht als Kosmos zu rundende Leben. Trotzdem aber ist seiner Beharrlichkeit, welche die der Romanciers des neunzehnten Jahrhunderts übertrifft, der Zufall nicht gänzlich sinnverlassen. Er führt einen Schein von Notwendigkeit mit sich: als wäre doch ins Dasein wirr, äffend, geisternd in seinen dissoziierten Bruchstücken, ein Bezug auf Sinn eingesprengt. Diese Konstellation einer bloß negativ zu spürenden Notwendigkeit in dem ganz Zufälligen – auch sie vorweisend auf Kafka – reißt das besessen individuierte Werk Prousts hoch über die eigene Individuation: in deren Kern legt er das Allgemeine frei, durch das sie vermittelt ist. Solche Allgemeinheit aber ist die des Negativen. Proust hat, wie seine Antipoden, die Naturalisten vor ihm, mit der entlegensten Beobachtung Recht, aber dies Recht ist das der Desillusion und verweigert jeden tröstlichen Zuspruch. Er gibt, wo er nimmt: wo er Recht hat, ist Schmerz. Sein Medium ist der Verfolgungswahn, dem Prousts Triebstruktur nahe verwandt war und der auch in der Physiognomik seines Charlus nicht fehlt. Der hinter sich die Brücken abbrach, besetzt das Sinnlose mit Sinn und Bedeutung, aber gerade sein Wahn reicht an das heran, was die Welt gemacht hat aus sich und aus uns.

### Zu ›Die Gefangene‹, 101–104

Der fünfte Band der Recherche, Die Gefangene, ist, wie
schon der zweite Teil des ersten, eine Darstellung der Eifersucht. Der Erzähler hat Albertine zu sich genommen, miß-
traut all ihren Worten und Handlungen und hält sie unter einer Kontrolle, der sie sich schließlich durch die Flucht
entzieht; danach erleidet sie einen tödlichen Unglücksfall.
Nicht müde wird der Autor zu versichern, daß er, während er
alle Qualen um Albertine auskostet, sie schon gar nicht mehr
liebe. Liebe und Eifersucht sind nicht so miteinander verbunden, wie die gängige Vorstellung es möchte. Eifersucht pocht
allemal auf ein Besitzverhältnis, das die Geliebte zum Ding
macht, und frevelt so gegen die Spontaneität, an der Liebe
ihre Idee hat. Aber Prousts Eifersucht ist nicht bloß der ohnmächtige Versuch, die Flüchtige festzuhalten, die er liebt um
ihrer Flüchtigkeit, um des nie ganz zu Haltenden willen. Sondern er möchte diese Eifersucht, wie Proust das Leben, Liebe
wiederherstellen. Das gelingt ihr aber nur um den Preis der
Individuation der Geliebten. Sie muß, um unbeschädigt zu
sein von der eigenen Lüge, in Natur sich zurückverwandeln,
ins Gattungswesen. Indem sie ihre psychologische Individualität einbüßt, empfängt sie jene andere und bessere, der Liebe
gilt, die des Bildes, das jeder Mensch verkörpert und das ihm
selber so fremd ist wie, der Kabbala zufolge, der mystische
Name dem, der ihn trägt. Das geschieht im Schlaf. In ihm legt
Albertine ab, wodurch sie nach der Ordnung der Welt zum
Charakter wird. Sich lösend ins Amorphe, gewinnt sie die Gestalt ihres unsterblichen Teils, an welche Liebe sich heftet: die
blickloser, bilderloser Schönheit. Es ist, als wäre die Beschreibung von Albertines Schlaf die Exegese des Baudelaireschen

Verses von der, welche die Nacht schön macht. Diese Schönheit gewährt, was das Dasein verweigert, Geborgenheit, aber im Verlorenen. Die arme, hinfällige, verwirrte Liebe findet Unterschlupf, wo die Geliebte dem Tode sich anähnelt. Seit dem zweiten Akt des Tristan ist, im Zeitalter des Verfalls von Liebe, diese nicht inniger verherrlicht worden als in der Beschreibung von Albertines Schlaf, die mit erhabener Ironie den Erzähler Lügen straft, der seine Liebe verleugnet.

*Zu ›Die Gefangene‹, 276–278*

Von den letzten Dingen ist nicht unmittelbar mehr zu reden. Das ohnmächtige Wort, das sie selber nennt, schwächt sie selbst; Naivetät sowohl wie trotzige Unbekümmertheit im Ausdruck metaphysischer Ideen verrät deren Mangel an Verbürgtheit. Aber Prousts Geist war metaphysisch ganz und gar inmitten einer Welt, welche die Sprache von Metaphysik verbietet: diese Spannung bewegt sein gesamtes Werk. Einmal nur, in der Gefangenen, öffnet er einen Spalt, so hastig, daß das Auge keine Zeit hat, an solches Licht sich zu gewöhnen. Selbst das Wort, das er selbst findet, läßt nicht beim Wort sich nehmen. Hier, bei der Darstellung des Todes Bergottes, findet wirklich sich ein Satz, dessen Ton zumindest in der deutschen Version an Kafka anklingt. Er lautet: »Der Gedanke, Bergotte sei nicht für alle Zeiten tot, ist demnach nicht völlig unglaubhaft.« Die Reflexion, die darauf führt, ist die, daß die moralische Kraft des Dichters, dem er das Epitaph schreibt, einer anderen Ordnung als der natürlichen angehöre und darum verheiße, diese sei nicht die letzte. Vergleichbar wäre diese Erfahrung der an großen Kunstwerken: daß ihr Gehalt unmöglich *nicht* wahr sein könne; daß ihr Gelingen und ihre Authentizität selber auf die Realität dessen verwiesen, wofür sie einstehen. Tatsächlich möchte man die Stellung der Kunst im Proustschen Werk, sein Vertrauen in die objektive Macht von dessen Gelingen, mit jenem Gedanken zusammenbringen, dem letzten, blassen, säkularisierten und dennoch unauslöschlichen Schatten des ontologischen Gottesbeweises. Der, an dessen Tod im Werke Prousts einzig die Hoffnung sich knüpft, ist nicht nur der Zeuge von »Güte und Gewissenhaftigkeit«, sondern selber ein großer Schriftsteller. Sein Modell war Anatole France. Erinnerung ans ewige Leben entzündet sich an dem Voltairianischen Skeptiker: Aufklärung, der Prozeß von Entmythologisierung soll umschlagend die ihrer selbst eingedenke Natur hinausführen über den eigenen Zusammenhang. Authentisch ist das Proustsche Werk, weil seine auf Rettung abzielende Intention frei ist von aller Apologie, allem Versuch, irgendeinem Seienden Recht zu geben, irgend Dauer zu verheißen. Aufs non confundar hofft er in der schutzlosen Preisgabe an den Zusammenhang von Natur; der Rest ist ihm noch einmal, mit dem äußersten Hintersinn, Schweigen. Darum wird Zeit, die Macht von Vergängnis selber, die oberste Wesenheit, zu der Prousts Werk, in seinen tausend Brechungen auch ein Roman philosophique wie die Voltaireschen und die Franceschen, aufblickt. Sein Gehalt ist dem theologischen so viel näher als der der Lehre Bergsons, wie er ferner sich hält von jeglicher Positivität. Die Idee von Unsterblichkeit wird nur geduldet an dem, was selber, wie er wohl wußte, vergänglich ist, den Werken als den letzten Gleichnissen von Offenbarung in der wahren Sprache. So träumt an einer späteren Stelle Proust in der Nacht, nachdem sein erstes Feuilleton im Figaro erschien, von Bergotte, als wäre er noch am Leben – als erhöbe das gedruckte Wort Einspruch gegen den Tod, bis der erwachende Dichter der Vergeblichkeit noch dieses Trostes innewird. Jede Interpretation der Stelle bleibt hinter ihr zurück; nicht, wie das Cliché es will, weil ihre künstlerische Würde höher stünde als der Gedanke, sondern weil sie selbst an der Grenze angesiedelt ist, auf die auch der Gedanke stößt.

*aus:*
*Theodor W. Adorno, Noten zur Literatur II*
© *Suhrkamp Verlag Frankfurt am Main 1961*

# Rückblickend auf den Surrealismus

Die verbreitete Theorie des Surrealismus, wie sie in den Manifesten von Breton niedergelegt ist, aber auch die Sekundärliteratur beherrscht, setzt ihn zum Traum in Beziehung, zum Unbewußten, womöglich den Jungschen Archetypen, die in den Collages wie in den automatischen Niederschriften ihre von der Zutat des bewußten Ichs befreite Bildersprache gefunden hätten. So sollen Träume mit den Elementen des Realen umspringen wie seine Verfahrensweise. Ist aber keine Kunst gehalten, sich selbst zu verstehen – und man ist versucht, ihr Selbstverständnis und ihr Gelingen für fast unvereinbar zu halten –, dann braucht man auch jener programmatischen und von den Vermittlern wiederholten Auffassung nicht zu parieren. Ohnehin ist das Fatale an der Interpretation von Kunst, auch der philosophisch verantwortlichen, daß sie genötigt ist, Befremdendes, indem sie es auf den Begriff bringt, durch bereits Vertrautes auszudrücken und dadurch wegzuerklären, was einzig der Erklärung bedürfte: so sehr die Kunstwerke ihrer Erklärung harren, so sehr begeht eine jegliche, sei's auch entgegen der eigenen Absicht, ein Stück Verrat an den Konformismus. Wäre in der Tat der Surrealismus nichts anderes als eine Sammlung literarischer und graphischer Illustrationen zu Jung oder selbst Freud, er verdoppelte nicht bloß überflüssig, was die Theorie selber ausspricht, anstatt daß sie es metaphorisch verkleidete, sondern er wäre auch von einer Harmlosigkeit, die kaum Raum ließe für den *Scandal,* den der Surrealismus meint und der sein Lebenselement bildet. Ihn auf die psychologische Traumtheorie nivellieren unterwirft ihn bereits der Schmach des Offiziellen. Dem versierten: Das ist eine Vaterfigur, gesellt sich das befriedigte: Kennen wir schon, und was bloß Traum sein soll, läßt allemal, wie Cocteau erkannte, die Realität unbeschädigt, mag ihr Bild noch so beschädigt sein.

Jene Theorie verfehlt aber die Sache selbst. So träumt man nicht, keiner träumt so. Dem Traum sind die surrealistischen Gebilde mehr nicht als bloß analog, indem sie die gewohnte Logik und die Spielregeln des empirischen Daseins außer Kraft setzen, dabei aber doch die einzelnen auseinander gesprengten Dinge respektieren, ja all ihren Inhalt, und gerade auch den menschlichen, der Dinggestalt annähern. Es wird zerschlagen, umgruppiert, aber nicht aufgelöst. Gewiß hält es der Traum nicht anders, aber die Dingwelt erscheint doch in ihm unvergleichlich verschleierter, weniger als Realität gesetzt denn im Surrealismus, wo Kunst an der Kunst rüttelt. Das Subjekt, das im Surrealismus weit offener und ungehemmter am Werk ist als in den Träumen, wendet seine Energie gerade an seine Selbstauslöschung, zu der es im Traum keiner Energie bedarf; dadurch aber gerät alles gleichsam objektiver als im Traum, wo das Subjekt, vorweg abwesend, was immer begegnet hinter den Kulissen umfärbt und durchdringt. Die Surrealisten sind selbst unterdessen darauf gekommen, daß man so, wie sie dichten, auch nicht etwa in der psychoanalytischen Situation assoziiert. Übrigens ist die Unwillkürlichkeit selbst der psychoanalytischen Assoziationen keineswegs unwillkürlich. Jeder Analytiker weiß, welcher Mühe und Anstrengung, welchen Willens es bedarf, um des unwillkürlichen Ausdrucks mächtig zu werden, der vermöge solcher Anstrengung bereits in der analytischen Situation, geschweige denn erst in der künstlerischen der Surrealisten sich formt. In den Welttrümmern des Surrealismus kommt nicht das An-sich des Unbewußten zutage. Mäße man sie an ihrer Beziehung darauf, die Symbole erwiesen sich als viel zu rationalistisch. Solche Dechiffrierungen spannten die wuchernde Vielfalt des Surrealismus über wenige Leisten, brächten sie auf ein paar dürftige Kategorien wie den Ödipuskomplex, ohne die Gewalt zu erreichen, die, wenn nicht stets von den surrealistischen Kunstwerken, so doch von deren Idee ausging; so scheint ja auch Freud auf Dali reagiert zu haben.

Nach der europäischen Katastrophe sind die surrealistischen Schocks kraftlos geworden. Es ist, als hätten sie Paris durch Angstbereitschaft gerettet: der Untergang der Stadt war ihr Zentrum. Will man danach den Surrealismus im Begriff aufheben, so wird man nicht auf Psychologie, sondern auf die künstlerische Verfahrungsweise zurückgehen müssen. Deren Schema sind aber fraglos die Montagen. Leicht ließe sich zeigen, daß auch die eigentlich surrealistische Malerei mit deren Motiven operiert und daß das diskontinuierliche Aneinanderfügen von Bildern in der surrealistischen Lyrik Montagecharakter hat. Diese Bilder stammen aber, wie man weiß, teils buchstäblich, teils dem Geist nach, aus Illustrationen des späteren neunzehnten Jahrhunderts, mit denen die Eltern der Generation von Max Ernst Umgang hatten; schon in den zwanziger Jahren gab es, diesseits des surrealistischen Bereichs, Sammlungen solchen Bildmaterials wie *Our Fathers* von Allan Bott, die an dem surrealistischen Schock – parasitär – teilhatten und dabei dem Publikum zuliebe die Mühe der Verfremdung durch Montage sich ersparten. Die eigentlich surrealistische Praxis jedoch hat jene Elemente mit ungewohnten versetzt. Eben die haben ihnen durch den Schreck das Vertraute, das: Wo habe ich das schon einmal gesehen? verliehen. Man wird also die Affinität zur Psychoanalyse nicht in einer Symbolik des Unbewußten vermuten dürfen, sondern im Versuch, durch Explosionen Kindheitserfahrungen aufzudecken. Was der Surrealismus den Abbildern der Dingwelt hinzufügt, ist, was uns von der Kindheit verlorenging: so sollen uns als Kindern jene damals selbst schon veralteten Illustrierten angesprungen haben wie jetzt die surrealistischen

Bilder. Das subjektive Moment steckt dabei in der Handlung der Montage: diese möchte, vielleicht vergebens, aber der Intention nach unverkennbar, Wahrnehmungen herstellen, so wie sie damals gewesen sein müßten. Das Riesenei, aus dem jeden Augenblick das Monstrum eines jüngsten Tages ausschlüpfen kann, ist so groß, weil wir damals so klein waren, als wir zum ersten Mal vorm Ei erschauerten.

Zu diesem Effekt hilft aber das Veraltete. An Moderne wirkt paradox, daß sie, stets schon im Bann der Immergleichheit von Massenproduktion, überhaupt Geschichte hat. Diese Paradoxie entfremdet sie und wird in den »Kinderbildern der Moderne« zum Ausdruck einer Subjektivität, die mit der Welt auch sich selbst fremd geworden ist. Die Spannung im Surrealismus, die im Schock sich entlädt, ist die zwischen Schizophrenie und Verdinglichung, gerade nicht also eine psychologischer Beseeltheit. Das frei über sich verfügende, jeder Rücksicht auf die empirische Welt ledige, absolut gewordene Subjekt enthüllt sich im Angesicht der totalen Verdinglichung, die es vollends auf sich und seinen Protest zurückwirft, selber als Unbeseeltes, virtuell als das Tote. Die dialektischen Bilder des Surrealismus sind solche einer Dialektik der subjektiven Freiheit im Stande objektiver Unfreiheit. In ihnen erstarrt der europäische Weltschmerz gleich der Niobe, die ihre Kinder verlor; in ihnen schleudert die bürgerliche Gesellschaft die Hoffnung auf ihr Überleben von sich. Kaum zu vermuten, daß einer der Surrealisten die Hegelsche *Phänomenologie* kannte, aber ein Satz daraus, den man zusammendenken muß mit dem allgemeineren von der Geschichte als dem Fortschritt im Bewußtsein der Freiheit, definiert den surrealistischen Gehalt. »Das einzige Werk und Tat der allgemeinen Freiheit ist daher der Tod, und zwar ein Tod, der keinen inneren Umfang und Erfüllung hat.« Die darin gegebene Kritik hat der Surrealismus zur eigenen Sache gemacht; das erklärt

104

seine politischen Impulse wider die Anarchie, die doch wieder mit jenem Gehalt unvereinbar waren. Man hat von dem Hegelschen Satz gesagt, in ihm hebe die Aufklärung sich durch ihre eigene Verwirklichung auf; um keinen geringeren Preis, nicht als eine Sprache der Unmittelbarkeit, sondern als Zeugnis des Rückschlags der abstrakten Freiheit in die Vormacht der Dinge und damit in bloße Natur wird man den Surrealismus begreifen dürfen. Seine Montagen sind die wahren Stilleben. Indem sie Veraltetes auskomponieren, schaffen sie nature morte.

Diese Bilder sind nicht sowohl die eines Inwendigen als vielmehr Fetische – Warenfetische – an die einmal Subjektives, Libido sich heftete. An ihnen, nicht durch die Selbstversenkung, holen sie die Kindheit herauf. Die Modelle des Surrealismus wären die Pornographien. Was in den Collages geschieht, was in ihnen krampfhaft innehält wie der gespannte Zug von Wollust um den Mund, ähnelt den Veränderungen, die eine pornographische Darstellung im Augenblick der Befriedigung des Voyeurs durchmacht. Abgeschnittene Brüste, Beine von Modepuppen in Seidenstrümpfen auf den Collages – das sind Erinnerungsmerkmale jener Objekte der Partialtriebe, an denen einst die Libido aufwachte. Das Vergessene offenbart dinghaft, tot, sich in ihnen als das, was die Liebe eigentlich wollte, dem sie sich selbst gleichmachen will, dem wir gleichen. Verwandt der Photographie ist der Surrealismus als erstarrtes Erwachen. Wohl sind es imagines, die er erbeutet, aber nicht die invarianten, geschichtslosen des unbewußten Subjekts, zu denen die konventionelle Auffassung sie neutralisieren möchte, sondern geschichtliche, in denen das Innerste des Subjekts seiner selbst als dessen Auswendiges, als Nachahmung eines Gesellschaftlich-Geschichtlichen innewird. »Geh Joe, mach die Musik von damals nach.«

Damit aber bildet der Surrealismus das Komplement der

Sachlichkeit, mit der gleichzeitig er erstand. Das Grauen, das diese im Sinn des Wortes von Adolf Loos vor dem Ornament als Verbrechen empfindet, wird mobilisiert vom surrealistischen Schock. Das Haus hat eine Geschwulst, seinen Erker. Die malt der Surrealismus: aus dem Haus wuchert ein Auswuchs von Fleisch. Die Kinderbilder der Moderne sind der Inbegriff dessen, was die Sachlichkeit mit einem Tabu zudeckt, weil es sie an ihr eigenes dinghaftes Wesen gemahnt und daran, daß sie nicht damit fertig wird, daß ihre Rationalität irrational bleibt. Der Surrealismus sammelt ein, was die Sachlichkeit den Menschen versagt; die Entstellungen bezeugen, was das Verbot dem Begehrten antat. Durch sie errettet er das Veraltete, ein Album von Idiosynkrasien, in denen der Glücksanspruch verraucht, den die Menschen in ihrer eigenen technifizierten Welt verweigert finden. Wenn aber heute der Surrealismus selber obsolet dünkt, so darum, weil die Menschen bereits jenes Bewußtsein der Versagung sich selbst versagen, das im Negativ des Surrealismus festgehalten ward.

*aus:*
*Theodor W. Adorno, Noten zur Literatur*
*© Suhrkamp Verlag Frankfurt am Main 1958*

# Voraussetzungen

*Aus Anlaß einer Lesung von Hans G. Helms*

Mein Anspruch kann nicht sein, durch Interpretation das Verständnis des Textes FA: M'AHNIESGWOW zu erleichtern. Zu einer solchen Interpretation, die langer Versenkung bedürfte, wären andere, aus dem Kölner Freundeskreis von Helms, weit legitimierter als ich; eine Einleitung aus engster Fühlung mit dem Werk hat Gottfried Michael König verfaßt. Zudem ist der Begriff des Verstehens auf einen hermetischen Text nicht frischfröhlich anzuwenden. Ihm wesentlich ist der Schock, mit dem er die Kommunikation heftig unterbricht. Das grelle Licht des Unverständlichen, das solche Gebilde dem Leser zukehren, verdächtigt die übliche Verständlichkeit als schal, eingeschliffen, dinghaft – als vorkünstlerisch. Das fremd Erscheinende qualitativ moderner Werke in geläufige Begriffe und Zusammenhänge zu übersetzen hat etwas vom Verrat an der Sache. Je objektiver diese, je rücksichtsloser gegen das, was die Subjekte von ihr erwarten, oder auch was das ästhetische Subjekt in sie hineinlegt, um so problematischer die Verständlichkeit; je weniger die Sache den sedimentierten subjektiven Reaktionsformen sich anpaßt, um so schutzloser exponiert sie sich dem Allerweltseinwand subjektiver Willkür. Verstehen setzt einen geschlossenen Sinnzusammenhang voraus, der etwa durch Einfühlung vom Rezipierenden kann mitvollzogen werden. Unter den Motiven aber, die zu Konsequenzen wie FA: M'AHNIESGWOW führen, ist nicht das schwächste, die Fiktion eines solchen Sinnzusammenhangs wegzuräumen. Sobald die Reflexion der Kunstwerke jenen positiven metaphysischen Sinn bezweifelt, der im Werk sich kristallisiere und entlade, muß sie auch die Mittel, die sprachlichen zumal, verwerfen, die implizit von der Idee eines solchen Sinnes zehren, der einen integralen und dadurch beredten Zusammenhang stifte. Wieweit, was im Innern des Gebildes sich zuträgt, dem Nachvollzug durch den Betrachter offen ist und wieweit ein solcher Nachvollzug getreu es trifft, wird ungewiß. Hegels Ästhetik hat vor bald anderthalb Jahrhunderten den noch von Kant unbefragt unterstellten Ausgang der Theorie der Kunst von deren Wirkung auf den anschauenden Betrachter um deren Zufälligkeit willen kritisiert und, im Geist dialektischer Philosophie, verlangt, daß statt dessen der Gedanke in die Disziplin der Sache selbst eintrete. Diese Hegelsche Forderung hat mittlerweile auch subjektivistische Ansichten zerstört, die für Hegel noch unerschüttert waren und in seiner eigenen Methode naiv walten, wie die von der prinzipiellen Verständlichkeit des ästhetischen Gegenstandes. Durchschaute er es als zufällig, welche Wirkung welches Kunstwerk auf welchen Betrachter ausübt, so mußte seitdem der Glaube hinab, daß a priori ein unmittelbares Verhältnis zwischen Werk und Betrachter bestehe; daß ein objektiv wahres Gebilde auch seine Apperzeption garantiere. Ich möchte darum nicht versuchen, Helms verständlich zu machen, auch nicht mit zustimmenden oder kritischen Urteilen aufwarten, sondern lediglich einige Voraussetzungen erörtern.

Ich bin mir dessen bewußt, daß ich damit seine Produktion, und meine eigene Stellung zu ihr, dem triumphalen Hohn all der Wohldenkenden aussetze, die schon mit dem Vorsatz gewappnet sind, sich darüber zu ereifern, daß dies denn doch auch fortschrittlichen und aufgeschlossenen Leuten zuviel zumute. Ich kann mir vorstellen, mit welcher Befriedigung manche meinen Worten entnehmen, ich verstünde es also auch nicht. Aber ich möchte vor diesem bequemen Triumph warnen. In Kunst – und, so möchte ich denken, in ihr nicht allein – hat Geschichte rückwirkende Kraft. Die Krisis der Verständlichkeit, heute weit akuter als vor fünfzig Jahren, reißt auch ältere Werke in sich hinein. Insistierte man darauf, was Verständlichkeit von Kunst überhaupt bedeutet, so müßte man die Entdeckung wiederholen, daß sie wesentlich abweicht vom Verstehen als der rationalen Auffassung eines wie immer auch Gemeinten. Kunstwerke versteht man nicht wie eine fremde Sprache, oder wie Begriffe, Urteile, Schlüsse der eigenen. All das kann zwar in Kunstwerken als das signifikative Moment ihrer Sprache, oder als das ihrer Handlung, oder eines auf dem Bild dargestellten, auch unterlaufen, spielt aber doch eher beiher und ist schwerlich das, worauf der ästhetische Verstehensbegriff zielt. Soll dieser etwas Adäquates, Sachgerechtes anzeigen, so wäre das heute eher als eine Art von Nachfahren vorzustellen; als der Mitvollzug der im Kunstwerk sedimentierten Spannungen, der in ihm zur Objektivität geronnenen Prozesse. Man versteht ein Kunstwerk nicht, wenn man es in Begriffe übersetzt – tut man einfach das, so ist es vorweg mißverstanden –, sondern sobald man in seiner immanenten Bewegung darin ist; fast möchte man sagen, sobald es vom Ohr seiner je eigenen Logik nach nochmals komponiert, vom Auge gemalt, vom sprachlichen Sensorium mitgesprochen wird. Verstehen im spezifisch begrifflichen Verstande des Wortes, wofern das Werk nicht rationalistisch verschandelt werden soll, stellt erst auf höchst vermittelte Weise sich her; indem nämlich der im Vollzug von Erfahrung ergriffene Gehalt, in seiner Beziehung zur Formensprache und den Stoffen des Gebildes, reflektiert und benannt wird. Derart verstanden werden Kunstwerke allein durch die Philosophie der Kunst, die freilich ihrer Anschauung nichts Äußerliches ist, sondern von jener immer schon erheischt, und in der Anschauung terminiert. Fraglos ist die Anstrengung zu solchem emphatischen Verstehen auch traditioneller Kunstwerke nicht geringer als die, welche ein avancierter Text seinem mitvollziehenden Leser auferlegt.

Daß Kunst dem rationalen Verstehen als einer primären Verhaltensweise sich entzieht, ist vom vulgären ästhetischen Irrationalismus ausgebeutet worden. Gefühl sei alles. Die Einsicht wird aber dringlich erst recht, sobald künstlerische Erfahrung zur schlechten, passiven Irrationalität des Konsums wird und aufs Gefühl kein Verlaß mehr ist. Anstelle des spezifischen Mittvollzugs, den die Kunstwerke verlangen, ist das bloße Mitplätschern mit dem Strom von Sprache, mit dem tonalen Gefälle, mit der gegenständlichen Komplexion der Bilder getreten. Die Passivität jener Reaktionsweise verwechselt sich mit löblicher Unmittelbarkeit. Die Werke werden fertig bezogenen Schemata subsumiert, nicht selber mehr erkannt. Dagegen müssen, nicht heute erst, die Kunstwerke sich schützen und einen Mittvollzug erzwingen, der dem konventionellen Verstehen abschwört, das nur ein seiner selbst nicht bewußtes Nichtverstehen wäre. Das in aller Kunst konstitutiv enthaltene, aber bislang weithin von Konventionellem überdeckte Moment des Absurden muß hervortreten, sich selbst aussprechen. Die sogenannte Unverständlichkeit gerade der legitimen zeitgenössischen Kunst ist die Konsequenz aus einem der Kunst an sich Eigentümlichen. Die Provokation vollstreckt zugleich das historische Urteil über die zum Mißverständnis degenerierte Verständlichkeit.

Dahin kam es freilich nicht so sehr durch die Polemik des Kunstwerks gegen das, was außer ihm ist, gegen sein gesellschaftliches Schicksal, als durch Notwendigkeit in seinem Innern. In der Dichtung ist deren Schauplatz der Doppelcharakter der Sprache als eines diskursiven, signifikativen Mittels – primär der Kommunikation – und als Ausdruck. Insofern berührt die immanente Notwendigkeit radikaler sprachlicher Veranstaltungen sich doch wiederum mit der Kritik der Um-

110

welt, an die Sprache das Kunstwerk zu zedieren neigt. Unbestechlich hat Karl Kraus, der dem Expressionismus feind war und damit der umstandslosen Vormacht des Ausdrucks über das Zeichen in der Sprache, dennoch nichts von der Differenz der dichterischen Sprache von der mitteilenden nachgelassen. Ausdauernd strengt sein œuvre sich an, künstlerische Autonomie der Sprache herzustellen, ohne ihrem anderen Aspekt, dem mitteilenden, der von der Überlieferung nicht zu trennen ist, Gewalt anzutun. Die Expressionisten aber trachteten, über den Schatten zu springen. Sie haben rücksichtslos den Primat des Ausdrucks verfochten. Ihnen schwebte vor, die Worte rein als Ausdrucksvaleurs wie Farben- oder Tonrelationen in Malerei und Musik zu verwenden. Der expressionistischen Idee leistete die Sprache so zähen Widerstand, daß sie außer bei den Dadaisten kaum je ganz sich realisierte. Kraus behielt insofern recht, als er, gerade vermöge seiner schrankenlosen Hingabe an das, was die Sprache als objektiver Geist jenseits der Kommunikation will, dessen innewurde, daß sie ihres signifikativen Moments, der Begriffe und Bedeutungen, nicht ganz sich entledigen kann. Der Dadaismus wollte denn auch nicht Kunst, sondern Attentate auf diese. Vielleicht ist keine optische Konfiguration vorzustellen, die nicht durch sei's auch noch so entfernte Ähnlichkeit mit der Dingwelt an diese gefesselt bliebe. Analog trägt alles Sprachliche, selbst bei äußerster Reduktion auf den Ausdruckswert, die Spur des Begrifflichen. Angesichts jenes untilgbaren Rests von starrer, objektiv diktierter Eindeutigkeit hat das Expressive seinen Zoll an Willkür und Beliebigkeit zu entrichten. Je eifriger Dichtung ihrer dem Formgesetz fremden, von seiner inneren Organisation her nie ganz zu bestimmenden Verwandtschaft mit der empirischen Welt zu entrinnen sucht, desto mehr exponiert sie sich dem, was den literarischen Expressionismus zum Veralten verurteilte, ehe er nur recht seinen

111

Augenblick hatte. Um reiner Ausdruck, ja um überhaupt ein rein dem eigenen Impuls Gehorchendes zu werden, muß solche Dichtung sich mühen, ihr begriffliches Element abzuschütteln. Darum Mallarmés berühmter Einwand gegen den großen Maler Degas, als dieser ihm sagte, er habe einige gute Ideen für Sonette: aber Gedichte macht man doch nicht aus Gedanken sondern aus Worten. In der vorigen Generation haben Antipoden wie Karl Kraus und Stefan George gleichermaßen den Roman verworfen, aus Aversion gegen das Amusische des gegenständlichen Überschusses in der Dichtung, den doch eigentlich die Begriffe bereits in die Lyrik hineinschleppen. Der Begriff selber, die Merkmaleinheit alles jeweils unter ihm Befaßten, das der Empirie angehört und nicht in den Bann des Werkes fällt, hat vor aller Erzählung von der Welt etwas Kunstfeindliches. Nicht umsonst entstammt das Wort Sprachkunstwerk erst einer überaus späten Phase, und sensible Ohren werden ein leise Ungemäßes darin nicht überhören. Dennoch sind die Begriffe der Sprache unabdingbar. Noch der stammelnde Laut, soweit er Wort ist und nicht Ton, behält seinen begrifflichen Umfang, und vollends der Zusammenhang sprachlicher Gebilde, durch den allein sie zu einem künstlerischen Einen sich organisieren, kann des begrifflichen Elements kaum entraten.

Nachträglich nehmen unter diesem Aspekt selbst die authentischesten Werke etwas Vorkünstlerisches, gewissermaßen Informatorisches an. Dichtung tastet danach, ohne expressionistische Don Quixoterie mit dem begrifflichen Moment sich abzufinden, nicht aber ihm sich zu überantworten. Rückblickend wäre einzuräumen, eben das habe große Dichtung von je getan, ja sie danke ihre Größe gerade der Spannung zu jenem ihr heterogenen Moment. Sie werde zum Kunstwerk in der Reibung am Außerkünstlerischen; sie transzendiere es, und sich selber, indem sie es achtet. Aber durch die unaufhaltsame Reflexion der Geschichte wird diese Spannung, und die Aufgabe sie auszutragen, thematisch. Wer noch blind dem Doppelcharakter von Sprache als Zeichen und Ausdruck sich anvertraute, als wäre er gottgewollt, der würde auf dem gegenwärtigen Stand der Sprache selbst Opfer der bloßen Mitteilung. Die Grenzscheide sind die beiden Epopöen von James Joyce. Er verschmilzt die Intention auf eine streng im Innenraum des Kunstwerks organisierte Sprache – und dieser Innenraum, nicht der psychologische, war die legitime Idee des monologue intérieur – mit der großen Epik, mit dem Drang, jenen der Kunst gegenüber transzendenten Gehalt, durch den sie erst zur Kunst wird, inmitten ihres dicht verschlossenen Immanenzzusammenhangs festzuhalten. Wie Joyce beides zum Einstand bringt, macht seinen außerordentlichen Rang aus, die erhobene Mitte zwischen zwei Unmöglichkeiten, der des Romans heute und der von Dichtung als reinem Laut. Sein prüfender Blick hat einen Riß im Gefüge der signifikativen Sprache erspäht, wo sie dem Ausdruck kommensurabel würde, ohne daß der Dichter den Kopf in den Sand zu stecken brauchte und sich zu benehmen, als wäre Sprache Musik unmittelbar. Ihm zeigte sich diese Lücke im Licht der Fortgeschrittenen Psychologie, der Freudischen. Die radikale Konstitution des ästhetischen Innenraums ist durch die Beziehung auf den des Subjekts vermittelt, in dem sie sich doch nicht erschöpft. Im Bereich der abgespaltenen Subjektivität befreit das Werk sich von dem, was ihm selber äußerlich ist, was seinem Kraftfeld sich entzieht. Erst durch Subjektivierung wird die Objektivation des Kunstwerks, als einer in sich durchgeformten Monade, recht möglich. Subjektivität macht sich zu dem, was sie rudimentär stets war, seit Kunstwerke eigenen Gesetzes existieren, zu deren Medium oder zu deren Schauplatz. Im Prozeß der ästhetischen Objektivation dann jedoch sinkt Subjektivität, der Inbegriff beredter Erfahrungen, selber herab zum Rohmaterial, einer zweiten Auswendigkeit, die von dem Kunstwerk aufgezehrt wird. Durch Subjektivierung hindurch konstituiert es sich als eine Realität sui generis, in der das Wesen der Realität draußen widerscheint. Das ist ebenso die geschichtliche Bahn der Moderne wie der zentrale Vorgang in jedem einzelnen Werk. Die Kräfte, welche die Objektivation bewirken, sind die gleichen, durch welche das Werk der Empirie gegenüber, von der es nicht unverwandelt sich duldet, Stellung bezieht und zu ihr sich verhält. Im übrigen sind deren Elemente in den vermeintlich bloß subjektiven Materialien, an welchen der Prozeß sich ereignet, zerstreut enthalten.

Entäußert der sprachliche Ausdruck nicht gänzlich sich der Begriffe, so gleichen umgekehrt diese nicht, wie die positivistische Wissenschaft es propagiert, den Definitionen ihrer Bedeutungen. Die Definitionen sind selber Resultate einer Verdinglichung, eines Vergessens; nie das, was sie am eifrigsten sein möchten: dem voll adäquat, worauf die Begriffe gehen. Die fixierten Bedeutungen sind herausgebrochen aus dem Leben der Sprache. Dessen Rudimente aber sind die in den begrifflichen Bedeutungen nicht aufgehenden, gleichwohl mit zarter Notwendigkeit an die Worte sich anschließenden Assoziationen. Gelingt es der Dichtung, in ihren Begriffen die Assoziationen zu erwecken und mit ihnen das signifikative Moment zu korrigieren, so beginnen die Begriffe, jener Konzeption zufolge, sich zu bewegen. Ihre Bewegung soll zur immanenten des Kunstwerks werden. Den Assoziationen ist mit so feinen Ohren nachzugehen, daß sie den Worten selbst sich anschmiegen und nicht bloß dem zufälligen Individuum, das sie hantiert. Der subkutane Zusammenhang, der aus ihnen sich bildet, hat den Vorrang vor der Oberfläche des diskursiven Inhalts von Dichtung, ihrer kruden Stoffschicht, ohne daß diese doch ganz verschwände. In Joyce verbindet sich die Idee einer objektiven Physiognomik der Worte kraft der ihnen innewohnenden Assoziationen mit einem Atem des Ganzen, der in diese Assoziationen umgesetzt, tendenziell nicht von außen anbefohlen wird. Seine Position hat zugleich jener Unerreichbarkeit der gegenständlichen Welt fürs ästhetische Subjekt Rechnung getragen, die weder durch reumütig realistische Gesinnung rückgängig zu machen, noch in verblendetem Solipsismus, absolut zu setzen ist. Indem Dichtung als Ausdruck sich zu dem der für sie zerfallenen Realität macht, drückt sie deren Negativität aus.

Die autonome Durchformung des literarischen Produkts stellt, monadologisch, Gesellschaftliches vor, ohne darauf hinzuschielen; vieles spricht dafür, daß das aktuelle Kunstwerk die Gesellschaft um so genauer trifft, je weniger es von ihr handelt oder gar auf unmittelbare gesellschaftliche Wirkung, sei es die des Erfolgs, sei es die praktisch eingreifende, hofft. Zersetzt bei Joyce, und eigentlich schon in Prousts Roman, sich das empirische Zeitkontinuum, weil die biographische Einheit von Lebensläufen dem Formgesetz äußerlich und der subjektiven Erfahrung, an der es sich schult, unangemessen ist, so konvergiert eine solche literarische Verfahrungsweise, also genau das, was nach östlicher Redeweise formalistisch hieße, mit der Zersetzung des Zeitkontinuums in der Realität, dem Absterben von Erfahrung, das schließlich zurückgeht auf den zeitfremd technifizierten Prozeß der Produktion materieller Güter. Derlei Konvergenzen erweisen den Formalismus als den wahren Realismus, während Prozeduren, die anordnungsgemäß das Reale spiegeln, dadurch eine nichtexistente Versöhntheit der Realität mit dem Subjekt vortäuschen. Realismus in der Kunst ist Ideologie geworden, so wie die Gesinnung sogenannter realistischer Menschen, die nach den nun einmal bestehenden Institutionen, ihren Desi-

115

deraten und Angeboten sich richten, dadurch nicht, wie sie es sich einbilden, von Illusionen frei werden, sondern einzig an dem Schleier mitweben, den der Zwang der Verhältnisse, als Schein ihrer Naturgegebenheit, um jene legt.

Proust hatte das mildere Mittel der unwillkürlichen Erinnerung benutzt, die ja mit den Freudischen Assoziationen manches teilt. Joyce macht diese für die Spannung zwischen Ausdruck und Bedeutung fruchtbar, indem die Assoziation sich an die Bedeutung von freilich meist aus ihrem Urteilskontext isolierten Worten heftet, ihren Gehalt aber vom Ausdruck – zunächst dem des Unbewußten – empfängt. An der Lösung jedoch ist auf die Dauer ein Unzulängliches nicht zu verkennen. Bei Proust kommt es daran zutage, daß, entgegen dem Vorsatz, im ausgeführten Gewebe der Recherche die authentischen unwillkürlichen Erinnerungen gegenüber weit handfesteren Elementen von Psychologie und Romantechnik sehr zurücktreten. Proust selbst, und vollends seine Ausleger, haben den Geschmack der in Tee getauchten Madeleine so sehr überanstrengt, weil jene Erinnerungsspur als eine der wenigen im Werk dem aus Bergson herausgelesenen Programm genügt. Joyce, der Jüngere, verfährt weniger behutsam mit der empirischen Realität. Er spinnt die Assoziationen so weit aus, bis sie vom diskursiven Sinn sich emanzipieren. Dafür hat er zu zahlen: nicht stets wird die Assoziation als notwendig evident, oft bleibt sie zufällig wie ihr Substrat, das psychologische Individuum. Das Hegelsche Philosophem, es sei das Besondere das Allgemeine, das seiner Spekulation durch zahllose Vermittlungen als Frucht zufällt, wird zum Risiko, wenn das literarische Gebilde es buchstäblich nimmt. Manchmal glückt es, manchmal nicht. Proust wie Joyce lassen auf dies Risiko in heroischer Anstrengung sich ein. Ihre Selbstreflexion kontrolliert den Verlauf des Unwillkürlichen im Text, um nur solches Zufällige zu tolerieren, dessen Notwendigkeit zugleich einleuchtet. Nicht anders hat in der neuen Musik, auf der Höhe der freien Atonalität, der Schönberg der ›Erwartung‹ dem Triebleben der Klänge nachgehört und es dadurch vor dem behütet, womit die spätere Kunst sich selbst kompromittierte, als die Parole des Automatischen beliebt ward. Das Gehör, das jene Klänge und ihre Folge mitvollzieht, wird zu der Instanz, die über ihre konkrete Logik entscheidet. In keinem ästhetischen Medium hat auf diesem Indifferenzpunkt zwischen äußerster Passivität und äußerster Anspannung sich beharren lassen. Der Grund ist wahrscheinlich nicht einmal, daß die darin liegende Zumutung die Fähigkeit des produktiven Ingeniums überschritte. Gewiß hat der Philister unrecht, der tönt, nach dem extremen Pendelschlag von ungebundenem Subjektivismus sei Besinnung auf eine mittlere Objektivität an der Zeit, die eben als mittlere in Wahrheit bereits sich selbst richtet. Vielmehr wird wohl alle avancierte Kunst nach dem zweiten Weltkrieg bewogen, jene Position zu verlassen, weil die Notwendigkeit, bei der das Subjekt ganz dabei ist, die eins wäre mit seiner lebendigen Spontaneität, ein Moment des Trugs enthält. Gerade wo die Freiheit des künstlerischen Subjekts sich geborgen dünkt, sind seine Reaktionsweisen determiniert durch die Macht, die eingeschliffene Formen der ästhetischen Verfahrungsweise über es ausüben. Was das Subjekt als seine autonome Leistung, die der Objektivation fühlt, enthüllt sich im Rückblick auf mehr denn dreißig Jahre als durchsetzt mit historischen Rückständen. Sie sind aber mit der immanenten Tendenz des Materials selbst, des sprachlichen nicht anders als des musikalischen oder malerischen, nicht länger vereinbar. Was einst Logik verbürgen wollte, wird als obsolet zum Flecken, zum Falschen; Hypothek des Traditionalismus in einer Kunst, die von der traditionellen am drastischsten dadurch sich unterscheidet, daß sie gegen Rudimente des Traditionellen empfindlich geworden ist wie die traditionelle gegen die Dissonanz es war. Bereits die Konzeption der Zwölftontechnik in der Musik wollte die traditionalistische Last des subjektiven Gehörs, etwa die Gravitation von Leitton und Kadenz, abschütteln. Was folgte, hat registriert, daß man nun wiederum einen Rückfall in überholte und ungemäße Formen in den Kategorien der Objektivation witterte, die der spätere Schönberg aufrichtete. Man wird das wohl, ohne auf geistesgeschichtliche Gemeinplätze sich zu verirren, auf die Literatur übertragen dürfen.

Helmsens Experiment – und das diffamierende Wort Experiment ist positiv zu wenden; nur als experimentierende, nicht als geborgene hat Kunst überhaupt noch ihre Chance – basiert technisch auf derlei Erfahrungen und Erwägungen. Er nimmt Joyce gegenüber ein ähnliches Interesse wahr wie die serielle Musik und Theorie, der er nahe steht, gegenüber freier Atonalität und Zwölftontechnik. Daß FA: M'AHNIESGWOW von Finnegans Wake herstammt, liegt auf der Hand. Helms versteckt das nicht im mindesten, wie denn Tradition heute ihren Ort nur in der avancierten Produktion hat. Wesentlicher sind die Differenzen. Er macht literarisch denselben Schritt wie die jüngste Musik und bietet dasselbe Ärgernis. Während seine Strukturen Raum und Material äußerster Subjektivierung verdanken, erkennen sie den Primat des Subjekts, das Kriterium seines lebendigen Mitvollzugs nicht mehr an. Vollends weigern sie sich dem Cliché des Schöpferischen, das ohnehin vor menschlichem Werk nur Hohn ist. Notwendigkeit inmitten des subjektiv konstituierten Bereichs wird tendenziell vom Subjekt losgesprengt, ihm entgegengesetzt. Die Konstruktion versteht sich nicht mehr als Leistung der spontanen Subjektivität, ohne die sie freilich gar nicht zu denken wäre, sondern will aus dem durchs Subjekt je schon vermittelten Material herausgelesen werden. Benutzt bereits Joyce in verschiedenen Teilen verschiedene Sprachkonfigurationen,

-schichten, Grade der Diskursivität, die gegeneinander abgewogen sind, so werden solche zuvor erst desultorischen Strukturelemente bei Helms beherrschend. Das Ganze ist in Strukturen komponiert, jeweils aus einer Reihe von Dimensionen, oder, nach der Terminologie der seriellen Musik, Parametern gefügt, die selbständig oder kombiniert oder nach Stufen geordnet auftreten. Die Affinität dieses Verfahrens zum seriellen der Musik mag ein Modell erläutern. Die Krise des Sinnzusammenhangs als eines phänomenal, in der Tuchfühlung seiner Teile wahrnehmbaren Ganzen hat die seriellen Komponisten nicht dazu verführt, den Sinn einfach zu liquidieren. Stockhausen hält ihn, den unmittelbar apperzipierbaren Zusammenhang, als einen Grenzwert fest. Von ihm führte ein Kontinuum bis zu solchen Strukturen, die der gewohnten Weise des Sinn Hörens, also der Illusion der Notwendigkeit von Klang zu Klang, sich versagen. Sie lassen nur noch etwa so sich auffassen, wie das Auge die Fläche eines Bildes als ganze überschaut. Analog steht die Konzeption von Helms zum diskursiven Sinn. Sein Kontinuum reicht von quasi erzählenden, an der Oberfläche verständlichen Teilen bis zu solchen, in denen die phonetischen Valeurs, die reinen Ausdrucksqualitäten, die semantischen, die Bedeutungen ganz überwiegen. Der Konflikt von Ausdruck und Bedeutung in der Sprache wird nicht, wie von den Dadaisten, schlicht zugunsten des Ausdrucks entschieden. Er wird als Antinomie respektiert. Aber das literarische Gebilde findet sich mit ihm nicht als mit einem ungebrochenen Ineinander ab. Es polarisiert ihn zwischen Extremen, deren Folge selber Struktur ist, also das Gebilde formt.

Auch das Moment des Zufälligen, das der von Helms ererbten Assoziationstechnik des Sprachgefüges bei Joyce innewohnt, fällt nicht der Konstruktion zum Opfer. Diese sucht zu leisten, was die Assoziation allein nicht leisten konnte und wofür früher in der Dichtung, tant bien que mal, die diskursive Sprache zu sorgen schien. Die Strukturierung sowohl der einzelnen Komplexe wie ihres Verhältnisses zueinander möchte immanent jede Gesetzlichkeit des literarischen Gebildes garantieren, die ihm weder die ihm entfremdete Empirie noch das unverbindliche Assoziationsspiel gewährt. Aber das Gebilde ist frei von der Naivetät, darum den Zufall als beseitigt einzuschätzen. Er überlebt ebenso in der Wahl der Strukturen wie im Mikrobereich der einzelnen sprachlichen Konfigurationen. Deshalb wird Zufälligkeit selbst – wiederum analog zur seriellen Komposition – zu einem der Parameter des Werkes gemacht, dem am anderen Extrem der vollkommener Durchorganisation entspräche. Aus der Zufälligkeit, zu der im Stande des konsequenten ästhetischen Nominalismus die Universalia herabgesunken sind, soll ein Kunstmittel werden.

Jenes Moment der sich selbst hervorhebenden Zufälligkeit, als des nicht gänzlichen Dabeiseins des Subjekts im Werk, ist das eigentlich Schockierende an den jüngsten Entwicklungen, im Tachismus nicht anders als in der Musik und literarisch. Wie meist Schocks, zeugt auch dieser von einer alten Wunde. Denn die Versöhntheit von Subjekt und Objekt, eben das vollkommene Dabeisein des Subjekts im Kunstwerk, war immer auch Schein, und wenig fehlt, daß man diesen Schein dem ästhetischen schlechthin gleichsetzen möchte. Zufällig waren im Kunstwerk, unter dem Aspekt seines Formgesetzes, nicht nur die ihm selbst transzendenten Gegenstände, die es, nach der barbarischen Redeweise, behandelte. Auch die Notwendigkeiten seiner eigenen Logik hatten etwas Fiktives. Ein Stück Täuschung steckte darin, daß notwendig sei, was es doch als Spiel nicht ganz ist; nie gehorchen Kunstwerke in sich derselben Kausalität wie Natur und Gesellschaft. Zufällig aber ist schließlich die konstitutive Subjektivität selbst, die dabei sein will und auf die das Kunstwerk notwendig sich zurücknimmt. Die Notwendigkeit, die das Subjekt anbefiehlt, um in der Sache gegenwärtig zu sein, wird erkauft mit den Schranken einer Individuation, von der das Moment der Beliebigkeit nicht sich wegdenken läßt. Das Ich, als das Unmittelbare, Nächste der Erfahrung, ist nicht deren wesentlicher Gehalt; von Erfahrung wird es entblättert als ein Abgeleitetes. Während die traditionelle Kunst solche subjektive Zufälligkeit im Werk, und selbst seinem eigenen Gesetz gegenüber, sei es abschaffen, sei es wenigstens vertuschen wollte, stellt die neue sich der Unmöglichkeit des einen und der Lüge des anderen. Anstatt daß Zufälligkeit über den Kopf des Werkes hinweg triumphierte, gesteht sie sich als unabdingbares Moment ein und hofft, damit etwas von der eigenen Fehlbarkeit loszuwerden. Auch kraft solcher hineingenommenen Zufälligkeit arbeitet hermetische Kunst, welche die Realisten verdammen, ihrem Scheincharakter entgegen und nähert der Realität sich an. Von je war die Bereitschaft von Werken, der Zufälligkeit des Lebens sich zu öffnen, anstatt sie durch die Dichte ihres Sinnzusammenhangs auszutreiben, das Ferment dessen, was bis zur Schwelle der Moderne als Realismus figurierte. Das Zufallsprinzip ist das Bewußtsein des Realismus von sich selbst im Augenblick seiner Lossage von der empirischen Realität. Ihm kommt zustatten, daß ästhetisch alles in sich ganz Konsequente, wäre es auch die strikte Negation von Sinn durch den Zufall als Prinzip, etwas wie einen Sinnzusammenhang zweiter Potenz stiftet. Das erlaubt es, ihn mit anderen ästhetischen Elementen in ein Kontinuum einzubringen. Was nicht länger beansprucht, dem Formgesetz untertan zu sein, stimmt, nach der Arbeitshypothese solcher Produktion, mit diesem zusammen.

Sie widerstrebt einer sehr verbreiteten Ansicht über die neue

Kunst: daß die konstruktiven Richtungen – in der Malerei der Kubismus und was an ihn anschloß – und die subjektiv-expressiven – also Expressionismus und Surrealismus – bloße Gegensätze, zwei divergente Möglichkeiten des Verfahrens wären. Beide Momente sind nicht durch äußerliche Synthese verkoppelt, sondern gehen in sich einander über: das eine wäre nicht ohne das andere. Reduktion auf den reinen Ausdruck allein schafft Raum für eine autonome Konstruktion, die keiner der Sache äußerlichen Schemata mehr sich bedient, und bedarf der Konstruktion zugleich, um den reinen Ausdruck gegen seine Kontingenz zu festigen. Konstruktion aber wird zur künstlerischen – im Gegensatz zur buchstäblich-mathematischen von Zweckformen – nur dadurch, daß sie an Heterogenem, ihr gegenüber Irrationalem, gleichsam Stofflichem sich sättigt; sonst bliebe sie zum Leerlauf verurteilt. Nach der Sprache der Psychoanalyse gehörten im emanzipierten Werk Ausdruck und Konstruktion so zusammen wie Es und Ich. Was Es ist, soll Ich werden, sagt die neue Kunst mit Freud. Aber das Ich ist von seiner Kardinalsünde, der blinden, sich selbst verzehrenden und das Naturverhältnis ewig wiederholenden Herrschaft über die Natur nicht zu heilen, indem es auch die inwendige Natur, das Es sich unterwirft, sondern indem es mit dem Es sich versöhnt, wissend und aus Freiheit es dorthin begleitet, wohin es will. Wie der richtige Mensch nicht der wäre, welcher den Trieb unterdrückt, sondern einer, der ihm ins Auge sieht und ihn erfüllt, ohne ihm Gewalt anzutun und ihm als einer Gewalt sich zu beugen, so müßte das richtige Kunstwerk heute zu Freiheit und Notwendigkeit modellhaft sich verhalten. Das mochte dem Komponisten Ligeti vorschweben, als er auf den dialektischen Umschlag totaler Determiniertheit und totaler Zufälligkeit in der Musik aufmerksam machte. Nicht weitab davon dürfte die Intention von Helms sein. Sie zielt, wenn einmal literarhistorisch

122

zu reden gestattet ist, auf etwas wie einen zu sich selbst gekommenen, seiner selbst bewußten, in sich folgerechten und durchorganisierten Joyce. Sicherlich wäre Helms der letzte, zu prätendieren, er habe diesen überholt oder, wie das beliebtabscheuliche Wort lautet, überwunden. Die Geschichte der Kunst ist kein Boxkampf, in dem das Jüngere das Ältere zu Boden schlägt; auch in der avancierten, in der ein Werk das andere zu kritisieren scheint, geht es nicht so agonal her. Nicht weniger töricht, als einer seriellen Komposition nachzurühmen, sei es besser als die mehr als fünfzig Jahre alte ›Erwartung‹ von Schönberg, wären derlei Fanfaren in der Literatur. Größere Konsequenz ist nicht identisch mit höherer Qualität. Die triftige Frage jedoch, ob der Fortschritt der Materialbeherrschung nicht allzu teuer bezahlt werde; ob nicht die Authentizität von Schönberg oder Joyce gerade von der Spannung ihres nicht vollends eingeschmolzenen Gehalts zu Material und Verfahrungsweise herrührt, vermag nicht die künstlerische Praxis zu retardieren. Diese hat keine Wahl, als folgerecht, unbestechlich, ohne nach rückwärts zu blicken, Bedürfnisse einzulösen, die in den älteren Werken unerfüllt blieben. Sie kann nur hoffen, durch ihre eigene Konsequenz etwas von deren Fluch zu tilgen, so wie es im Verhältnis von Konstruktion und Zufall sich anmelden mag. Sie kann aber nicht im Gedanken an die Kraft des noch nicht ganz Konsequenten auf eine geschichtlich vergangene Position sich zurückbegeben. Eher müßte sie Qualitätsverlust in den Kauf nehmen; ohnehin herrscht nie prästabilierte Harmonie zwischen der Intention und der Qualität. Spannung zu einem ihnen Heteronomen ist das Eine, was die Kunstwerke von sich aus nicht wollen können und wovon alles abhängt. Zu ihr ist geworden, was einmal das Begnadete der Werke hieß, der Wahrheitsgehalt, über den sie selber keine Macht haben.

Technisch entfernt Helms sich vom Joyceschen Verfahren, indem er die psychologischen Wortassoziationen, die nicht vermieden werden, einem Kanon unterwirft. Er stammt aus dem Vorrat des objektiven Geistes, den Beziehungen und Querverbindungen von Worten und ihren Assoziationsfeldern in verschiedenen Sprachen. Sie spielten schon in Finnegans Wake herein, gehorchen aber nun dem Konstruktionsplan. Ein philologisch gelenkter Assoziationszusammenhang, und damit tendenziell ein aus dem Material der Sprache geschöpfter, möchte anstelle des Typus der Assoziation treten, der aus der psychoanalytischen Methode vertraut ist, wenn sie die Worte als Schlüssel zum Unbewußten verwendet. Ähnliche Funktion gewinnt die Philologie auch bei Beckett. Helms aber ambitioniert dabei nicht weniger, als aus dem monologue intérieur auszubrechen, dessen Struktur das Urbild des Ganzen ist, der aber nun selbst nicht länger das Gesetz des literarischen Gebildes abgibt, sondern Material. Die eigentlich exzentrischen Züge des Experiments von Helms, an denen, wie stets in der Kunst, die differentia specifica seines Ansatzes von anderen sich erkennen läßt, resultieren daraus. Er ist etwas wie eine Parodie des poeta doctus aus dem siebzehnten Jahrhundert, die polemische Antithese zu der mittlerweile zum Schwindel verkommenen imago des Dichters als dessen, der den Ursprüngen lauscht. Er erwartet die Kenntnis der von ihm benutzten und verschlüsselten Sprachbestandteile und Realien. Haben von jeher Dichtungen im Kommentar sich entfaltet, so ist diese auf den Kommentar angelegt wie jene deutschen Barockdramen, denen die gelehrten Schlesier ihre Scholien hinzufügten. Auch das steigert bestürzend eine Qualität, die in der Moderne längst präformiert war; außer bei Joyce selbst, dessen Finnegan seines Bedürfnisses nach Erläuterungen nicht sich schämt, schon bei Eliot und Pound. Provoziert wird der Einwand der Übersetzbarkeit. Die Handlung, die aus FA: M'AHNIESGWOW diskursiv herauszuschälen ist, die erotischen Situationen zwischen Michael und Helène, sind keineswegs so unkonventionell, daß sie primär derart schwierige Veranstaltungen erheischten. König schon hat angedeutet, daß der Parameter Inhalt mit dem technischen noch nicht Schritt hält: er erklärt das mit der Jugend des Autors. Warum aber verschlüsseln, was nach dem Herkommen sich erzählen ließe? Der Einwand entspringt einer um den Begriff des Symbols geordneten Ästhetik. Er attackiert den Überschuß von Bedeutungen über das nach den Normen jener Ästhetik anschaulich Gestaltete. Gerade auch der hermetische Anspruch werde dadurch desavouiert, daß das Werk, um sich selber in sich zu entfalten, verwiesen bleibe auf das, was es von sich aus nicht leistet. Soviel jedenfalls darf dem entgegnet werden, daß jenes nicht Aufgehen in der Sache, verwandt dem Geist der Allegorie, dieser Sache wesentlich sei. Wie die Konzeption des Kunstwerks als eines in sich einstimmigen Sinnzusammenhangs wird auch die Fiktion der Einstimmigkeit seiner Gestalt, seiner reinen immanenten Geschlossenheit herausgefordert, die keinen anderen Rechtsgrund hätte denn jenen Sinnzusammenhang. Die unmittelbare Identität von Anschaulichkeit und Intention, die in der traditionellen Kunst prätendiert, aber, mit Grund, nie realisiert ward, ist mit Grund drangegeben. Durch den Abbruch der Kommunikation, durch seine eigene Geschlossenheit kündigt das hermetische Kunstwerk Geschlossenheit, die den früheren Werken das verlieh, was sie darstellten, ohne es selber ganz zu sein. Das hermetische Werk jedoch formt in sich den Bruch aus, der der ist zwischen der Welt und dem Werk. Das brüchige Medium, das Ausdruck und Bedeutung nicht verschmilzt, nicht das eine dem anderen opfernd integriert, sondern beide zur unversöhnlichen Differenz treibt, wird zum Träger des Gehalts, des Brüchigen, Sinnfernen. Der Bruch,

125

den das Gebilde nicht überbrückt, sondern liebend und hof-
fend zum Agens seiner Form macht, ist übrig als Figur des ihm
transzendenten Gehalts. Sinn drückt es aus durch Askese gegen den Sinn.

*aus:*
*Theodor W. Adorno, Noten zur Literatur III*
*© Suhrkamp Verlag Frankfurt am Main 1965*

# Aufzeichnungen zu Kafka

*Für Gretel*

*Si Dieu le Père a créé les choses en les
nommant, c'est en leur ôtant leur nom,
ou en leur donnant un autre que l'artis-
te les recrée.*                    Marcel Proust

## 1

Die Beliebtheit Kafkas, das Behagen am Unbehaglichen, das
ihn zum Auskunftsbüro der je nachdem ewigen oder heutigen
Situation des Menschen erniedrigt und mit quickem Be-
scheidwissen eben den Skandal wegräumt, auf den das Werk
angelegt ist, weckt Widerwillen dagegen, mitzutun und den
kurrenten Meinungen eine sei's auch abweichende anzurei-
hen. Aber gerade der falsche Ruhm, die fatale Variante des
Vergessens, das Kafka bitter ernst sich gewünscht hätte,
zwingt zur Insistenz vor dem Rätsel. Weniges von dem, was
über ihn geschrieben ward, zählt; das meiste ist Existentialismus. Er wird eingeordnet in eine etablierte Denkrichtung, anstatt daß man bei dem beharrte, was die Einordnung er-
schwert und eben darum die Deutung erheischt. Als ob es der
Sisyphusarbeit Kafkas bedurft hätte, als ob es die Mael-
strom-Gewalt seines Werkes erklärte, wenn er nichts anderes
sagte, als daß dem Menschen das Heil verloren, der Weg zum
Absoluten verstellt, daß sein Leben dunkel, verworren oder,
wie man das heute so nennt, ins Nichts gehalten sei, und daß
ihm nichts bleibe, als bescheiden und ohne viel Hoffnung die
nächsten Pflichten zu besorgen und einer Gemeinschaft sich
einzufügen, die genau dies erwartet und die Kafka nicht hätte
vor den Kopf zu stoßen brauchen, wenn er darin mit ihr eines

Sinnes gewesen wäre. Werden Deutungen dieses Typus damit erläutert, daß Kafka mit so dürren Worten es freilich nicht ausgesprochen, sondern als Künstler der Realsymbolik sich befleißigt habe, so meldet das zwar das Ungenügen an den Formeln an, aber nicht viel mehr. Denn eine Darstellung ist entweder realistisch oder symbolisch; gleichgültig wie dicht gefügt die Symbole auch sein mögen, ihr Eigengewicht an Realität tut dem Symbolcharakter keinen Abtrag. Goethes »Pandora« steht gewiß an sinnlicher Gestaltung nicht hinter einem Roman von Kafka zurück, und trotzdem kann an der Symbolik des Fragments kein Zweifel sein, mag auch die Kraft der Symbole darin, etwa der Elpore, welche Hoffnung verkörpert, weiter reichen als das unmittelbar Vermeinte. Wenn der Symbolbegriff in der Ästhetik, mit dem es überhaupt nicht recht geheuer ist, irgend etwas Triftiges besagen soll, so einzig, daß die einzelnen Momente des Kunstwerks aus der Kraft ihres Zusammenhangs über sich hinausweisen: daß ihre Totalität bruchlos übergehe in einen Sinn. Nichts aber paßt schlechter auf Kafka. Selbst in Gebilden wie jenem Goetheschen, das mit allegorischen Momenten so tiefsinnig spielt, geben doch diese, vermöge des Zusammenhangs, in dem sie stehen, ihre Bedeutung ab an den Schwung des Ganzen. Bei Kafka aber ist alles so hart, bestimmt, abgesetzt wie möglich; wie in Abenteuerromanen, nach jener Maxime, die James Fennimore Cooper dem »Roten Freibeuter« voranstellte: »Das wahre Goldene Zeitalter der Literatur kann nicht erscheinen, bis die Werke in ihrem Druck genau sind wie ein Schiffsbuch – in ihrem Inhalt körnig wie ein Wachtrapport.« Nirgends verdämmert bei Kafka die Aura der unendlichen Idee, nirgends öffnet sich der Horizont. Jeder Satz steht buchstäblich, und jeder bedeutet. Beides ist nicht, wie das Symbol es möchte, verschmolzen, sondern klafft auseinander, und aus dem Abgrund dazwischen blendet der grelle Strahl der Faszi-

128

nation. Kafkas Prosa hält es, trotz dem Protest seines Freundes, auch darin mit den Verfemten, daß sie eher der Allegorie nacheifert als dem Symbol. Benjamin hat sie mit Grund als Parabel definiert. Sie drückt sich nicht aus durch den Ausdruck, sondern durch dessen Verweigerung, durch ein Abbrechen. Es ist eine Parabolik, zu der der Schlüssel entwendet ward; selbst der, welcher eben dies zum Schlüssel zu machen suchte, würde in die Irre geführt, indem er die abstrakte These von Kafkas Werk, die Dunkelheit des Daseins, mit seinem Gehalt verwechselte. Jeder Satz spricht: deute mich, und keiner will es dulden. Jeder erzwingt mit der Reaktion »So ist es« die Frage: woher kenne ich das; das déjà vu wird in Permanenz erklärt. Durch die Gewalt, mit der Kafka Deutung gebietet, zieht er die ästhetische Distanz ein. Er mutet dem angeblich interesselosen Betrachter von einst verzweifelte Anstrengung zu, springt ihn an und suggeriert ihm, daß weit mehr als sein geistiges Gleichgewicht davon abhänge, ob er richtig versteht, Leben oder Tod. Unter den Voraussetzungen Kafkas ist nicht die geringfügigste, daß das kontemplative Verhältnis von Text und Leser von Grund auf gestört ist. Seine Texte sind darauf angelegt, daß nicht zwischen ihnen und ihrem Opfer ein konstanter Abstand bleibt, sondern daß sie seine Affekte derart aufrühren, daß er fürchten muß, das Erzählte käme auf ihn los wie Lokomotiven aufs Publikum in der jüngsten, dreidimensionalen Filmtechnik. Solche aggressive physische Nähe unterbindet die Gewohnheit des Lesers, mit Figuren der Romane sich zu identifizieren. Um jenes Prinzips willen kann der Surrealismus mit Recht ihn für sich in Anspruch nehmen. Er ist die Schrift gewordene Turandot. Wer es merkt und nicht vorzieht fortzulaufen, muß seinen Kopf hinhalten oder vielmehr versuchen, mit dem Kopf die Wand einzurennen, auf die Gefahr hin, daß es ihm nicht besser ergeht als den Vorgängern. Anstatt abzuschrecken, stei-

gert ihr Los, wie im Märchen, den Anreiz. Solange das Wort
nicht gefunden ist, bleibt der Leser schuldig.

2

Mehr als leicht für einen anderen gilt für Kafka, daß zwar nicht
verum, wohl aber falsum index sui sei. Zur Verbreitung des
Falschen jedoch hat er selbst einiges beigetragen. Den beiden
großen Romanen »Schloß« und »Prozeß« scheinen, wenn
schon nicht im Detail, so jedenfalls im großen Philosopheme
auf die Stirn geschrieben, die trotz ihres gedanklichen Ge-
wichts den Titel »Betrachtungen über Sünde, Leid, Hoffnung
und den wahren Weg« keineswegs Lügen strafen, den man einem theoretischen Konvolut Kafkas verliehen hat. Immerhin
ist dessen Inhalt nicht kanonisch für die Dichtung. Der Künstler ist nicht gehalten, das eigene Werk zu verstehen, und man
hat besonderen Grund zum Zweifel, ob Kafka es vermochte.
Jedenfalls reichen seine Aphorismen kaum an die enigma-
tischsten Stücke und Episoden heran, wie die »Sorge des
Hausvaters« oder den »Kübelreiter«. Kafkas Gebilde hüteten
sich vor dem mörderischen Künstlerirrtum, die Philosophie,
die der Autor ins Gebilde pumpt, sei dessen metaphysischer
Gehalt. Wäre sie es, das Werk wäre totgeboren: es erschöpfte
sich in dem, was es sagt, und entfaltete sich nicht in der Zeit.
Vorm Kurzschluß auf die allzu frühe, vom Werk schon ge-
meinte Bedeutung vermöchte als erste Regel zu schützen: alles wörtlich nehmen, nichts durch Begriffe von oben her zu-
decken. Die Autorität Kafkas ist die von Texten. Nur die
Treue zum Buchstaben, nicht das orientierte Verständnis wird
einmal helfen. In einer Dichtung, die unablässig sich verdun-
kelt und zurücknimmt, wiegt jede bestimmte Aussage die Ge-
neralklausel der Unbestimmtheit auf. Kafka hat diese Regel
zu sabotieren gesucht, indem er an einer Stelle verkünden

130

läßt, die Mitteilungen aus dem Schloß wären nicht »wortwört-
lich« zu nehmen. Gleichviel, will man nicht jeden Boden unter
den Füßen verlieren, so muß man festhalten, daß am Anfang
des »Prozesses« steht, jemand müsse Josef K. verleumdet haben, »denn ohne daß er etwas Böses getan hätte, wurde er eines Morgens verhaftet«. Man darf auch nicht in den Wind
schlagen, daß K. am Anfang des »Schlosses« fragt: »In welches Schloß habe ich mich verirrt? Ist denn hier ein Schloß?«,
also unmöglich berufen sein kann. Auch ist ihm nichts von jenem Grafen West-west bekannt, dessen Name nur einmal genannt, dessen allmählich weniger und dann gar nicht mehr gedacht wird, so wie, nach einer Parabel Kafkas, Prometheus
eins wird mit dem Felsen, an den er geschmiedet ist, und dann
vergessen. Das Prinzip der Wörtlichkeit, wohl Erinnerung an
die Thora-Exegese der jüdischen Tradition, findet aber seine
Stütze an manchen Kafkaschen Texten. Zuweilen lösen die
Worte, insbesondere Metaphern, sich los und gewinnen eigene Existenz. »Wie ein Hund« stirbt Josef K., und Kafka teilt
die Forschungen eines Hundes mit. Gelegentlich wird die
Wörtlichkeit bis zum Assoziationswitz getrieben. So in der
Geschichte der Familie des Barnabas im »Schloß«, wo von
dem Beamten Sortini gesagt ist, er sei während des Festes des
Feuerwehrvereins »bei der Spritze« geblieben. Die hemdsär-
melige Redensart für die Pflichttreue wird ernst genommen,
die Respektsperson bleibt bei der Feuerspritze, und zugleich
wird wie in Fehlleistungen auf die grobe Begierde angespielt,
die den Beamten den verhängnisvollen Brief an Amalia
schreiben läßt – Kafka, Verächter der Psychologie, ist über-
reich an psychologischen Einsichten, gleich der von der Beziehung zwischen triebhaftem und Zwangscharakter. – Das
Prinzip der Wörtlichkeit, ohne dessen Maß das Vieldeutige ins
Gleichgültige zerfließen müßte, verbietet den geläufigsten
Versuch, in der Auffassung Kafkas den Anspruch auf Tiefe

mit Unverbindlichkeit zu vereinen. Mit Recht hat Cocteau darauf aufmerksam gemacht, daß die Einführung von Befremdendem als Traum stets den Stachel entfernt. Kafka selber hat zur Verhinderung solchen Mißbrauchs den »Prozeß« an einer entscheidenden Stelle durch einen Traum unterbrochen – das wahrhaft ungeheure Stück publizierte er im »Landarzt« – und durch den Kontrast dieses Traums alles andere als Wirklichkeit bekräftigt, wäre es auch jene aus den Träumen geschöpfte, an welche zuweilen in »Schloß« und »Amerika« so qualvoll ausgesponnene Partien gemahnen, daß der Leser fürchten muß, nicht wieder auftauchen zu können. Unter den Schockmomenten ist nicht das schwächste, daß er die Träume à la lettre nimmt. Weil alles ausgeschieden ist, was nicht dem Traum und seiner prälogischen Logik gliche, ist der Traum selber ausgeschieden. Nicht das Ungeheuerliche schockiert, sondern dessen Selbstverständlichkeit. Kaum hat der Landvermesser aus seinem Zimmer im Wirtshaus die lästigen Gehilfen vertrieben, so kommen sie durchs Fenster wieder herein, ohne daß der Roman, über die bloße Mitteilung hinaus, sich auch nur mit einem Wort darüber aufhielte; der Held ist zu müde, um sie nochmals zu vertreiben. So aber wie Kafka zu dem Traum sich verhält, soll der Leser zu Kafka sich verhalten. Nämlich auf den inkommensurablen, undurchsichtigen Details, den blinden Stellen beharren. Daß Lenis Finger durch eine Schwimmhaut verbunden sind oder daß die Exekutoren wie Tenöre aussehen, ist wichtiger als die Exkurse übers Gesetz. Das betrifft zugleich Darstellungsweise und Sprache. Oft setzen Gesten Kontrapunkte zu den Worten: das Vorsprachliche, den Intentionen Entzogene fährt der Vieldeutigkeit in die Parade, die wie eine Krankheit alles Bedeuten bei Kafka angefressen hat. »›Den Brief‹, begann K., ›habe ich gelesen. Kennst du den Inhalt?‹ ›Nein‹, sagte Barnabas, sein Blick schien mehr zu sagen als seine

Worte. Vielleicht täuschte sich K. hier im Guten, wie bei den Bauern im Bösen, aber das Wohltuende seiner Gegenwart blieb.« Oder: »›Nun‹, sagte sie versöhnlich, ›es war Grund zum Lachen. Sie fragten, ob ich Klamm kenne, und ich bin doch‹ – hier richtete sie sich unwillkürlich ein wenig auf, und wieder ging ihr sieghafter, mit dem, was gesprochen wurde, gar nicht zusammenhängender Blick über K. hin – ›ich bin doch seine Geliebte.‹« Oder, in der Szene der Trennung Friedas vom Landvermesser: »Frieda hatte ihren Kopf an K.s Schulter gelegt, die Arme umeinander geschlungen, gingen sie schweigend auf und ab. ›Wären wir doch‹, sagte dann Frieda langsam, ruhig, fast behaglich, so als wisse sie, daß ihr nur eine ganz kleine Frist der Ruhe an K.s Schulter gewährt sei, diese aber wolle sie bis zum letzten genießen, ›wären wir doch gleich noch in jener Nacht ausgewandert, wir könnten irgendwo in Sicherheit sein, immer beisammen, deine Hand immer nahe genug, sie zu fassen; wie brauche ich deine Nähe, wie bin ich, seitdem ich dich kenne, ohne deine Nähe verlassen, deine Nähe ist, glaube mir, der einzige Traum, den ich träume, keinen andern.‹« Solche Gesten sind die Spuren der Erfahrungen, die vom Bedeuten zugedeckt werden. Der jüngste Stand einer Sprache, die denen im Munde quillt, die sie sprechen; die zweite babylonische Verwirrung, der ohnehin Kafkas ernüchterte Diktion ohne zu ermüden widersteht, nötigt ihn dazu, das geschichtliche Verhältnis von Begriff und Gestus spiegelbildlich umzukehren. Der Gestus ist das »So ist es«; die Sprache, deren Konfiguration die Wahrheit sein soll, als zerbrochene die Unwahrheit. »›Auch sollten Sie überhaupt im Reden zurückhaltender sein, fast alles, was Sie vorhin gesagt haben, hätte man auch, wenn Sie nur ein paar Worte gesagt hätten, Ihrem Verhalten entnehmen können, außerdem war es nichts für Sie übermäßig Günstiges.‹« Den in den Gesten sedimentierten Erfahrungen wird einmal die Deutung folgen,

in ihrer Mimesis ein vom gesunden Menschenverstand ver-
drängtes Allgemeines wiedererkennen müssen. »Durch das
offene Fenster erblickte man wieder die alte Frau, die mit
wahrhaft greisenhafter Neugierde zu dem gegenüberliegen-
den Fenster getreten war, um auch weiterhin alles zu sehen«,
heißt es in der Verhaftungsszene am Anfang des »Prozesses«.
Wer hätte nicht schon, in einer Pension, auf die gleiche, genau
die gleiche Weise von Nachbarn sich beobachtet gefühlt, und
wem wäre nicht daran samt allem Abstoßenden, Altgewohn-
ten, Unverständlichen und Unvermeidlichen das Bild des
Schicksals aufgeblitzt. Der aber solche Rebusse aufzulösen
vermöchte, wüßte mehr von Kafka, als wer in ihm die Ontologie illustriert findet.

3

Nahe liegt der Einwand, dem dürfe die Deutung so wenig sich
anvertrauen wie irgendeinem anderen Element von Kafkas
verstörtem Kosmos. Jene Erfahrungen seien nichts als zufäl-
lig-private, psychologische Projektionen. Wer glaubt, die
Nachbarn beobachten ihn aus Fenstern oder aus dem Tele-
phon töne dessen eigene singende Stimme – und Kafkas
Schriften wimmeln von solchen Aussagen –, der leide an Be-
ziehungs- und Verfolgungswahn, und wer daraus eine Art
System mache, sei von der Paranoia angesteckt; ihm taugten
Kafkas Werke einzig dazu, die eigene Beschädigung zu ratio-
nalisieren. Der Einwand ist zu widerlegen bloß durch Reflexion aufs Verhältnis von Kafkas Werk selber zu jener Zone.
Sein Wort »Zum letztenmal Psychologie«, seine Bemerkung,
alles von ihm ließe psychoanalytisch sich interpretieren, nur
bedürfte diese Interpretation dann weiterer ad indefinitum –
solche Verdikte sollten so wenig wie der geweihte Hochmut,
die jüngste ideologische Abwehr des Materialismus, zur

134

These verführen, Kafka habe nichts mit Freud zu tun. Schlecht wäre es um die Tiefe bestellt, die man ihm nachrühmt, wenn in ihr verleugnet würde, was drunten west. Die Ansicht von der Hierarchie bei Kafka und Freud ist kaum zu unterscheiden. Eine Stelle aus »Totem und Tabu« lautet: »Das Tabu eines Königs ist zu stark für seinen Untertan, weil die soziale Differenz zwischen ihnen zu groß ist. Aber ein Minister kann etwa den unschädlichen Vermittler zwischen ihnen machen. Das heißt aus der Sprache des Tabus in die normale Psychologie versetzt: der Untertan, der die großartige Versuchung scheut, welche ihm die Berührung mit dem König bereitet, kann etwa den Umgang des Beamten vertragen, den er nicht so sehr zu beneiden braucht und dessen Stellung ihm vielleicht selbst erreichbar erscheint. Der Minister aber kann seinen Neid gegen den König durch die Erwägung der Macht ermäßigen, die ihm selbst eingeräumt ist. So sind geringere Differenzen der in Versuchung führenden Zauberkraft weniger zu fürchten als besonders große.« Im »Prozeß« sagt ein Hochgestellter: »Schon den Anblick des dritten Türhüters kann nicht einmal ich mehr ertragen«, und Analoges kommt im »Schloß« vor. Licht fällt von hier zugleich auf einen entscheidenden Komplex bei Proust, den Snobismus als den Willen, durch Aufnahme unter die Eingeweihten die Angst vorm Tabu zu beschwichtigen: »denn nicht Klamms Nähe an sich war ihm das Erstrebenswerte, sondern daß er, K., nur er, kein anderer mit seinen, mit keines andern Wünschen an Klamm herankam, nicht um bei ihm zu ruhen, sondern um an ihm vorbeizukommen, weiter, ins Schloß.« Der ebenfalls für die Sphäre des Tabus zuständige, von Freud zitierte Ausdruck délire de toucher trifft genau den sexuellen Zauber, der bei Kafka Menschen, zumal niedrige mit höheren zusammentreibt. Selbst auf die von Freud geargwöhnte »Versuchung« – die des Mords an der Vaterfigur – wird bei Kafka angespielt. Am Ende des

Kapitels aus dem »Schloß«, wo die Wirtin dem Landvermesser auseinandersetzt, es sei unbedingt unmöglich für ihn, Herrn Klamm selbst zu sprechen, behält er das letzte Wort: »>Was fürchten Sie also? Sie fürchten doch nicht etwa für Klamm?< Die Wirtin sah ihm schweigend nach, wie er die Treppe hinabeilte und die Gehilfen ihm folgten.« Man wird dem Verhältnis zwischen dem Erforscher des Unbewußten und dem Paraboliker der Undurchdringlichkeit am nächsten kommen, wenn man sich daran erinnert, daß Freud eine archetypische Szene wie die Ermordung des Urhordenvaters, eine vorzeitliche Erzählung wie die von Moses, oder die Beobachtung des Beischlafs der Eltern in der frühen Kindheit nicht als Verdichtungen der Phantasie, sondern weithin als reale Begebenheiten auffaßte. In solchen Exzentrizitäten folgt Kafka Freud, mit eulenspiegelhafter Treue, bis zum Absurden. Er entreißt die Psychoanalyse der Psychologie. Diese selbst bereits ist, indem sie das Individuum aus amorphen und diffusen Trieben, das Ich aus dem Es herleitet, in gewissem Sinn dem spezifisch Psychologischen entgegen. Die Person wird aus einem Substantiellen zum bloßen Organisationsprinzip somatischer Impulse. Bei Freud wie bei Kafka ist die Geltung des Beseelten ausgeschaltet; ja Kafka hat eigentlich von Anbeginn kaum Notiz davon genommen. Er unterscheidet von dem viel Älteren, naturwissenschaftlich Gesinnten sich nicht durch zartere Spiritualität, sondern indem er ihn in der Skepsis gegen das Ich womöglich noch überbietet. Dazu taugt die Kafkasche Buchstäblichkeit. Wie in einer Versuchsanordnung studiert er, was geschähe, wenn die Befunde der Psychoanalyse allesamt nicht metaphorisch und mental, sondern leibhaft zuträfen. Er pflichtet ihr bei, soweit sie Kultur und bürgerliche Individuation ihres Scheins überführt; er sprengt sie, indem er sie genauer beim Wort faßt als sie sich selber. Freud zufolge widmet die Psychoanalyse ihre Aufmerksam-

136

keit dem »Abhub der Erscheinungswelt«. Er denkt dabei an Psychisches, an Fehlleistungen, Träume und neurotische Symptome. Kafka versündigt sich gegen eine althergebrachte Spielregel, indem er Kunst aus nichts anderem fertigt als aus dem Kehricht der Realität. Das Bild der heraufziehenden Gesellschaft entwirft er nicht unmittelbar – denn Askese herrscht bei ihm wie in aller großen Kunst gegenüber der Zukunft –, sondern montiert es aus Abfallsprodukts, welche das Neue, das sich bildet, aus der vergehenden Gegenwart ausscheidet. Anstatt die Neurose zu heilen, sucht er in ihr selbst die heilende Kraft, die der Erkenntnis: die Wunden, welche die Gesellschaft dem Einzelnen einbrennt, werden von diesem als Chiffren der gesellschaftlichen Unwahrheit, als Negativ der Wahrheit gelesen. Seine Gewalt ist eine des Abbaus. Er reißt die beschwichtigende Fassade vorm Unmaß des Leidens nieder, der die rationale Kontrolle mehr stets sich einfügt. Im Abbau – nie war das Wort populärer als in Kafkas Todesjahr – hält er nicht, wie die Psychologie, beim Subjekt inne, sondern dringt auf das Stoffliche, bloß Daseiende durch, das im ungeminderten Sturz des nachgebenden, aller Selbstbehauptung sich entäußernden Bewußtseins auf dem subjektiven Grunde sich darbietet. Die Flucht durch den Menschen hindurch ins Nichtmenschliche – das ist Kafkas epische Bahn. Dies Fallen des Ingeniums, die krampfhafte Widerstandslosigkeit, die mit Kafkas Moral so ganz übereinkommt, wird paradox belohnt durch die zwingende Autorität ihres Ausdrucks. Der zum Zerreißen angespannten Entspannung fällt, was Metapher, Bedeutung, Geist war, unmittelbar, intentionslos zu, als »spiritueller Leib«. Es ist, als würde die philosophische Lehre von der kategorialen Anschauung, die zur gleichen Zeit sich ausbreitete, als Kafka schrieb, in der Hölle honoriert. Die fensterlose Monade bewährt sich als Laterna magica, Mutter aller Bilder wie bei Proust und Joyce. Wor-

137

über Individuation sich erhebt, was sie verdeckt und was sie selber aus sich hervortrieb, ist allen gemein, aber nirgends als in der Verlassenheit und der Versenkung, die nicht um sich blickt, läßt es sich greifen. Wer nachvollziehen will, wie es zu den abnormen Erfahrungen kommt, die bei Kafka die Norm umschreiben, muß einmal in einer großen Stadt einen Unfall erlitten haben: ungezählte Zeugen melden sich und erklären sich als Bekannte, als hätte das ganze Gemeinwesen sich versammelt, um dem Augenblick beizuwohnen, da der mächtige Autobus in die schwache Autodroschke hineinfuhr. Das permanente déjà vu ist das déjà vu aller. Daher der Erfolg Kafkas, der zum Verrat wird erst, wenn das Allgemeine aus seinen Schriften abdestilliert wird und die Anstrengung der tödlichen Verschlossenheit erspart. Vielleicht ist das verborgene Ziel seiner Dichtung überhaupt die Verfügbarkeit, Technifizierung, Kollektivierung des déjà vu. Das Beste, das man vergißt, wird erinnert und in die Flasche gebannt wie die cumäische Sibylle. Nur verwandelt es sich dabei ins Schlimmste: »Sterben will ich«, und das wird ihm versagt. Die verewigte Vergängnis ereilt ein Fluch.

4

Verewigte Gesten bei Kafka sind ein erstarrt Momentanes. Der Schock ist wie der surrealistische Veranstaltung dessen, den alte Photographien dem Betrachter erteilen. Eine solche, undeutlich, fast verblichen, spielt im »Schloß« ihre Rolle. Die Wirtin, die sie als Überbleibsel ihrer Berührung mit Klamm – und dadurch mit der Hierarchie – aufbewahrt, zeigt sie K., der nur mühsam etwas darauf erkennen kann. Vorgestrig grelle Tableaux, der Zirkussphäre entstammend, zu der Kafka mit der Avantgarde seiner Generation Affinität fühlte, sind vielfach in sein Werk eingelassen; vielleicht hätte alles Tableau werden sollen, und einzig ein Überschuß an Intention hat es durch lange Dialoge verhindert. Was auf der Spitze des Augenblicks balanciert wie ein Pferd auf den Hinterbeinen, wird geknipst, als solle die Pose für immer währen. Das grausigste Exempel enthält wohl der »Prozeß«: Josef K. öffnet die Rumpelkammer, in der am Tag zuvor seine Wächter geprügelt wurden, um die Szene getreu, auch mit der Anrufung seiner selbst, wiederholt zu finden. »Sofort warf K. die Tür zu und schlug noch mit den Fäusten gegen sie, als sei sie dann fester verschlossen.« Das ist die Gebärde von Kafkas eigenem Werk, das, wie manchmal schon das Poes, von den äußersten Gesichten sich abwendet, als könnte kein Auge den Anblick überleben. In diesem durchdringen sich das Immergleiche und das Ephemere. Stets wieder malt Titorelli jenes abgestandene Genrebild, die Heidelandschaft. Gleichheit oder intrigierende Ähnlichkeit einer Mehrzahl rechnet zu den hartnäckigsten Motiven Kafkas; alle möglichen Halbgeschöpfe treten paarweise auf, oftmals mit der Signatur des Kindischen und Albernen, oszillierend zwischen Gutmütigkeit und Grausamkeit wie Wilde aus Kinderbüchern. So schwer ist den Menschen die Individuation geworden, und so schwankend blieb sie bis zum heutigen Tag, daß sie tödlich erschrecken, wenn ihr Schleier um ein weniges sich hebt. Proust wußte von dem leisen Unbehagen, das den überrieselt, der auf seine Ähnlichkeit mit einem ihm fremden Verwandten aufmerksam gemacht wird. Bei Kafka ist es zur Panik gesteigert. Das Reich des déjà vu wird von Doppelgängern bevölkert, Wiederkehrern, Pojatzen, chassidischen Tänzern, Knaben, die den Lehrer nachmachen und plötzlich uralt aussehen, archaisch; einmal zweifelt der Landvermesser, ob seine Gehilfen ganz am Leben sind. Zugleich aber Abdrücke des Heraufziehenden, Menschen, die im Fließbandverfahren hergestellt sind, mechanisch reproduzierte Exemplare, Huxleysche Epsilons. Der gesellschaftliche Ursprung des Individuums enthüllt sich am Ende als die Macht von dessen Vernichtung. Kafkas Werk ist ein Versuch, diese zu absorbieren. Nichts Irres – wie bei dem Erzähler, dem er Entscheidendes absah, Robert Walser – ist in seiner Prosa, jeden Satz hat der seiner selbst mächtige Geist geprägt, aber jeden Satz hat er auch zuvor der Zone des Wahnsinns entrissen, in die wohl im Zeitalter der universalen Verblendung, welche der gesunde Menschenverstand bloß befestigt, jegliche Erkenntnis sich getrauen muß, um eine zu werden. Das hermetische Prinzip hat unter anderem die Funktion einer Schutzmaßnahme: den andrängenden Wahn draußen zu halten. Das heißt aber: die eigene Kollektivierung. Das Werk, das die Individuation zerrüttet, will um keinen Preis nachgeahmt werden: darum wohl ordnete er an, es zu vernichten. Wohin es sich begab, dort soll kein Fremdenverkehr aufblühen; wer aber so sich gebärdete, ohne dort gewesen zu sein, verfiele der puren Unverschämtheit. Er möchte den Reiz und die Gewalt der Verfremdung ohne Risiko einheimsen. Ohnmächtige Manier wäre die Folge. Karl Kraus, zu gewissem Maß auch Schönberg, haben darin ähnlich reagiert wie Kafka. Solche Unnachahmbarkeit affiziert aber auch die Lage des Kritikers. Seine Position Kafka gegenüber ist nicht mehr zu beneiden als die des Nachfolgers: sie wäre vorweg Apologie der Welt. Nicht daß es an Kafkas Werk nichts zu kritisieren gäbe. Unter den Mängeln, die in den großen Romanen obenauf liegen, ist der empfindlichste die Monotonie. Die Darstellung des Vieldeutigen, Ungewissen, Versperrten wird endlos wiederholt, oft auf Kosten der überall angestrebten Anschaulichkeit. Die schlechte Unendlichkeit des Dargestellten teilt sich dem Kunstwerk mit. Wohl mag in diesem Mangel einer des Gehalts zutage kommen, ein Übergewicht der abstrakten Idee, die selber der Mythos ist, den Kafka befehdet. Die Gestaltung will das Unsichere nochmals unsicher machen, aber provoziert die Frage: wozu die Anstrengung? Wenn ohnehin alles fraglich ist, warum dann nicht ans gegebene Minimum sich halten. Kafka würde darauf erwidern, gerade zur hoffnungslosen Anstrengung forderte er auf, ähnlich wie Kierkegaard durch Weitschweifigkeit den Leser verärgern und damit aus der ästhetischen Kontemplation aufscheuchen wollte. Erwägungen über Recht und Unrecht solcher literarischen Taktik sind aber darum so fruchtlos, weil Kritik sich immer nur auf das an einem Werk beziehen kann, worin es Muster sein will; wo es spricht: so wie ich bin, so soll es sein. Genau dieser Anspruch wird von dem ungetrösteten So ist es Kafkas emphatisch fortgewiesen. Trotzdem hat die Gewalt der Bilder, die er beschwört, ihre Isolierschicht zuweilen zerrissen. Einige stellen die Selbstbesinnung des Lesers, vom Autor zu schweigen, auf eine harte Probe: Strafkolonie und Verwandlung, Berichte, wie sie erst durch die von Bettelheim, Kogon und Rousset eingeholt wurden, etwa wie Aufnahmen der von Bomben zerstörten Städte aus der Vogelperspektive den Kubismus durch die Verwirklichung dessen, worin er die Wirklichkeit aufgekündigt hatte, gleichsam versöhnten. Kennt Kafkas Werk Hoffnung, dann eher in jenen Extremen als in den milderen Phasen: im Vermögen, noch dem Äußersten standzuhalten, indem es Sprache wird. Sind es auch diese Werke, welche den Schlüssel zur Deutung bieten? Fast wäre es zu vermuten. In der »Verwandlung« läßt sich die Bahn der Erfahrung an der Wörtlichkeit rekonstruieren, als Verlängerung der Linien. »Diese Reisenden sind wie Wanzen«, heißt die Redensart, die Kafka aufgegriffen haben muß, aufgespießt wie ein Insekt. Wanzen, nicht wie die Wanzen. Was wird aus einem Menschen, der eine Wanze ist, so groß wie ein Mensch? So groß aber müßten einem Kind die Erwachsenen aussehen und so verschoben, mit riesigen, zertretenden Beinen und fernen, winzigen Köpfen, wenn der kindliche Blick des Schreckens ganz isoliert, festgebannt würde; mit schräger Kamera läßt sich das photographieren. Ein ganzes Leben reicht bei Kafka nicht aus, um ins nächste Dorf zu kommen; und das Schiff des Heizers, das Wirtshaus des Landvermessers sind von so unmäßigen Dimensionen, wie nur in verschollener Frühe dem Menschen das von Menschen Gemachte dünkt. Der so blicken will, muß sich ins Kind verwandeln und vieles vergessen. Er erkennt den Vater wieder als den Oger, den er immer schon in winzigen Anzeichen gefürchtet hat, der Ekel vor Käserinden erweist sich als die schmähliche vormenschliche Begierde nach ihnen. Sichtbar umdunstet die Zimmerherrn, als ihre Emanation, der Horror, der vordem unmerklich fast in dem Wort mitschwang. Die schriftstellerische Technik, die durch Assoziation an Worte sich heftet, wie die Proustische der unwillkürlichen Erinnerung an Sinnliches, bewirkt deren Gegenteil: an Stelle des Eingedenkens ans Menschliche die Probe aufs Exempel der Entmenschlichung. Ihr Druck nötigt die Subjekte zu einer gleichsam biologischen Rückbildung, wie sie den Kafkaschen Tierparabeln den Boden bereitet. Der Augenblick des Einstands aber, auf den alles bei ihm abzielt, ist der, da die Menschen dessen innewerden, daß sie kein Selbst – daß sie selbst Dinge sind. Die langen und ermüdenden bilderlosen Partien verfolgen, seit dem Gespräch mit dem Vater im »Urteil«, den Zweck, den Menschen zu demonstrieren, was kein Bild vermöchte, ihre Unidentität, das Komplement ihrer kopienhaften Ähnlichkeit untereinander. Die minderen Beweggründe, die dem Landvermesser von der Wirtin und dann auch von Frieda schlüssig nachgewiesen werden, sind ihm fremd – den späteren psychoanalytischen Begriff des Ichfremden hat Kafka großartig antizipiert. Aber der Landvermesser gibt jene Motive zu. Sein individueller und sein Sozialcharakter klaffen auseinander wie bei Chaplins Monsieur Verdoux;

Kafkas hermetische Protokolle enthalten die soziale Genese der Schizophrenie.

5

Trist und ramponiert ist die gesamte Bilderwelt Kafkas, auch dort, wo sie hoch hinaus will, im »Naturtheater von Oklahoma« – als hätte er die Wanderungen von Arbeitern aus diesem Staat vorausgesehen – oder in der »Sorge des Hausvaters«; der Schatz der Blitzlichtaufnahmen kreidig und mongoloid wie eine kleinbürgerliche Hochzeit Henri Rousseaus; der Geruch der von ungelüfteten Betten, die Farbe das Rot von Matratzen, deren Überzüge abhanden kamen; die Angst, die Kafka hervorruft, die vorm Erbrechen. Und doch ist das meiste in seinem Werk Reaktion auf grenzenlose Macht. Benjamin hat diese Macht, die wütender Patriarchen, parasitär genannt: sie zehrt von dem Leben, auf dem sie lastet. Aber das parasitäre Moment ist eigentlich verschoben. Gregor Samsa, nicht sein Vater wird zur Wanze. Nicht die Mächte, sondern die ohnmächtigen Helden erscheinen überflüssig, keiner leistet gesellschaftlich nützliche Arbeit; selbst daß der angeklagte Bankprokurist Josef K., vom Prozeß präokkupiert, nichts Rechtes zustande bringt, wird verbucht. Sie kriechen eigentlich zwischen Requisiten umher, die längst amortisiert sind und ihnen ihr Dasein nur als Almosen gewähren, indem sie über die eigene Lebensdauer hinaus fortexistieren. Die Verschiebung ist der ideologischen Gewohnheit nachgebildet, welche die Reproduktion des Lebens zum Gnadenakt der Verfügenden, der »Arbeitgeber« verklärt. Sie beschreibt ein Ganzes, in dem die überzählig werden, die es umklammert und durch die es sich erhält. Aber darin erschöpft das Schäbige bei Kafka sich nicht. Es ist das Kryptogramm der auf Hochglanz polierten kapitalistischen Spätphase, die er ausspart, um sie desto genauer in ihrem Negativ zu bestimmen. Kafka nimmt die Schmutzspuren unter die Lupe, welche von den Fingern der Macht in der Prachtausgabe des Lebensbuchs zurückbleiben. Denn keine Welt könnte einheitlicher sein als die beklemmende, die er durchs Mittel der Kleinbürgerangst zur Totalität zusammenpreßt; geschlossen logisch durch und durch und des Sinnes bar wie jegliches System. Alles, was er erzählt, gehört der gleichen Ordnung an. Alle seine Geschichten spielen in demselben raumlosen Raum, und so gründlich sind dessen Fugen verstopft, daß man zusammenzuckt, wenn einmal etwas erwähnt wird, was nicht in ihm seinen Ort hat, wie Spanien und Südfrankreich an einer Stelle des »Schlosses«, während ganz Amerika, als imago des Zwischendecks, jenem Raum einverleibt ist. So hängen Mythologien untereinander zusammen wie Kafkas labyrinthische Schilderungen. Das Mindere, Abstruse, Angestochene ist aber ihrem Kontinuum so wesentlich wie Korruption und verbrecherische Asozialität der totalitären Herrschaft und wie die Liebe zum Kot dem Kultus der Hygiene. Systeme des Gedankens und der Politik wollen nichts, was ihnen nicht gleicht. Je mehr sie sich jedoch verstärken, je mehr sie was ist gleichnamig machen, desto mehr unterdrücken sie es zugleich, desto weiter entfernen sie sich davon. Deshalb gerade wird ihnen die geringste »Abweichung« als Bedrohung des gesamten Prinzips so untragbar, wie den Mächten bei Kafka Fremde und Einzelgänger es sind. Integration ist Desintegration, und in ihr findet der mythische Bann mit der herrschaftlichen Rationalität sich zusammen. Das sogenannte Problem der Zufälligkeit, an dem die philosophischen Systeme sich abquälen, wird von ihnen selbst gezeitigt: nur um ihrer eigenen Unerbittlichkeit willen wird ihnen zum Todfeind, was durch ihre Maschen schlüpft, so wie die mythische Königin keine Ruhe hat, solange weit über den Bergen eine lebt, die schöner ist als sie, das Kind des

Märchens. Kein System ohne Bodensatz. Aus ihm weissagt Kafka. Wenn alles, was in seiner Zwangswelt sich ereignet, mit dem Ausdruck des schlechthin Notwendigen den des schlechthin Zufälligen kombiniert, der dem Schäbigen eignet, so entziffert er das verruchte Gesetz in seiner Spiegelschrift. Die vollendete Unwahrheit ist der Widerspruch ihrer selbst, darum braucht ihr nicht ausdrücklich widersprochen zu werden. Kafka durchschaut den Monopolismus an den Abfallsprodukten der liberalen Ära, die von jenem liquidiert wird. Dieser geschichtliche Augenblick, nicht ein angeblich durch Geschichte hindurch scheinendes Überzeitliches ist die Kristallisation seiner Metaphysik, und Ewigkeit bei ihm keine andere als die des endlos wiederholten Opfers, aufgehend am Bilde des jüngsten. »Nur unser Zeitbegriff läßt uns das Jüngste Gericht so nennen, eigentlich ist es ein Standrecht.« Das jüngste Opfer ist immer das gestrige. Darum gerade wird fast jeder offene Hinweis auf Historisches – der aus der Kohlennot herausgesponnene »Kübelreiter« ist eine seltene Ausnahme – bei Kafka vermieden. Hermetisch verhält sich sein Werk auch zur Geschichte: über ihrem Begriff liegt ein Tabu. Der Ewigkeit des geschichtlichen Augenblicks korrespondiert die Ansicht von der Naturverfallenheit und Invarianz des Weltlaufs; der Augenblick, das absolut Vergängliche, ist Gleichnis der Ewigkeit des Vergehens, der Verdammnis. Der Name von Geschichte darf nicht genannt werden, weil das, was Geschichte wäre, das Andere noch nicht begonnen hat. »An Fortschritt glauben, heißt nicht glauben, daß ein Fortschritt schon geschehen ist.« Inmitten scheinbar statischer, oft handwerklicher oder bäuerlicher Verhältnisse, solcher der einfachen Warenwirtschaft, wird Geschichtliches von Kafka nur als Gerichtetes vorgeführt, so wie jene Verhältnisse selber gerichtet sind. Seine Szenerie ist immer obsolet; von dem »niedrigen langen Gebäude«, das als Schule fungiert, wird ge-

sagt, es vereinige »merkwürdig den Charakter des Provisori-
schen und des sehr Alten«. Schwerlich sind die Menschen anders. Das Veraltete ist das Schandmal des Gegenwärtigen;
von solchen Malen hat Kafka ein Inventar aufgenommen. Zugleich aber das Bild dessen, woran Kindern, die es mit dem
Abfall der historischen Welt zu tun haben, Geschichtliches
überhaupt aufgeht, das »Kinderbild der Moderne«, die ihnen
vermachte Hoffnung, daß einmal noch Geschichte sein
könnte. »Das Gefühl eines, der in Not ist, und es kommt Hilfe,
der sich aber nicht freut, weil er gerettet wird – er wird gar
nicht gerettet –, sondern weil neue junge Menschen kommen,
zuversichtlich, bereit, den Kampf aufzunehmen, zwar unwis-
send hinsichtlich dessen, was bevorsteht, aber in einer Unwissenheit, die den Zuschauenden nicht hoffnungslos macht,
sondern ihn zur Bewunderung, zur Freude, zu Tränen bringt.
Auch Haß gegen den, dem der Kampf gilt, mischt sich ein.«
Zu diesem Kampf gibt es einen Aufruf: »In unserem Haus,
diesem ungeheuren Vorstadthaus, einer von unzerstörbaren
mittelalterlichen Ruinen durchwachsenen Mietskaserne,
wurde heute am nebeligen eisigen Wintermorgen folgender
Aufruf verbreitet:

An alle meine Hausgenossen!
Ich besitze fünf Kindergewehre. Sie hängen in meinem Kasten, an jedem Haken eines. Das erste gehört mir, zu den andern kann sich melden, wer will. Melden sich mehr als vier,
so müssen die überzähligen ihre eigenen Gewehre mitbringen
und in meinem Kasten deponieren. Denn Einheitlichkeit muß
sein, ohne Einheitlichkeit kommen wir nicht vorwärts. Übrigens habe ich nur Gewehre, die zu sonstiger Verwendung ganz
unbrauchbar sind, der Mechanismus ist verdorben, der Pfrop-
fen abgerissen, nur die Hähne knacken noch. Es wird also
nicht schwer sein, nötigenfalls noch weitere solche Gewehre

146

zu beschaffen. Aber im Grunde sind mir für die erste Zeit auch Leute ohne Gewehre recht. Wir, die wir Gewehre haben, werden im entscheidenden Augenblick die Unbewaffneten in die Mitte nehmen. Eine Kampfesweise, die sich bei den ersten amerikanischen Farmern gegenüber den Indianern bewährt hat, warum sollte sie sich nicht auch hier bewähren, da doch die Verhältnisse ähnlich sind. Man kann also sogar für die Dauer auf die Gewehre verzichten, und selbst die fünf Gewehre sind nicht unbedingt nötig, und nur weil sie schon einmal vorhanden sind, sollen sie auch verwendet werden. Wollen sie aber die vier andern nicht tragen, so sollen sie es bleiben lassen. Dann werde also ich allein als Führer eines tragen. Aber wir sollen keinen Führer haben, und so werde auch ich mein Gewehr zerbrechen oder weglegen.

Das war der erste Aufruf. In unserem Haus hat man keine Zeit und keine Lust, Aufrufe zu lesen oder gar zu überdenken. Bald schwammen die kleinen Papiere in dem Schmutzstrom, der, vom Dachboden ausgehend, von allen Korridoren genährt, die Treppe hinabspült und dort mit dem Gegenstrom kämpft, der von unten hinaufschwillt. Aber nach einer Woche kam ein zweiter Aufruf:

Hausgenossen!
Es hat sich bisher niemand bei mir gemeldet. Ich war, soweit ich nicht meinen Lebensunterhalt verdienen muß, fortwährend zu Haus und für die Zeit meiner Abwesenheit, während welcher meine Zimmertür stets offen war, lag auf meinem Tisch ein Blatt, auf dem sich jeder, der wollte, einschreiben konnte. Niemand hats getan.« Das ist die Figur der Revolution in Kafkas Erzählungen.

Klaus Mann hat auf der Ähnlichkeit des Kafkaschen Reiches mit dem Dritten bestanden. So fern gewiß die unmittelbare politische Anspielung einem Werk liegt, dessen »Haß gegen den, dem der Kampf gilt«, viel zu unversöhnlich war, als daß es die Fassade durch die leiseste Konzession an einen wie immer gearteten ästhetischen Realismus, durchs Hinnehmen dessen, wofür sie sich gibt, hätte bestätigen dürfen, – jedenfalls zitiert der Stoffgehalt jenes Werkes eher den Nationalsozialismus als das verborgene Walten Gottes. Seine Beschlagnahmung für die dialektische Theologie mißglückt, außer wegen des mythischen Charakters der Mächte, von dem Benjamin mit Recht handelt, weil bei Kafka Vieldeutigkeit und Unverständlichkeit keineswegs bloß, wie in »Furcht und Zittern«, dem schlechthin Anderen zugeschrieben werden, sondern ebenso den Menschen und ihren Verhältnissen. Gerade der »unendliche qualitative Unterschied«, den Barth mit Kierkegaard lehrt, ist eingeebnet; zwischen Dorf und Schloß sei eigentlich kein Unterschied. Kafkas Methode ward verifiziert, als die veraltet liberalen, der Anarchie der Warenproduktion abgeborgten Züge, die er überhöht, in der politischen Organisationsform der sich überschlagenden Ökonomie wiederkehrten. Nicht bloß Kafkas Prophezeiung von Terror und Folter ward erfüllt. »Staat und Partei«: so tagen sie auf Dachböden, hausen in Wirtshäusern wie Hitler und Goebbels im Kaiserhof, eine als Polizei installierte Verschwörerbande. Ihre Usurpation offenbart das Usurpatorische am Mythos der Macht. Im Schloß tragen die Beamten eine Spezialuniform wie die SS, die man als Paria zur Not auch sich selber zusammenflicken kann; auch die Eliten im Faschismus haben sich selber ernannt. Verhaftung ist Überfall, Gericht Gewalttat. Mit der Partei gab es für deren potentielle Opfer immerzu ei-

nen fragwürdigen, korrupten Verkehr wie mit Kafkas ver-
rammelten Behörden; das Wort Schutzhaft hätte er erfinden
können, wäre es nicht bereits während des ersten Krieges im
Schwang gewesen. Die blonde Lehrerin Gisa, wohl das einzige
schöne Mädchen, grausam und tierlieb, das unverletzt, als
spotte seine Härte des Kafkaschen Strudels, von ihm geschil-
dert wird, ist aus der präadamitischen Rasse der Hitlerjung-
frauen, welche die Juden hassen, längst bevor es diese gibt.
Ungezügelte Gewalt wird ausgeübt von Gestalten der Subal-
ternität, Typen wie Unteroffizieren, Kapitulanten und
Portiers. Das sind allemal Deklassierte, die im Sturz vom or-
ganisierten Kollektiv aufgefangen werden und überleben
dürfen gleich dem Vater Gregor Samsas. Wie im Zeitalter des
defekten Kapitalismus wird die Last der Schuld von der Pro-
duktionssphäre abgewälzt auf Agenten der Zirkulation oder
solche, die Dienste besorgen, auf Reisende, Bankangestellte,
Kellner. Arbeitslose – im »Schloß« – und Emigranten – in
»Amerika« – werden wie Fossilien der Deklassierung präpa-
riert. Die ökonomischen Tendenzen, deren Relikte sie dar-
stellen, schon ehe jene sich durchgesetzt haben, waren Kafka
keineswegs so fremd, wie die hermetische Verfahrensweise
vermuten läßt. Eine merkwürdig empirische Stelle aus dem
Amerikaroman, dem frühesten, verrät das: »Es war eine Art
Kommissions- und Speditionsgeschäft, wie sie, soweit sich
Karl erinnern konnte, in Europa vielleicht gar nicht zu finden
war. Das Geschäft bestand nämlich in einem Zwischenhandel,
der aber die Waren nicht etwa von den Produzenten zu den
Konsumenten oder vielleicht zu den Händlern vermittelte,
sondern welcher die Vermittlung aller Waren und Urpro-
dukte für die großen Fabrikkartelle und zwischen ihnen be-
sorgte.« Genau dieser monopolistische Verteilungsapparat,
»riesigen Umfangs«, hat den Handel und Wandel vernichtet,
dessen hippokratisches Antlitz Kafka verewigt. Das ge-

schichtliche Verdikt ergeht von der vermummten Herrschaft. So bildet es sich dem Mythos ein, der blinden, endlos sich reproduzierenden Gewalt. In deren neuester Phase, der bürokratischen Kontrolle, erkennt er die erste wieder; was sie ausscheidet, als urgeschichtlich. Risse und Deformationen der Moderne sind ihm Spuren der Steinzeit, die Kreidefiguren auf der Schultafel von gestern, die keiner wegwischte, die wahre Höhlenzeichnung. Die abenteuerliche Verkürzung, in der solche Rückbildungen erscheinen, trifft aber zugleich die gesellschaftliche Tendenz. Mit seiner Übersetzung in Archetypen verendet der Bürger. Die Preisgabe seiner individuellen Züge, die Aufdeckung des wimmelnden Grauens unter dem Stein der Kultur markiert den Verfall von Individualität selber. Das Grauen jedoch ist, daß der Bürger keinen Nachfolger fand; »niemand hat's getan«. Das meint vielleicht die Erzählung von Gracchus, dem nicht mehr wilden Jäger, einem Mann der Gewalt, dem das Sterben mißlang. So ist es dem Bürgertum mißlungen. Zur Hölle wird bei Kafka die Geschichte, weil das Rettende versäumt ward. Diese Hölle hat das späte Bürgertum selber eröffnet. In den Konzentrationslagern des Faschismus wurde die Demarkationslinie zwischen Leben und Tod getilgt. Sie schufen einen Zwischenzustand, lebende Skelette und Verwesende, Opfer, denen der Selbstmord mißrät, das Gelächter Satans über die Hoffnung auf Abschaffung des Todes. Wie in Kafkas verkehrten Epen ging da zugrunde, woran Erfahrung ihr Maß hat, das aus sich heraus zu Ende gelebte Leben. Gracchus ist das vollendete Widerspiel der Möglichkeit, die aus der Welt vertrieben ward: alt und lebenssatt zu sterben.

7

Die hermetische Prägung von Kafkas Schriften verführt dazu, nicht nur ihre Idee so abstrakt der Geschichte gegenüberzustellen, wie über weite Strecken hin bei ihm verhandelt wird, sondern auch das Werk selbst mit wohlfeilem Tiefsinn aus der Geschichte zu sekretieren. Aber gerade als hermetisches hat es teil an der literarischen Bewegung des Dezenniums um den ersten Krieg, deren einer Brennpunkt Prag war und deren Milieu das Kafkas. Nur wer aus den schwarzen Broschüren Kurt Wolffs, dem »Jüngsten Tag«, das »Urteil«, die »Verwandlung«, das »Heizer«-Kapitel kennt, hat Kafka in seinem authentischen Horizont erfahren, dem des Expressionismus. Seine epische Gesinnung hat dessen Sprachgestus zu vermeiden getrachtet, obwohl Sätze wie: »Pepi, stolz, mit zurückgeworfenem Kopf, ewig gleichem Lächeln, ihrer Würde unwiderlegbar sich bewußt, schwenkend den Zopf bei jeder Wendung, eilte hin und her« oder: »Auf die wildumwehte Freitreppe trat K. hinaus und blickte in die Finsternis« großartig beherrscht ihn zeigen. Eigennamen, zumal aus der Kleinen Prosa, der Vornamen beraubt, wie Wese und Schmar, mahnen an die Personenverzeichnisse expressionistischer Stücke. Nicht selten desavouiert Kafkas Sprache den Inhalt so verwegen wie bei jener rauschenden Beschreibung des kleinen Hilfsausschankmädchens: ihr Schwung reißt den Vortrag mit weit ausgreifender Gebärde aus dem trostlos Stagnierenden der Fabel. Mit der Liquidation des Traums durch dessen Allgegenwart verfolgte der Epiker Kafka den expressionistischen Impuls so weit wie nur die radikalen Lyriker. Sein Werk hat den Ton des Ultralinken: wer es aufs allgemein Menschliche nivelliert, verfälscht ihn bereits konformistisch. Anfechtbare Formulierungen wie die von der »Trilogie der Einsamkeit« behalten ihren Wert, weil sie eine Voraussetzung hervorheben, die jedem Satz Kafkas innewohnt. Das hermetische Prinzip ist das der vollendet entfremdeten Subjektivität. Nicht umsonst hat er in den Kontroversen, von denen Brod berichtet, jeglicher sozialen Eingliederung widerstrebt;

diese ist nur um solchen Widerstrebens willen im »Schloß« thematisch geworden. Schüler Kierkegaards ist er einzig im Zeichen »objektloser Innerlichkeit«. Sie erklärt extreme Züge. Was Kafkas Glaskugel umfängt, ist einstimmiger und darum gräßlicher noch als das System draußen, weil im absolut subjektiven Raum und in absolut subjektiver Zeit nichts Platz hat, was deren eigenes Prinzip stören könnte, das der unabdingbaren Entfremdung. Immer wieder wird das Raum-Zeit-Kontinuum des »empirischen Realismus« durch kleine Sabotageakte lädiert wie die Perspektive in der zeitgenössischen Malerei; etwa wenn der umherwandernde Landvermesser vom viel zu frühen Einbruch der Nacht überrascht wird. Das Differenzlose der autarken Subjektivität verstärkt das Gefühl der Ungewißheit und die Monotonie des Wiederholungszwangs. Der widerstandslos in sich kreisenden Innerlichkeit wird versagt und zum Rätsel, was immer der schlecht unendlichen Bewegung Einhalt geböte. Ein Bann liegt über Kafkas Raum; das in sich verschlossene Subjekt hält den Atem an, als dürfe es nichts anfassen, was nicht ist wie es. Unter diesem Bann schlägt reine Subjektivität in Mythologie, der konsequente Spiritualismus in Naturverfallenheit um. Kafkas absonderliche Neigung zu Nacktkultur und Naturheilverfahren, seine sei's auch gebrochene Toleranz für den wüsten Aberglauben Rudolf Steiners sind nicht Rudimente intellektueller Unsicherheit, sondern gehorchen einem Prinzip, das, indem es unerbittlich das Unterscheidende sich verbietet, die Kraft der Unterscheidung einbüßt und von derselben Regression bedroht wird, über die Kafka als Darstellungsmittel so souverän verfügt, vom Vieldeutigen, Amorphen, Namenlosen. »Geist setzt gegen Natur sich frei und autonom, weil er sie als dämonisch erkennt: wie in der auswendigen Realität so bei sich selber. Indem aber der autonome Geist als leibhaft erscheint, nimmt Natur vom Geist Besitz, wo er am geschichtlichsten auftritt: im objektlosen Innen … Der Naturgehalt bloßen, in sich ›geschichtlichen‹ Geistes mag mythisch heißen.« Die absolute Subjektivität ist zugleich subjektlos. Das Selbst lebt einzig in der Entäußerung; als sicherer Rest des Subjekts, der vorm Fremden sich verkapselt, wird er zum blinden Rest der Welt. Je mehr das Ich des Expressionismus auf sich selber zurückgeworfen wird, um so mehr ähnelt es der ausgeschlossenen Dingwelt sich an. Vermöge dieser Ähnlichkeit zwingt Kafka den Expressionismus, dessen Schimärisches er wie keiner seiner Freunde muß verspürt haben und dem er doch treu blieb, zu einer vertrackten Epik; die reine Subjektivität, als notwendig auch sich selber entfremdete und zum Ding gewordene, zu einer Gegenständlichkeit, der die eigene Entfremdung zum Ausdruck gerät. Die Grenze zwischen dem Menschlichen und der Dingwelt verwischt sich. Das macht den Grund der oft bemerkten Verwandtschaft mit Klee aus. Kafka nannte sein Schreiben »Kritzeln«. Das Dinghafte wird zum graphischen Zeichen, die gebannten Menschen handeln nicht von sich aus, sondern als wäre ein jeglicher in ein magnetisches Feld geraten[1]. Genau dies gleichsam äußerliche Bestimmtsein inwendiger Figuren verleiht Kafkas Prosa den abgründigen Schein nüchterner Objektivität. Die Zone des Nichtsterbenkönnens ist zugleich das Niemandsland zwischen Mensch und Ding: in ihm begegnet sich Odradek, den Benjamin als einen Engel Kleeschen Stils betrachtete, mit Gracchus, dem bescheidenen Nachbild Nimrods. Vom Verständnis dieser vorgeschobensten, inkommensurabeln Produktionen und einiger anderer, die ebenfalls der kurrenten Vorstellung von Kafka sich entziehen, dürfte einmal das Ganze abhängen. Durchs gesamte Werk hindurch jedoch geht Depersonalisierung im Bereich des Sexuellen. Wie nach dem Ritus des Dritten Reichs die Mädchen den Hoheitsträgern nicht nein sagen durften, so hat der Kafkasche Bann, das große Tabu, alle jene geringeren Tabus ausgelöscht, die der individuellen Sphäre zugehören. Der Schulfall dafür ist die Bestrafung Amalias und ihrer Familie – Sippenhaft –, weil sie Sortini nicht zu Willen war. In den Mächten triumphiert die Familie als archaisches Kollektiv über ihre spätere, individuierte Gestalt. Widerstandslos, aufeinander gehetzt wie Tiere müssen Männer und Frauen zusammenkommen. Kafka hat das eigene neurotische Schuldgefühl, seine infantile Sexualität wie seine Obsession mit »Reinheit«, zum Instrument geschaffen, das den approbierten Begriff von Erotik wegkratzt. Das Wahl- und Erinnerungslose der Verhältnisse von Angestellten in den Großstädten des zwanzigsten Jahrhunderts wird, wie später in einer berühmten Stelle aus Eliots »Waste Land«, zur imago eines seit undenklichen Zeiten vergangenen Zustands. Er ist alles eher als hetärisch. In der Suspension der Regeln der patriarchalischen Gesellschaft wird deren eigenes Geheimnis entblößt, das unmittelbarer barbarischer Unterdrückung. Frauen sind verdinglicht als bloßes Mittel zum Zweck: als Sexualobjekte und als Konnexionen. Aber mitten im Trüben fischt Kafka nach dem Bild vom Glück. Es ist aus dem Staunen des hermetisch abgeschlossenen Subjekts über das Paradoxon erzeugt, daß es gleichwohl geliebt werden kann. So unbegreiflich wie die Neigung aller Frauen zu den Gefangenen im »Prozeß« ist jegliche Hoffnung; Kafkas entzauberter Eros ist zugleich überschwengliche männliche Dankbarkeit. Wenn die dürftige Frieda sich Klamms Geliebte nennt, so strahlt die Aura des Wortes heller als in den erhobensten Augenblicken bei Balzac oder Baudelaire; wenn sie, während sie die Anwesenheit des unter dem Tisch Versteckten vor dem forschenden Wirt verleugnet, ihm »ihren kleinen Fuß auf die Brust setzt« und dann sich zu ihm hinabneigt und ihn »flüchtig küßt«, so findet sie die Geste, auf welche die Sehnsucht eines Menschenlebens vergebens warten mag, und die Stunden, welche die beiden »in den kleinen Pfützen Biers und dem sonstigen Unrat, von dem der Boden bedeckt war«, zusammenliegen, sind die der Erfüllung in einer Fremde, »in der selbst die Luft keinen Bestandteil der Heimatluft« hat. Diese Schicht wurde von Brecht der Lyrik aufgeschlossen. Wie bei diesem jedoch ist bei Kafka die Sprache der Ekstase ganz fern der expressionistischen. Er hat die Quadratur des Zirkels, dem Raum der objektlosen Innerlichkeit die Worte zu finden, während doch der Umfang eines jeglichen über das absolute Dies da hinausreicht, das angerufen werden soll – den Widerspruch, an dem alle expressionistische Dichtung scheiterte –, ingeniös gemeistert durchs visuelle Element. Als das der Gesten behauptet es den Vorrang. Nur von Sichtbarem läßt sich erzählen, während es zugleich vollkommen zum Bilde verfremdet wird. Wahrhaft zum Bilde. Kafka rettet die Idee des Expressionismus, indem er, anstatt Urlauten vergebens nachzuhorchen, den Habitus expressionistischer Malerei auf die Dichtung überträgt. Zu jener verhält er sich ähnlich wie Utrillo zu den Ansichtspostkarten, nach denen er seine fröstelnden Straßen soll gemalt haben. Dem panischen Blick, der alle affektive Besetzung von den Objekten abgezogen hat, erstarren diese zu einem Dritten, weder Traum, der nur sich fälschen läßt, noch Nachäffung der Realität, sondern deren Rätselbild, zusammengefügt aus ihren zerstreuten Bruchstücken. Manche entscheidenden Partien Kafkas lesen sich, als wären sie expressionistischen Gemälden nachbuchstabiert, die hätten gemalt werden müssen. Am Ende des »Prozesses« fallen Josef K.s Blicke »auf das letzte Stockwerk des an den Steinbruch angrenzenden Hauses. Wie ein Licht aufzuckt, so fuhren die Fensterflügel eines Fensters dort auseinander, ein Mensch, schwach und dünn in der Ferne und Höhe, beugte sich mit einem Ruck weit vor und streckte die Arme noch weiter aus. Wer war es? Ein Freund, ein guter Mensch?« Solche Transpositionsarbeit bereitet Kafkas Bilderwelt. Sie beruht auf dem strikten Ausschluß alles Musikalischen im Sinn des Musik-ähnlichen, dem Verzicht auf die antithetische Abwehr des Mythos; Kafka ist, Brod zufolge, nach den üblichen Begriffen unmusikalisch gewesen. Sein stummes Schlachtgeschrei gegen den Mythos ist: ihm nicht widerstehen. Und diese Askese be-schenkt ihn mit der tiefsten Beziehung zur Musik an Stellen wie jenem Gesang des Telephons im »Schloß«, der Musikwis-senschaft aus den »Forschungen eines Hundes« und in einer der letzten vollendeten Erzählungen, »Josefine«. Indem seine spröde Prosa alle musikalischen Wirkungen verschmäht, ver-fährt sie wie Musik. Sie bricht ihre Bedeutungen ab wie Le-benssäulen auf Friedhöfen des neunzehnten Jahrhunderts, und erst die Bruchlinien sind ihre Chiffren.

8

Expressionistische Epik ist paradox. Sie erzählt von dem, wo-von sich nicht erzählen läßt, dem ganz auf sich eingeschränk-ten und damit zugleich unfreien, ja eigentlich gar nicht recht seienden Subjekt. Dissoziiert in die Zwangsmomente der ei-genen Befangenheit, der Identität mit sich selbst beraubt, kennt es keine Lebensdauer; die objektlose Innerlichkeit ist Raum in dem genauen Sinn, daß alles, was sie stiftet, dem Ge-setz zeitfremder Wiederholung gehorcht. Dies Gesetz nicht zuletzt verhält das Kafkasche Werk zur Geschichtslosigkeit. Keine durch Zeit als Einheit des inneren Sinns konstituierte Form ist ihm möglich; er vollstreckt einen Richtspruch über die große Epik, dessen Gewalt Lukács schon an so frühen Au-toren wie Flaubert und Jacobsen beobachtet hat. Das Frag-mentarische der drei großen Romane, die übrigens kaum mehr vom Begriff des Romans gedeckt werden, wird bedingt von ihrer inneren Form. Sie lassen sich nicht als zur Totalität gerundete Zeiterfahrung zu Ende bringen. Die Dialektik des

Expressionismus resultiert bei Kafka in der Angleichung an Abenteuererzählungen aus aufgereihten Episoden. Er hat solche Romane geliebt. Durch die Übernahme ihrer Technik sagt er zugleich der etablierten literarischen Kultur ab. Seinen bekannten Modellen wären außer Walser wohl etwa der Anfang von Poes Arthur Gordon Pym und manche Kapitel aus Kürnbergers Amerikamüdem wie die Beschreibung einer New Yorker Wohnung hinzuzufügen. Vor allem aber solidarisiert sich Kafka mit apokryphen literarischen Gattungen. Den Zug des universal Verdächtigen, tief eingegraben der Physiognomie des gegenwärtigen Zeitalters, hat er dem Kriminalroman abgelernt. In diesem hat die Dingwelt das Übergewicht übers abstrakte Subjekt gewonnen, und Kafka benutzt es dazu, die Dinge zu allgegenwärtigen Emblemen umzuschaffen. Die großen Werke sind gleichsam Detektivromane, in denen die Entlarvung des Verbrechers mißlingt. Aufschlußreicher noch das Verhältnis zu Sade, von dem dahinsteht, ob er Kafka bekannt war. Wie Unschuldige bei Sade – auch im amerikanischen Groteskfilm und in den »Funnies« – gerät das Kafkasche Subjekt, insbesondere der Auswanderer Karl Roßmann, aus einer verzweifelten und ausweglosen Situation in die nächste: die Stationen epischer Abenteuer werden zu solchen der Leidensgeschichte. Der geschlossene Immanenzzusammenhang konkretisiert sich als Flucht von Gefängnissen. Das Ungeheuerliche, zu dem der Kontrast fehlt, wird wie bei Sade zur ganzen Welt, zur Norm, im Gegensatz zum unreflektierten Abenteuerroman, der es stets auf außergewöhnliche Begebenheiten abgesehen hat und damit die gewöhnlichen bestätigt. In Sade aber und Kafka ist Vernunft am Werk, durchs principium stilisationis des Wahns den objektiven hervortreten zu lassen. Beide gehören, auf verschiedenen Stufen, der Aufklärung an. Bei Kafka ist ihr Entzauberungsschlag das »So ist es«. Er berichtet, wie es eigentntlich zugeht, doch ohne Illusion übers Subjekt, das im äußersten Bewußtsein seiner selbst – seiner Nichtigkeit – sich auf den Schrotthaufen wirft, nicht anders als die Tötemaschine mit dem ihr Überantworteten verfährt. Er hat die totale Robinsonade geschrieben, die einer Phase, in der jeder Mensch sein eigener Robinson wurde und auf einem mit zusammengerafftem Zeug beladenen Floß ohne Steuer umhertreibt. Die Verbindung von Robinsonade und Allegorie, die ihren Ursprung in Defoe selber hat, ist der Tradition der großen Aufklärung nicht fremd. Sie gehört dem frühbürgerlichen Kampf gegen die religiöse Autorität an. Im VIII. Stück der wider den orthodoxen Hauptpastor Goeze gerichteten Axiomata des von Kafka als Dichter hochgeschätzten Lessing steht der Bericht von einem »abgesetzten, lutherischen Prediger aus der Pfalz« und seiner Familie, »die aus zusammengebrachten Kindern beiderlei Geschlechts bestand«. Das Schiff scheitert, und die Familie rettet sich samt einem Katechismus auf eine kleine unbewohnte Gruppe der Bermudas. Generationen später findet ein hessischer Prediger die Nachkommen auf der Insel. Sie sprechen ein Deutsch, »in welchem er nichts als Redensarten und Wendungen aus Luthers Katechismus zu hören glaubte«. Sie sind orthodox, »einige Kleinigkeiten ausgenommen. Der Katechismus war, wie natürlich, in den anderthalbhundert Jahren aufgebraucht, und sie hatten nichts davon mehr übrig als die Bretterchen des Einbands. In diesen Bretterchen, sagten sie, steht das alles, was wir wissen. – Hat es gestanden, meine Lieben! sagte der Feldprediger. – Steht noch, steht noch weiter! sagten sie. Wir können zwar selbst nicht lesen, wissen auch kaum, was Lesen ist: aber unsere Väter haben es ihre Väter daraus herlesen hören. Und diese haben den Mann gekannt, der die Bretterchen geschnitten. Der Mann hieß Luther und lebte kurz nach Christo.« Womöglich noch näher dem Kafkaschen Duktus ist die »Parabel«, die mit ihm ein gewiß ungewolltes Moment des Verdunkelten teilt. Der Adressat Goeze hat sie ganz mißverstanden. Die parabolische Form selbst aber ist von der aufklärerischen Intention schwerlich zu trennen. Indem naturhaften Stoffen – stammt nicht der äsopische Esel von dem des Oknos ab? – menschliche Bedeutungen und Lehren eingelegt werden, erkennt der Geist in ihnen sich wieder. So bricht er den mythischen Bann, dem sein Blick standhält. Einige Stellen der Lessingschen Parabel, die er unter dem Titel »Der Palast im Feuer« neu herausbringen wollte, sind dafür um so exemplarischer, als ihnen das Bewußtsein mythischer Verstrickung ganz fern lag, zu dem sie in analogen Passagen bei Kafka erwacht sind. »Ein weiser, tätiger König eines großen, großen Reiches hatte in seiner Hauptstadt einen Palast von ganz unermeßlichem Umfange, von ganz besonderer Architektur. Unermeßlich war der Umfang, weil er in demselben alle um sich versammelt hatte, die er als Gehülfen oder Werkzeuge seiner Regierung brauchte. Sonderbar war die Architektur: denn sie stritt so ziemlich mit allen angenommenen Regeln ... Der ganze Palast stand nach vielen, vielen Jahren noch in eben der Reinlichkeit und Vollständigkeit da, mit welcher die Baumeister die letzte Hand angelegt hatten: von außen ein wenig unverständlich, von innen überall Licht und Zusammenhang. Wer Kenner von Architektur sein wollte, ward besonders durch die Außenseiten beleidigt, welche mit wenig hin und her zerstreuten großen und kleinen, runden und viereckten Fenstern unterbrochen waren, dafür aber desto mehr Türen und Tore von mancherlei Form und Größe hatten ... Man begriff nicht, wozu so viele und vielerlei Eingänge nötig wären, da ein großes Portal auf jeder Seite ja wohl schicklicher wäre und eben die Dienste tun würde. Denn daß durch die mehreren kleinen Eingänge ein jeder, der in den Palast gerufen würde, auf dem kürzesten und unfehlbarsten Wege gerade dahin gelangen solle, wo man seiner bedürfe, wollte den wenigsten zu Sinn. Und so entstand unter den vermeintlichen Kennern mancherlei Streit, den gemeiniglich diejenigen am hitzigsten führten, die von dem Inneren des Palastes viel zu sehen die wenigste Gelegenheit gehabt hatten. Auch war da etwas, wovon man bei dem ersten Augenblick geglaubt hätte, daß es den Streit sehr leicht und kurz machen müsse, was ihn aber gerade am meisten verwikkelte, was ihm gerade zur hartnäckigsten Fortsetzung die reichste Nahrung verschaffte. Man glaubte nämlich verschiedene alte Grundrisse zu haben, die sich von den ersten Baumeistern des Palasts herschreiben sollten: und diese Grundrisse fanden sich mit Worten und Zeichen bemerkt, deren Sprache und Charakteristik so gut als verloren war... Einstmals, als der Streit über die Grundrisse nicht sowohl beigelegt als eingeschlummert war – einstmals um Mitternacht erscholl plötzlich die Stimme der Wächter: Feuer! Feuer in dem Palaste!... Da fuhr jeder von seinem Lager auf; und jeder, als wäre das Feuer nicht in dem Palaste, sondern in seinem eigenen Hause, lief nach dem Kostbarsten was er zu haben glaubte – nach seinem Grundrisse. Laßt uns den nur retten! dachte jeder. Der Palast kann dort nicht eigentlicher verbrennen, als er hier steht!... Über diese geschäftigen Zänker hätte er denn auch wirklich abbrennen können, der Palast, wenn er gebrannt hätte. – Aber die erschrockenen Wächter hatten ein Nordlicht für eine Feuersbrunst gehalten.« Es bedürfte bloß der geringsten Akzentverschiebungen, um aus der Geschichte, einem Bindeglied zwischen Pascal und Kierkegaards Diapsalmata ad me ipsum, eine von Kafka zu machen. Er hätte nur die bizarren und monströsen Züge des Baus auf Kosten seiner Zweckmäßigkeit stärker hervorzuheben, nur den Satz, der Palast könnte nicht eigentlicher verbrennen, als er im Grundriß steht, als Bescheid einer jener Kanzleien vorzubringen brauchen, deren einziger Rechtsgrundsatz ohnehin

160

quod non est in actis non est in mundo lautet, und es wäre aus der Apologie der Religion gegen ihre verknöcherte Auslegung die Denunziation der numinosen Macht selber durchs Medium ihrer eigenen Auslegung geworden. Die Verdunkelung, das Abbrechen der parabolischen Intention sind Konsequenzen der Aufklärung. Je mehr Objektives sie auf den Menschen reduziert, desto trostloser, undurchdringlicher liegen die Umrisse des bloß Seienden vor ihm, das er nie vollends in Subjektivität aufzulösen vermag und aus dem er doch das Vertraute heraussaugte. Kafka reagiert im Geiste der Aufklärung auf deren Rückschlag in Mythologie. Man hat ihn oft mit der Kabbala verglichen. Mit welchem Recht, können einzig die der Texte Kundigen entscheiden. Wenn aber in der Tat die jüdische Mystik in ihrer späten Phase in Aufklärung verschwindet, dann ist Einsicht geboten in die Affinität des späten Aufklärers Kafka zur antinomistischen Mystik.

9

Antinomistisch ist Kafkas Theologie – wenn anders von einer solchen die Rede sein kann – gegenüber demselben Gott, dessen Begriff Lessing gegen die Orthodoxie verfocht, dem der Aufklärung. Das ist aber ein deus absconditus. Kafka wird zum Ankläger der dialektischen Theologie, der man ihn irrig zurechnet. Ihr schlechterdings Verschiedenes konvergiert mit den mythischen Mächten. Der völlig abstrakte, unbestimmte, von allen anthropomorph-mythologischen Qualitäten gereinigte Gott verwandelt sich in den schicksalhaft vieldeutigen und drohenden, der nichts erweckt als Angst und Schauer. Seine »Reinheit«, dem Geiste nachgeschaffen, den bei Kafka die expressionistische Innerlichkeit als absolute aufrichtet, stellt im Entsetzen vorm radikal Unbekannten das uralte der naturbefangenen Menschheit wieder her. Kafkas Werk hält

161

den Schlag der Stunde fest, da der gereinigte Glaube als unreiner, die Entmythologisierung als Dämonologie sich enthüllt. Aufklärer jedoch bleibt er im Versuch, den Mythos, der dergestalt hervortritt, zu rektifizieren, den Prozeß gegen ihn gleichwie vor einer Revisionskammer nochmals anzustrengen. Die Variationen von Mythen, die in seinem Nachlaß sich gefunden haben, bezeugen sein Bemühen um solche Korrektur. Der Prozeßroman selber ist der Prozeß über den Prozeß. Als Kritiker, nicht als Erbe hat er Motive aus Kierkegaards »Furcht und Zittern« verwandt. In Kafkas Eingaben an den, welchen es betreffen mag, wird das Gericht über den Menschen beschrieben, um das Recht zu überführen. Am mythischen Charakter des letzteren hat er keinen Zweifel gelassen. Eine Stelle im »Prozeß« handelt von der Göttin der Gerechtigkeit, des Krieges und der Jagd als Einer. Kierkegaards Lehre von der objektiven Verzweiflung greift auf die absolute Innerlichkeit selbst über. Absolute Entfremdung, preisgegeben dem Dasein, von dem sie sich abgezogen hat, wird als die Hölle durchforscht, die sie an sich schon, ohne es zu wissen, bei Kierkegaard war. Als Hölle aus der Perspektive der Erlösung. Kafkas künstlerische Verfremdung, das Mittel, die objektive Entfremdung sichtbar zu machen, empfängt ihre Legitimation aus dem Gehalt. Sein Werk fingiert einen Ort, von dem her die Schöpfung so durchfurcht und beschädigt erscheint, wie nach ihren eigenen Begriffen die Hölle sein müßte. Im Mittelalter hat man Folter und Todesstrafe an den Juden »verkehrt« vollzogen; schon an der berühmten Stelle des Tacitus wird ihre Religion als verkehrt angeprangert. Delinquenten wurden mit dem Kopf nach unten aufgehängt. So wie diesen Opfern in den endlosen Stunden ihres Sterbens die Erdoberfläche muß ausgesehen haben, wird sie vom Landvermesser Kafka photographiert. Nicht um Geringeres als um solche ungemilderte Qual bietet ihm die Optik des Heils sich

162

dar. Seine Einreihung unter die Pessimisten, die Existentialisten der Verzweiflung ist verfehlt wie die unter die Heilslehrer. Nietzsches Verdikt über die Worte Optimismus und Pessimismus hat er geehrt. Die Lichtquelle, welche die Schründe der Welt als höllisch aufglühen läßt, ist die optimale. Aber was der dialektischen Theologie Licht und Schatten war, wird vertauscht. Nicht wendet das Absolute dem bedingten Geschöpf seine absurde Seite zu – eine Doktrin, die schon bei Kierkegaard zu Ärgerem führt als bloß der Paradoxie und die bei Kafka auf die Inthronisierung des Wahns hinausliefe. Sondern die Welt wird als so absurd enthüllt, wie sie dem intellectus archetypus wäre. Das mittlere Reich des Bedingten wird infernalisch unter den künstlichen Engelsaugen. So weit spannt Kafka den Expressionismus. Das Subjekt objektiviert sich, indem es das letzte Einverständnis aufkündigt. Dem freilich widerspricht scheinbar, was an Lehre aus Kafka herauszulesen ist, ebenso wie die Berichte vom byzantinischen Respekt, den er als Person absonderlichen Mächten skurril zollte. Aber die oft bemerkte Ironie dieser Züge rechnet selbst zu dem Lehrgehalt. Nicht Demut hat Kafka gepredigt, sondern die erprobteste Verhaltensweise wider den Mythos empfohlen, die List. Ihm ist die einzige, schwächste, geringste Möglichkeit dessen, daß die Welt doch nicht recht behalte, die, ihr recht zu geben. Wie der Jüngste im Märchen soll man ganz unscheinbar, klein, zum wehrlosen Opfer sich machen, nicht auf dem eigenen Recht bestehen nach der Sitte der Welt, der des Tausches, welcher ohne Unterlaß das Unrecht reproduziert. Kafkas Humor wünscht die Versöhnung des Mythos durch eine Art von Mimikry. Auch darin folgt er jener Tradition von Aufklärung, die vom homerischen Mythos bis Hegel und Marx reicht, bei denen die spontane Tat, der Akt der Freiheit, gleichkommt dem Vollzug der objektiven Tendenz. Seitdem aber ist die lastende Schwere des Daseins außer allem Verhältnis zum Subjekt angewachsen und mit ihr die Unwahrheit der abstrakten Utopie. Wie vor Jahrtausenden wird von Kafka Rettung gesucht bei der Einverleibung der Kraft des Gegners. Der Bann von Verdinglichung soll gebrochen werden, indem das Subjekt sich selbst verdinglicht. Was ihm widerfährt, soll es vollziehen. »Zum letztenmal Psychologie« – Kafkas Figuren werden angewiesen, ihre Seele in der Garderobe zurückzulassen, in einem Augenblick des gesellschaftlichen Kampfes, in dem die einzige Chance des bürgerlichen Individuums bei der Negation seiner eigenen Zusammensetzung steht und der der Klassenlage, die es zu dem verdammt hat, was es ist. Gleich seinem Landsmann Gustav Mahler hält Kafka es mit den Deserteuren. An Stelle der Menschenwürde, des obersten bürgerlichen Begriffs, tritt bei ihm das heilsame Eingedenken der Tierähnlichkeit, von der eine ganze Schicht seiner Erzählungen zehrt. Die Versenkung in den Innenraum der Individuation, die in solcher Selbstbesinnung sich vollendet, stößt aufs Prinzip der Individuation, jenes sich selbst Setzen, das die Philosophie sanktionierte, den mythischen Trotz. Wiedergutmachung wird gesucht, indem das Subjekt ihn fahren läßt. Kafka verherrlicht nicht die Welt durch Unterordnung, er widerstrebt ihr durch Gewaltlosigkeit. Vor dieser muß die Macht sich als das bekennen, was sie ist, und darauf allein baut er. Dem eigenen Spiegelbild soll der Mythos erliegen. Schuldig werden die Helden von »Prozeß« und »Schloß« nicht durch ihre Schuld – sie haben keine –, sondern weil sie versuchen, das Recht auf ihre Seite zu bringen. »Die Erbsünde, das alte Unrecht, das der Mensch begangen hat, besteht in dem Vorwurf, den der Mensch macht und von dem er nicht abläßt, daß ihm Unrecht geschehen ist, daß an ihm die Erbsünde begangen wurde.« Darum haben ihre klugen Reden, zumal die des Landvermessers, ein Törichtes, Tölpelhaftes, Naives: ihre gesunde Vernunft verstärkt die Verblendung,

164

gegen welche sie aufbegehrt. Kafka will durch die Verdinglichung des Subjekts, die ohnehin von der Welt verlangt wird, diese womöglich noch überbieten: Totenhaftes wird zur Botschaft der sabbatischen Ruhe. Das ist die Kehrseite der Kafkaschen Lehre vom mißlingenden Tod: daß die beschädigte Schöpfung nicht mehr sterben kann das einzige Versprechen von Unsterblichkeit, das der Aufklärer Kafka nicht mit dem Bilderverbot ahndet. Es knüpft sich an die Rettung der Dinge; derer, die nicht länger in den Schuldzusammenhang verflochten, die untauschbar, unnütz sind. Auf sie hat es die innerste Bedeutungsschicht des Obsoleten bei ihm abgesehen. Seine Ideenwelt gleicht – wie im Naturtheater von Oklahoma – einer von Ladenhütern: kein Theologumenon könnte ihm näher kommen als der Titel eines amerikanischen Filmlustspiels: Shopworn Angel. Während in den Interieurs, in denen Menschen wohnen, das Unheil haust, sind Schlupfwinkel der Kindheit, verlassene Stätten wie das Treppenhaus, solche der Hoffnung. Die Auferstehung der Toten müßte auf dem Autofriedhof stattfinden. Die Schuldlosigkeit des Unnützen setzt den Kontrapunkt zum Parasitären: »Müßiggang aller Laster Anfang, aller Tugenden Krönung.« Nach dem Zeugnis von Kafkas Werk befördert in der verstrickten Welt jegliches Positive, jeglicher Beitrag, fast könnte man denken, die Arbeit selbst, die das Leben reproduziert, bloß die Verstrickung. »Das Negative zu tun ist uns noch auferlegt: das Positive ist uns schon gegeben.« Heilmittel gegen die halbe Nutzlosigkeit des Lebens, das da nicht lebt, wäre einzig die ganze. So verbrüdert sich Kafka mit dem Tode. Die Schöpfung gewinnt den Vorrang übers Lebendige. Das Selbst, die innerste Position des Mythos, wird zertrümmert, verworfen der Trug bloßer Natur. »Der Künstler wartete, bis K. sich beruhigt hatte, und entschloß sich dann, da er keinen andern Ausweg fand, dennoch zum Weiterschreiben. Der erste kleine Strich, den er machte, war für K. eine Erlösung, der Künstler brachte ihn aber offenbar nur mit dem äußersten Widerstreben zustande; die Schrift war auch nicht mehr so schön, vor allem schien es an Gold zu fehlen, blaß und unsicher zog sich der Strich hin, nur sehr groß wurde der Buchstabe. Es war ein J, fast war es schon beendet, da stampfte der Künstler wütend mit einem Fuß in den Grabhügel hinein, daß die Erde ringsum in die Höhe flog. Endlich verstand ihn K.: ihn abzubitten war keine Zeit mehr; mit allen Fingern grub er in die Erde, die fast keinen Widerstand leistete; alles schien vorbereitet; nur zum Schein war eine dünne Erdkruste aufgerichtet; gleich hinter ihr öffnete sich mit abschüssigen Wänden ein großes Loch, in das K. von einer sanften Strömung auf den Rücken gedreht, versank. Während er aber unten, den Kopf im Genick noch aufgerichtet, schon von der undurchdringlichen Tiefe aufgenommen wurde, jagte oben sein Name mit mächtigen Zieraten über den Stein. Entzückt von diesem Anblick erwachte er.« Der Name allein, der offenbar wird durch den natürlichen Tod, nicht die lebendige Seele steht ein fürs unsterbliche Teil.

1 Das verurteilt alle Dramatisierungen. Drama ist nur so weit möglich, wie Freiheit, wäre es auch als sich entringende, vor Augen steht; alle andere Aktion bliebe nichtig. Die Figuren Kafkas sind von einer Fliegenklatsche getroffen, ehe sie nur sich regen; wer sie als Helden auf die tragische Bühne schleppt, verhöhnt sie bloß. Der Dichter von »Paludes« wäre André Gide geblieben, wenn er nicht am »Prozeß« sich vergriffen hätte; er wenigstens hätte nicht im Zuge des fortschreitenden Analphabetismus vergessen dürfen, daß Kunstwerken, die es sind, ihr Medium nicht zufällig ist. Adaptations wären der Kulturindustrie vorzubehalten.

*aus:*
*Theodor W. Adorno, Prismen. Kulturkritik und Gesellschaft*
*Copyright 1955 by Suhrkamp Verlag Frankfurt am Main*

## Versuch, das Endspiel zu verstehen

*To S. B. in memory of Paris, Fall 1958*

Becketts œuvre hat manches mit dem Pariser Existentialismus gemeinsam. Reminiszenzen an die Kategorie der Absurdität, der Situation, der Entscheidung oder deren Gegenteil durchwachsen es wie mittelalterliche Ruinen Kafkas ungeheures Vorstadthaus; zuweilen fliegen die Fenster auf und öffnen den Durchblick auf den schwarzen sternlosen Himmel von etwas wie Anthropologie. Aber die Form, bei Sartre als eine von Thesenstücken einigermaßen traditionalistisch, keineswegs waghalsig, sondern auf Wirkung bedacht, holt das Ausgedrückte ein und verändert es. Die Impulse werden auf den Stand der avanciertesten künstlerischen Mittel gebracht, die von Joyce und Kafka. Absurdität ist bei Beckett keine zur Idee verdünnte und dann bebilderte Befindlichkeit des Daseins mehr. Das dichterische Verfahren überläßt sich ihr intentionslos. Sie wird jener Allgemeinheit der Lehre entäußert, die sie im Existentialismus, der Doktrin von der Unauflöslichkeit des einzelnen Daseienden, gleichwohl mit dem abendländischen Pathos des Allgemeinen und Bleibenden verband. Dadurch wird der existentialistische Konformismus, man solle sein, was man ist, aufgekündigt samt der Umgänglichkeit der Darstellung. Was Beckett an Philosophie aufbietet, depraviert er selber zum Kulturmüll, nicht anders als die ungezählten Anspielungen und Bildungsfermente, die er im Gefolge der angelsächsischen Tradition der Avantgarde zumal von Joyce und Eliot verwendet. Ihm wuselt Kultur wie dem Fortschritt vor ihm das Gekröse von Jugendstilornamenten, Modernismus als das Veraltete an Moderne. Die regredierende Sprache demoliert es. Solche Sachlichkeit tilgt bei

Beckett den Sinn, der Kultur war, und dessen Rudimente. So beginnt sie zu fluoreszieren. Er vollstreckt dabei eine Tendenz des neueren Romans. Was nach dem Kulturkriterium ästhetischer Immanenz als abstrakt verfemt war, die Reflexion, wird mit der reinen Darstellung zusammenmontiert, das Flaubertsche Prinzip der rein in sich geschlossenen Sache angefressen. Je weniger Geschehnisse als an sich sinnvoll supponiert werden können, um so mehr wird die Idee der ästhetischen Gestalt als einer Einheit von Erscheinendem und Gemeintem zur Illusion. Ihrer entschlägt sich Beckett, indem er beide Momente als disparate verkoppelt. Der Gedanke wird ebenso zum Mittel, einen nicht unmittelbar zu versinnlichenden Sinn des Gebildes herzustellen, wie zum Ausdruck seiner Absenz. Angewandt aufs Drama ist das Wort Sinn mehrdeutig. Es deckt gleichermaßen den metaphysischen Gehalt, der objektiv in der Komplexion des Artefakts sich darstellt; die Intention des Ganzen als eines Sinnzusammenhangs, den es von sich aus bedeutet; wie schließlich den Sinn der Worte und Sätze, welche die Personen sprechen, und den ihrer Abfolge, den dialogischen. Aber diese Äquivokationen verweisen auf ein Gemeinsames. Aus ihm wird in Becketts Endspiel ein Kontinuum. Geschichtsphilosophisch ist es getragen von einer Veränderung des dramatischen Apriori: daß kein positiver metaphysischer Sinn derart mehr substantiell ist, wenn anders er es je war, daß die dramatische Form ihr Gesetz hätte an ihm und seiner Epiphanie. Das jedoch zerrüttet die Form bis ins sprachliche Gefüge hinein. Das Drama vermag nicht einfach negativ Sinn oder die Absenz von ihm als Gehalt zu ergreifen, ohne daß dabei alles ihm Eigentümliche bis zum Umschlag ins Gegenteil betroffen würde. Was dem Drama wesentlich ist, war konstituiert durch jenen Sinn. Wollte er ihn ästhetisch überleben, so geriete er inadäquat zum Gehalt, würde zur klappernden Maschinerie weltanschaulicher Demonstration herabgesetzt wie vielfach in den existentialistischen Stücken. Die Explosion des metaphysischen Sinnes, der allein die Einheit des ästhetischen Sinnzusammenhangs garantierte, läßt diesen mit einer Notwendigkeit und Strenge zerbröckeln, die der des überlieferten dramaturgischen Formkanons nicht nachsteht. Einstimmiger ästhetischer Sinn, vollends dessen Subjektivierung in einer handfesten, tangiblen Intention, surrogierte eben jene transzendente Sinnhaftigkeit, deren Dementi selbst den Gehalt ausmacht. Die Handlung muß durch die eigene organisierte Sinnlosigkeit dem sich anbilden, was in dem Wahrheitsgehalt von Dramatik überhaupt sich zutrug. Solche Konstruktion des Sinnlosen hält auch nicht inne vor den sprachlichen Molekülen: wären sie, und ihre Verbindungen, rational sinnhaft, so synthesierten sie im Drama unabdingbar sich zu jenem Sinnzusammenhang des Ganzen, den das Ganze verneint. Die Interpretation des Endspiels kann darum nicht der Schimäre nachjagen, seinen Sinn philosophisch vermittelt auszusprechen. Es verstehen kann nichts anderes heißen, als seine Unverständlichkeit verstehen, konkret den Sinnzusammenhang dessen nachkonstruieren, daß es keinen hat. Abgespalten, prätendiert der Gedanke darin nicht länger, wie einst die Idee, Sinn des Gebildes selber zu sein; Transzendenz, die von seiner Immanenz erzeugt und garantiert würde. Statt dessen verwandelt er sich in eine Art Stoff zweiten Grades, so wie die Philosopheme, die in Thomas Manns Zauberberg und Doktor Faustus vorgetragen werden, gleich Stoffen ihr Schicksal haben, das jene sinnliche Unmittelbarkeit ersetzt, welche in dem in sich reflektierten Kunstwerk sich herabmindert. War bislang solche Stofflichkeit des Gedankens weithin unfreiwillig, die Not von Werken, die sich zwangsläufig mit der ihnen unerreichbaren Idee verwechselten, so stellt Beckett sich der Herausforderung und benutzt Gedanken sans phrase als Phrasen, Teilmaterialien des monologue intérieur, zu denen Geist selber wurde, dinghafter Rückstand von Bildung. Hat der vor-Beckettsche Existentialismus, wie wenn er der leibhaftige Schiller wäre, Philosophie als poetischen Vorwurf ausgeschlachtet, so präsentiert Beckett, gebildeter als irgendeiner, ihm die Rechnung: Philosophie, Geist selber deklariert sich als Ladenhüter, traumhafter Abhub der Erfahrungswelt, und der dichterische Prozeß als Verschleiß. Dégoût, seit Baudelaire künstlerische Produktivkraft, ist in Becketts historisch vermittelten Regungen unersättlich. Was alles nicht mehr geht, wird zum Kanon, der ein Motiv der Vorgeschichte des Existentialismus, Husserls universale Weltvernichtung, aus dem Schattenreich der Methodologie erlöst. Totalitäre wie Lukács, die gegen den wahrhaft schrecklichen Vereinfacher als dekadent wüten, sind vom Interesse ihres Chefs nicht schlecht beraten. Sie hassen an Beckett, was sie verrieten. Nur die nausea der Übersättigung, das taedium des Geistes an sich selber will, was ganz anders wäre; die verordnete Gesundheit jedoch nimmt mit der angebotenen Nahrung vorlieb, mit Hausmannskost. Becketts Dégoût läßt sich nicht nötigen. Auf die Ermunterung mitzuhalten, antwortet er mit Parodie, der der Philosophie, die seine Dialoge ausspuckt, nicht anders als der der Formen. Parodiert ist der Existentialismus selber; von seinen Invarianten nichts übrig als das Existenzminimum. Die Opposition des Dramas gegen Ontologie als den Entwurf eines wie immer auch Ersten und Bleibenden wird unmißverständlich an einer Dialogstelle, die ungewollt dem Wort Goethes vom alten Wahren eine Fratze schneidet, das zu allbürgerlicher Gesinnung verkam:

HAMM: Erinnerst du dich an deinen Vater?

CLOV (überdrüssig): Dieselbe Replik. (Pause) Du hast mir diese Frage millionenmal gestellt.

HAMM: Ich liebe die alten Fragen. (Schwungvoll) Ah, die alten Fragen, die alten Antworten, da geht nichts drüber![1]

Gedanken werden mitgeführt und entstellt wie Tagesreste, homo homini sapienti sat. Daher das Mißliche dessen, womit sich zu beschäftigen Beckett ablehnt, seiner Interpretation. Er zuckt die Achseln über die Möglichkeit von Philosophie heute, von Theorie überhaupt. Die Irrationalität der bürgerlichen Gesellschaft in ihrer Spätphase ist widerspenstig dagegen, sich begreifen zu lassen; das waren noch gute Zeiten, als eine Kritik der politischen Ökonomie dieser Gesellschaft geschrieben werden konnte, die sie bei ihrer eigenen ratio nahm. Denn sie hat diese mittlerweile zum alten Eisen geworfen und virtuell durch unmittelbare Verfügung ersetzt. Das bedeutende Wort bleibt deshalb unvermeidlich hinter Beckett zurück, während doch seine Dramatik gerade vermöge ihrer Beschränkung auf abgesprengte Faktizität über diese hinauszuckt, durch ihr Rätselwesen auf Interpretation verweist. Fast könnte man es zum Kriterium einer fälligen Philosophie machen, ob sie dem gewachsen sich zeigt.

Der französische Existentialismus hatte die Geschichte angepackt. Diese verschlingt bei Beckett den Existentialismus. Im Endspiel entfaltet sich ein historischer Augenblick, die Erfahrung, die im Titel des kulturindustriellen Schundbuchs ›Kaputt‹ notiert war. Nach dem Zweiten Krieg ist alles, auch die auferstandene Kultur zerstört, ohne es zu wissen; die Menschheit vegetiert kriechend fort nach Vorgängen, welche eigentlich auch die Überlebenden nicht überleben können, auf einem Trümmerhaufen, dem es noch die Selbstbesinnung auf die eigene Zerschlagenheit verschlagen hat. Das wird dem Markt, als pragmatische Voraussetzung des Stücks, entrissen:

CLOV (Er steigt auf die Leiter und richtet das Fernglas nach draußen.): Mal sehen ... (Er schaut, indem er das Fernglas hin und her schwenkt.) Nichts ... (er schaut) ... und nichts ... (er schaut) ... und wieder nichts. (Er läßt das Fernglas sinken und wendet sich Hamm zu.) Na? Beruhigt?

HAMM: Nichts rührt sich. Alles ist . . .

CLOV: Ni . . .

HAMM (heftig): Ich rede nicht mit dir! (Normale Stimme.) Alles ist . . . alles ist . . . alles ist was? (Heftig) Alles ist was?

CLOV: Was alles ist? In einem Wort? Das ist es, was du wissen willst? Moment mal. (Er richtet das Fernglas nach draußen, schaut, läßt das Fernglas sinken und wendet sich Hamm zu.) Kaputt![2]

Daß alle Menschen tot seien, ist unter der Hand eingeschmuggelt. Eine frühere Passage motiviert, warum die Katastrophe nicht erwähnt werden darf. Hamm ist vaguement selber schuld daran:

HAMM: Er ist natürlich tot, der alte Arzt.

CLOV: Er war nicht alt.

HAMM: Aber er ist tot.

CLOV: Natürlich. (Pause) Und DU fragst mich das?[3]

Der im Stück gegebene Zustand aber ist kein anderer als der, in dem es »keine Natur mehr gibt«[4]. Ununterscheidbar die Phase der vollendeten Verdinglichung der Welt, die nichts mehr übrig läßt, was nicht von Menschen gemacht wäre, die permanente Katastrophe, und ein zusätzlich von Menschen eigens bewirkter Katastrophenvorgang, in dem Natur getilgt ward und nach dem nichts mehr wächst:

HAMM: Sind deine Körner aufgegangen?

CLOV: Nein.

HAMM: Hast du ein wenig gescharrt, um zu sehen, ob sie gekeimt haben?

CLOV: Sie haben nicht gekeimt.

HAMM: Es ist vielleicht noch zu früh.

CLOV: Wenn sie keimen müßten, hätten sie gekeimt, sie werden nie keimen[5].

Die dramatis personae gleichen solchen, die den eigenen Tod träumen, in einem »Unterschlupf«, in dem es doch »Zeit wird, daß es endet«[6]. Der Weltuntergang ist diskontiert, als wäre er selbstverständlich. Jedes vermeintliche Drama des Atomzeitalters wäre Hohn auf sich selbst, allein schon, weil seine Fabel das historische Grauen der Anonymität, indem sie es in Charaktere und Handlungen von Menschen hineinschiebt, tröstlich verfälscht und womöglich die Prominenten anstaunt, die darüber befinden, ob auf den Knopf gedrückt wird. Die Gewalt des Unsäglichen wird nachgeahmt von der Scheu, es zu erwähnen. Beckett hält es nebulos. Über das aller Erfahrung Inkommensurable läßt nur euphemistisch sich reden, so wie man in Deutschland von der Ermordung der Juden spricht. Es ist zum totalen Apriori geworden, so daß das zerbombte Bewußtsein keinen Ort mehr hat, von dem aus es darauf sich besinnen könnte. Der desperate Stand der Dinge liefert in grausiger Ironie ein Stilisationsmittel, das jene pragmatische Voraussetzung vor der Kontamination mit kindischer Science Fiction schützt. Hätte wirklich Clov, wie sein mit common sense nörgelnder Gefährte ihm vorwirft, übertrieben, so änderte das wenig. Der partielle Weltuntergang, auf den dann die Katastrophe hinausliefe, wäre ein schlechter Witz; die Natur, von der die Eingesperrten abgeschieden sind, schon so gut, als wäre sie gar nicht mehr da; was von ihr übrig ist, verlängert bloß die Qual.

Dies historische Notabene jedoch, die Parodie des Kierkegaardschen der Berührung von Zeit und Ewigkeit, verhängt zugleich ein Tabu über die Geschichte. Was nach existentialistischem Jargon die condition humaine wäre, ist das Bild des letzten Menschen, das die früheren, Humanität, frißt. Die Existentialontologie behauptet Allgemeingültiges in einem seiner selbst unbewußten Prozeß von Abstraktion. Während sie immer noch, nach der alten phänomenologischen These von der Wesensschau, sich gebärdet, als ob sie ihrer verpflichtenden Bestimmungen im Besonderen gewahr würde und da-

173

durch Apriorität und Konkretheit mit einem Zauberschlag verneinte, destilliert sie, was ihr überzeitlich dünkt, heraus, indem sie eben jenes Besondere, in Raum und Zeit Individuierte durchstreicht, als welches Existenz Existenz ist und nicht deren bloßer Begriff. Sie wirbt um die, welche des philosophischen Formalismus überdrüssig sind und doch an das sich klammern, was einzig formal sich haben läßt. Zu solcher uneingestandenen Abstraktion setzt Beckett die schneidende Antithese durch eingestandene Subtraktion. Er läßt nicht das Zeitliche an der Existenz fort, die doch nur zeitlich eine wäre, sondern zieht von ihr ab, was die Zeit – die geschichtliche Tendenz – real zu kassieren sich anschickt. Er verlängert die Fluchtbahn der Liquidation des Subjekts bis zu dem Punkt, wo es in ein Diesda sich zusammenzieht, dessen Abstraktheit, der Verlust aller Qualität, die ontologische buchstäblich ad absurdum führt, zu jenem Absurden, in das bloße Existenz umschlägt, sobald sie in ihrer nackten sich selbst Gleichheit aufgeht. Kindische Albernheit tritt als Gehalt der Philosophie hervor, die zur Tautologie, zur begrifflichen Verdopplung der Existenz degeneriert, welche sie zu begreifen vorhatte. Lebt die neuere Ontologie von dem unerfüllten Versprechen der Konkretion ihrer Abstrakta, so wird in Beckett der Konkretismus der muschelhaft in sich verbackenen, keines Allgemeinen mehr fähigen, in purer Selbstsetzung sich erschöpfenden Existenz offenbar als das Gleiche wie der Abstraktismus, der es zur Erfahrung nicht mehr bringt. Ontologie kommt nach Hause als Pathogenese des falschen Lebens. Dargestellt wird es als Stand negativer Ewigkeit. Hat einmal der messianische Myschkin seine Uhr vergessen, weil ihm keine irdische Zeit gilt, so ist seinen Antipoden die Zeit verloren, weil sie noch Hoffnung hätte. Die gähnende Konstatierung Gelangweilter, das Wetter »sei wie gewöhnlich«[7] öffnet ihren Höllenschlund:

HAMM: Aber es ist immer so abends, nicht wahr, Clov?

CLOV: Immer.

HAMM: Es ist ein Abend wie jeder andere, nicht wahr, Clov?

CLOV: Es scheint so.[8]

Gleich der Zeit ist das Zeitliche versehrt; zu sagen, es gäbe es nicht mehr, wäre schon zu tröstlich. Es ist und ist nicht, wie für den Solipsisten die Welt, deren Existenz er bezweifelt, während er sie mit jedem Satz konzedieren muß. So schwebt eine Dialogstelle:

HAMM: Und der Horizont? Nichts am Horizont?

CLOV (das Fernglas absetzend, sich Hamm zuwendend, voller Ungeduld): Was soll denn schon am Horizont sein? Pause.

HAMM: Die Wogen, wie sind die Wogen?

CLOV: Die Wogen? (Er setzt das Fernglas an.) Aus Blei.

HAMM: Und die Sonne?

CLOV (schauend): Keine.

HAMM: Sie müßte eigentlich gerade untergehen. Schau gut nach.

CLOV (nachdem er nachgeschaut hat): Denkste.

HAMM: Es ist also schon Nacht?

CLOV (schauend): Nein.

HAMM: Was denn?

CLOV (schauend): Es ist grau. (Er setzt das Fernglas ab und wendet sich Hamm zu. Lauter.) Grau! (Pause. Noch lauter.) GRAU![9]

Geschichte wird ausgespart, weil sie die Kraft des Bewußtseins ausgetrocknet hat, Geschichte zu denken, die Kraft zur Erinnerung. Das Drama verstummt zum Gestus, erstarrt mitten in den Dialogen. Von Geschichte erscheint bloß noch deren Resultat als Neige. Was bei den Existentialisten zum Ein für allemal des Daseins sich aufplusterte, ist geschrumpft zur Spitze des Historischen, die abbricht. Der Einwand von Lukács, bei Beckett seien die Menschen auf ihre Tierheit reduziert[10], sperrt mit offiziellem Optimismus sich dagegen, daß aus den Residualphilosophien, die nach Abzug des zeitlich Zufälligen das Wahre und Unvergängliche sich gutschreiben möchten, das Residuum des Lebens geworden ist, das Fazit der Beschädigung. So unsinnig freilich wie, mit Lukács, Beckett eine abstrakt-subjektivistische Ontologie zu unterschieben und dann diese, um ihrer Weltlosigkeit und Infantilität willen, auf den ausgekramten Index entarteter Kunst zu setzen, wäre es, ihn als politischen Kronzeugen aufzurufen. Zum Kampf gegen den Atomtod ermuntert schwerlich ein Werk, das dessen Potential schon dem ältesten Kampf anmerkt. Der Simplificateur des Schreckens weigert sich, anders als Brecht, der Simplifikation. Er ist ihm aber gar nicht so unähnlich insofern, als seine Differenziertheit zur Empfindlichkeit gegen subjektive Differenzen wird, die zur conspicuous consumption derer verkamen, welche Individuation sich leisten können. Daran ist ein sozial Wahres. Differenziertheit kann nicht absolut, unbesehen als positiv gebucht werden. Die Vereinfachung des Sozialprozesses, die sich anbahnt, relegiert sie zu den faux frais, etwa so, wie die Umständlichkeiten sozialer Formen, an denen Differenzierungsvermögen sich bildete, verschwinden. Was die Bedingung von Humanität war, Differenziertheit, gleitet in die Ideologie. Aber das unsentimentale Bewußtsein davon bildet nicht sich selbst zurück. Im Akt des Weglassens überlebt das Weggelassene als Vermiedenes wie in der atonalen Harmonik die Konsonanz. Der Stumpfsinn des Endspiels wird mit höchster Differenziertheit protokolliert und ausgehört. Die protestlose Darstellung allgegenwärtiger Regression protestiert gegen eine Verfassung der Welt, die so willfährig dem Gesetz von Regression gehorcht, daß sie eigentlich schon über einen Gegenbegriff mehr verfügt, der jener vorzuhalten wäre. Gewacht wird darüber, daß es nur so und nicht anders sei, ein fein klingelndes Alarmsystem meldet, was zur Topographie des Stücks stimmt und was nicht. Beckett verschweigt aus Zartheit das Zarte nicht minder als das Brutale. Die Eitelkeit des Einzelnen, der die Gesellschaft anklagt, während sein Recht in die Akkumulation des Unrechts aller Einzelnen, das Unheil, selbst eingeht, manifestiert sich an peinlichen Deklamationen wie dem Deutschlandgedicht von Karl Wolfskehl. Das Zu spät, der versäumte Augenblick verdammt solche aufrufende Rhetorik zur Phrase. Nichts dergleichen in Beckett. Noch die Ansicht, er stelle negativ die Negativität des Zeitalters dar, paßte in jenes Konzept, dem zufolge man in den östlichen Satellitenländern, wo die Revolution als Verwaltungsakt durchgeführt ward, frisch-fröhlich nun der Spiegelung eines frisch-fröhlichen Zeitalters sich widmen muß. Das aller Spiegelbildlichkeit ledige Spiel mit Elementen der Realität, das keine Stellung bezieht und in solcher Freiheit, als der vom verordneten Betrieb, sein Glück findet, enthüllt mehr, als wenn ein Enthüller Partei nimmt. Schweigend nur ist der Name des Unheils auszusprechen. Im Grauen des letzten zündet das des Ganzen; aber einzig darin, nicht im Blick auf Ursprünge. Der Mensch, dessen allgemeiner Gattungsname schlecht in Becketts Sprachlandschaft paßt, ist ihm einzig das, was er wurde. Über die Gattung entscheidet ihr jüngster Tag wie in der Utopie. Aber im Geist muß noch die Klage darüber sich reflektieren, daß nicht mehr sich klagen läßt. Kein Weinen schmilzt den Panzer, übrig ist nur das Gesicht, dem die Tränen versiegten. Das liegt auf dem Grunde eines künstlerischen Verhaltens, wie es jene als inhuman denunzieren, deren Menschlichkeit bereits in Reklame fürs Unmenschliche übergegangen ist, auch wenn sie es noch gar nicht ahnen. Unter den Motiven von Becketts Reduktion auf den vertierten Menschen ist das wohl das innerste. Am Absurden seiner Dichtung hat teil, daß sie ihr Antlitz verhüllt.

Die Katastrophen, die das Endspiel inspirieren, haben jenen Einzelnen aufgesprengt, dessen Substantialität und Absolutheit das Gemeinsame zwischen Kierkegaard, Jaspers und der Sartreschen Version des Existentialismus war. Diese hatte noch dem Opfer der Konzentrationslager die Freiheit bescheinigt, was an Marter ihm angetan wird, innerlich anzunehmen oder zu verneinen. Das Endspiel zerstört derlei Illusionen. Der Einzelne selbst ist als geschichtliche Kategorie, Resultat des kapitalistischen Entfremdungsprozesses und trotziger Einspruch dagegen, als ein wiederum Vergängliches offenbar geworden. Die individualistische Position gehörte polar zum ontologischen Ansatz eines jeglichen Existentialismus, auch dessen von ›Sein und Zeit‹. Becketts Dramatik verläßt sie wie einen altmodischen Bunker. Nirgendwoher empfing die individuelle Erfahrung in ihrer Enge und Zufälligkeit die Autorität, sie selbst als Chiffre des Seins auszulegen, es sei denn, sie behauptete sich selbst als Grundcharakter des Seins. Gerade das aber ist die Unwahrheit. Die Unmittelbarkeit der Individuation trog; das, woran einzelmenschliche Erfahrung haftet, ist vermittelt, bedingt. Das Endspiel unterstellt, daß Autonomie- und Seinsanspruch des Individuums unglaubwürdig ward. Aber während das Gefängnis der Individuation als Gefängnis und Schein zugleich durchschaut wird – das Bühnenbild ist die imago solcher Selbstgesinnung –, vermag doch Kunst den Bann der abgespaltenen Subjektivität nicht zu lösen; einzig den Solipsismus zu versinnlichen. Beckett stößt damit auf ihre gegenwärtige Antinomie. Die Position des absoluten Subjekts, einmal aufgeknackt als Erscheinung eines übergreifenden und sie überhaupt erst zeitigenden Ganzen, ist nicht zu halten: der Expressionismus veraltet. Aber der Übergang in die verpflichtende Allgemeinheit gegenständlicher Realität, die dem Schein der Individuation Einhalt gebote, ist der Kunst verwehrt. Denn anders als die diskursive

Erkenntnis des Wirklichen, von der sie nicht graduell sondern kategorial getrennt ist, gilt in ihr nur das, was in den Stand von Subjektivität eingebracht, was dieser kommensurabel ist. Versöhnung, ihre Idee, vermag sie zu konzipieren einzig als die zwischen dem Entfremdeten. Fingierte sie den Stand der Versöhnung, indem sie zur bloßen Dingwelt überliefe, so negierte sie sich selbst. Was als sozialistischer Realismus ausgeboten wird, ist nicht, wie man beteuert, über dem Subjektivismus, sondern hinter ihm zurück und zugleich dessen vorkünstlerisches Komplement; das expressionistische O Mensch und die ideologisch gewürzte soziale Reportage fügen lückenlos sich ineinander. Die unversöhnte Realität duldet in der Kunst keine Versöhnung mit dem Objekt; der Realismus, der an subjektive Erfahrung gar nicht heranreicht, geschweige über sie hinaus, mimt sie bloß. Die Dignität von Kunst heute bemißt sich nicht danach, ob sie mit Glück oder Geschick jener Antinomie entschlüpft, sondern wie sie sie austrägt. Darin ist das Endspiel exemplarisch. Es beugt sich ebenso der Unmöglichkeit, in Kunstwerken noch nach der Sitte des neunzehnten Jahrhunderts darzustellen, Stoffe zu bearbeiten, wie der Einsicht, daß die subjektiven Reaktionsweisen, die anstelle von Abbildlichkeit das Formgesetz vermitteln, selber kein Erstes und Absolutes sind sondern ein Letztes, objektiv Gesetztes. Aller Gehalt der notwendig sich selbst hypostasierenden Subjektivität ist Spur und Schatten der Welt, aus der sie sich zurücknimmt, um nicht dem Schein und der Anpassung zu dienen, welche die Welt erheischt. Beckett antwortet darauf mit keinem unverlierbaren Vorrat sondern dem, was die antagonistischen Tendenzen eben noch, prekär und auf Widerruf, gestatten. Seine Dramatik ähnelt dem Spaß, den es im alten Deutschland bereiten mochte, zwischen den Grenzpfählen von Baden und Bayern sich herumzutreiben, als hegten sie ein Reich der Freiheit ein. Das Endspiel findet in einer

Zone der Indifferenz von innen und außen statt, neutral zwischen den Stoffen, ohne die keine Subjektivität sich zu entäußern, keine auch nur zu sein vermöchte, und einer Beseeltheit, welche die Stoffe verschwimmen läßt, wie wenn sie das Glas angehaucht hätte, durch das jene erblickt werden. So karg sind die Stoffe, daß der ästhetische Formalismus gegen seine Widersacher drüben und hüben, die Stoffhuber des Diamat und die Dezernenten der echten Aussage, ironisch gerettet wird. Der Konkretismus der Lemuren, denen im doppelten Sinn der Horizont abhanden kam, geht unmittelbar in die äußerste Abstraktion über; die Stoffschicht selber bedingt ein Verfahren, durch das die Stoffe, indem sie eben noch als vergehende gestreift werden, geometrischen Formen sich nähern; das Engste wird zum Überhaupt. Die Lokalisierung des Endspiels in jener Zone äfft den Zuschauer mit der Suggestion eines Symbolischen, das sie gleich Kafka doch verweigert. Weil kein Sachverhalt bloß ist, was er ist, erscheint ein jeder als Zeichen eines Inneren, aber das Innere, dessen Zeichen er wäre, ist nicht mehr, und nichts anderes meinen die Zeichen. Die eiserne Ration an Realität und Personen, mit denen das Drama rechnet und haushält, ist eins mit dem, was von Subjekt, Geist und Seele im Angesicht der permamenten Katastrophe bleibt: vom Geist, der in Mimesis entsprang, die lächerliche Imitation; von der sich inszenierenden Seele die inhumane Sentimentalität; vom Subjekt seine abstrakteste Bestimmung: da zu sein und allein dadurch schon zu freveln. Becketts Figuren benehmen sich so primitiv-behavioristisch, wie es den Umständen nach der Katastrophe entspräche, und diese hat sie derart verstümmelt, daß sie anders gar nicht reagieren können; Fliegen, die zucken, nachdem die Klatsche sie schon halb zerquetscht hat. Das ästhetische principium stilisationis macht dasselbe aus den Menschen. Die ganz auf sich zurückgeworfenen Subjekte, Fleisch gewordener Akosmismus, bestehen in nichts anderem als den armseligen Realien ihrer zur Notdurft verhutzelten Welt, leere personae, durch die es wahrhaft bloß noch hindurchtönt. Ihre phonyness ist das Resultat der Entzauberung des Geistes als Mythologie. Um Geschichte zu unterbieten und dadurch vielleicht zu überwintern, besetzt das Endspiel den Nadir dessen, was auf dem Zenith der Philosophie die Konstruktion des Subjekt-Objekts beschlagnahmte: reine Identität wird zu der des Vernichteten, zu der von Subjekt und Objekt im Stand vollendeter Entfremdung. Waren bei Kafka die Bedeutungen geköpft oder verwirrt, so ruft Beckett der schlechten Unendlichkeit der Intentionen Halt zu: ihr Sinn sei Sinnlosigkeit. Das ist objektiv, ohne alle polemische Absicht, sein Bescheid an die Existentialphilosophie, welche Sinnlosigkeit selber, unterm Namen von Geworfenheit und später Absurdität, im Schutz der Äquivokationen des Sinnbegriffs zum Sinn verklärt. Beckett setzt ihm keine Weltanschuung entgegen, sondern nimmt ihn beim Wort. Was aus dem Absurden wird, nachdem die Charaktere des Sinns von Dasein heruntergerissen sind, das ist kein Allgemeines mehr – dadurch würde das Absurde schon wieder Idee – sondern trübselige Einzelheiten, die des Begriffs spotten, eine Schicht aus Utensilien wie in einer Notwohnung, Eisschränken, Lahmheit, Blindheit und unappetitlichen Körperfunktionen. Alles wartet auf den Abtransport. Diese Schicht ist nicht symbolisch, sondern die des nachpsychologischen Standes wie bei alten Leuten und Gefolterten. Verschleppt aus der Innerlichkeit, sind Heideggers Befindlichkeiten, die Situationen von Jaspers materialistisch geworden. Die Hypostasis des Individuums und die der Situation harmonierten bei jenen. Situation war Zeitdasein schlechthin und die Totalität eines lebendigen Einzelnen als des primär Gewissen. Sie setzte Identität der Person voraus. Beckett erweist darin sich als der Schüler Prousts und der Freund von

Joyce, daß er dem Begriff der Situation zurückgibt, was er sagt und was die Philosophie, die ihn ausbeutet, eskamotierte, die Dissoziation der Bewußtseinseinheit in Disparates, die Nichtidentität. Sobald aber das Subjekt nicht mehr zweifelsfrei mit sich identisch, kein in sich geschlossener Sinnzusammenhang mehr ist, verfließt auch seine Grenze gegen das Auswendige, und die Situationen der Innerlichkeit werden zu solchen der Physis zugleich. Das Gericht über die Individualität, welche der Existentialismus als idealistisches Kernstück konservierte, verurteilt den Idealismus. Nichtidentität ist beides, der geschichtliche Zerfall der Einheit des Subjekts und das Hervortreten dessen, was nicht selbst Subjekt ist. Das verändert, was mit Situation gemeint sein kann. Von Jaspers wird sie definiert als »eine Wirklichkeit für ein an ihr als Dasein interessiertes Subjekt«[11]. Er ordnet den Situationsbegriff ebenso dem als fest und identisch vorgestellten Subjekt unter, wie er unterstellt, der Situation wachse aus der Beziehung auf dies Subjekt Sinn zu; unmittelbar danach nennt er sie denn auch »eine nicht nur naturgesetzliche, vielmehr eine Sinnbezogene Wirklichkeit«, die übrigens, merkwürdig genug, bereits bei ihm »weder psychisch noch physisch, sondern beides zugleich«[12] sein soll. Indem jedoch der Anschauung Bekketts die Situation tatsächlich beides wird, verliert sie ihre existentialontologischen Konstituentien: personale Identität und Sinn. Eklatant wird das am Begriff der Grenzsituation. Auch der stammt von Jaspers: »Situationen wie die, daß ich immer in Situationen bin, daß ich nicht ohne Kampf und ohne Leid leben kann, daß ich unvermeidlich Schuld auf mich nehme, daß ich sterben muß, nenne ich Grenzsituationen. Sie wandeln sich nicht, sondern nur in ihrer Erscheinung; sie sind, auf unser Dasein bezogen, endgültig.«[13] Die Konstruktion des Endspiels nimmt das auf mit einem sardonischen: Wie bitte? Weisheiten wie die, daß »ich nicht ohne Leid leben kann, daß ich unvermeidlich Schuld auf mich nehme, daß ich sterben muß«, verlieren ihre Plattheit in dem Augenblick, in dem sie aus ihrer Apriorität herunter- und in die Erscheinung zurückgeholt werden; dann zerspringt das Edle und Affirmative, womit Philosophie die schon nach Hegel faule Existenz verziert, indem sie das nicht Begriffliche unter einen Begriff subsumiert, der die hochtrabend ontologisch genannte Differenz wegzaubert. Beckett stellt die Existentialphilosophie vom Kopf auf die Füße. Sein Stück reagiert auf Komik und ideologisches Unwesen von Sätzen wie: »Tapferkeit ist in der Grenzsituation die Haltung zum Tode als unbestimmte Möglichkeit des Selbstseins« [14], mag Beckett sie kennen oder nicht. Das Elend der Teilnehmer am Endspiel ist das der Philosophie.

Die Beckettschen Situationen, aus denen sein Drama sich komponiert, sind das Negativ sinnbezogener Wirklichkeit. Sie haben ihr Modell an jenen des empirischen Daseins, die, sobald sie isoliert, ihres zweckrationalen und psychologischen Zusammenhangs durch den Verlust personeller Einheit entäußert werden, von sich aus spezifischen und zwingenden Ausdruck annehmen, den von Grauen. Sie begegnen schon in der Praxis des Expressionismus. Das Entsetzen, das Leonhard Franks Volksschullehrer Mager verbreitet, die Ursache seiner Ermordung, wird evident in der Beschreibung der umständlichen Art, in der Herr Mager vor der Schulklasse einen Apfel schält. Das Bedächtige, das so unschuldig aussieht, ist Figur des Sadismus: das Bild dessen, der sich Zeit nimmt, gleicht dem, der auf gräßliche Strafe warten läßt. Becketts Behandlung der Situationen, panisches und artifizielles Derivat der einfältigen Situationskomik von anno dazumal, verhilft aber einem Sachverhalt zur Sprache, der schon an Proust bemerkt wurde. Heinrich Rickert, der in der posthumen Schrift ›Unmittelbarkeit und Sinndeutung‹ die Möglichkeit einer objektiven Physiognomik des Geistes, der nicht bloß projektiven

»Seele« einer Landschaft oder eines Kunstwerks erwägt[15], zitiert eine Stelle von Ernst Robert Curtius. Dieser hält es »nur für bedingt richtig . . ., wenn man in Proust lediglich oder vorwiegend einen großen Psychologen sieht. Ein Stendhal ist mit dieser Bezeichnung zutreffend charakterisiert. Er . . . steht damit in der kartesianischen Tradition des französischen Geistes. Aber Proust erkennt die Trennung zwischen der denkenden und der ausgedehnten Substanz nicht an. Er zerschneidet die Welt nicht in Psychisches und Physisches. Man verkennt die Bedeutung seines Werkes, wenn man es aus der Perspektive des ›psychologischen Romans‹ betrachtet. Die Welt der Sinnendinge nimmt in Prousts Büchern denselben Raum ein wie die des Seelischen.« Oder: »Wenn Proust Psychologe ist, so ist er es in einem ganz neuen Sinne: indem er alles Wirkliche, auch die sinnliche Anschauung, in ein seelisches Fluidum taucht.« Dafür, »daß der übliche Begriff des Psychischen hier nicht paßt«, führt Rickert abermals Curtius an: »Aber damit hat der Begriff des Psychologischen seinen Gegensatz verloren – und eben darum taugt er nicht mehr zur Charakterisierung.«[16] Die Physiognomik des objektiven Ausdrucks behält indessen allemal ein Enigmatisches. Die Situationen sagen etwas – aber was?; insofern konvergiert Kunst selber als Inbegriff von Situationen mit jener Physiognomik. Sie vereint äußerste Bestimmtheit mit deren radikalem Gegenteil. Bei Beckett wird dieser Widerspruch nach außen gestülpt. Was sonst hinter kommunikativer Fassade sich verschanzt, ist zum Erscheinen verurteilt. Proust hängt jener Physiognomik, aus einer unterirdischen mystischen Tradition, noch affirmativ nach, als öffnete die unwillkürliche Erinnerung eine Geheimsprache der Dinge; bei Beckett wird sie zu der des nicht länger Menschlichen. Seine Situationen sind die Gegenbilder des Unauslöschlichen, das in denen Prousts beschworen wird, abgerungen der Flut dessen, wogegen verängstigte Gesundheit

184

mit Mordiogeschrei sich wehrt, der Schizophrenie. In ihrem Reich bleibt Becketts Drama seiner selbst mächtig. Es setzt noch sie in Reflexion:

> HAMM: Ich habe einen Verrückten gekannt, der glaubte, das Ende der Welt wäre gekommen. Er malte Bilder. Ich hatte ihn gern. Ich besuchte ihn oft in der Anstalt. Ich nahm ihn an der Hand und zog ihn ans Fenster. Sieh doch mal! Da! die aufgehende Saat! Und! Sieh! Die Segel der Sardinen-boote. Wie schön das alles ist! (Pause) Er riß seine Hand los und kehrte wieder in seine Ecke zurück. Erschüttert. Er hatte nur Asche gesehen. (Pause) Er allein war verschont geblieben. (Pause) Vergessen. (Pause) Der Fall ist anschei-nend ... der Fall war keine ... keine Seltenheit.[17]

Die Wahrnehmung des Verrückten träfe mit der Clovs zu-sammen, der auf Geheiß durchs Fenster späht. Mit nichts an-derem bewegt das Endspiel sich weg vom Tiefpunkt, als da-durch, daß es sich wie einen Schlafwandler anruft: Negation der Negativität. In Becketts Gedächtnis haftet etwa ein apo-plektischer Mann mittleren Alters, der seinen Mittagsschlaf hält, ein Tuch über die Augen, um sich vor Licht oder Fliegen zu schützen; es macht ihn unkenntlich. Das durchschnittliche, kaum nur optisch ungewohnte Bild wird Zeichen erst dem Blick, der den Identitätsverlust des Gesichts, die Möglichkeit, seine Verhülltheit sei die eines Toten, das Abstoßende der physischen Sorge gewahrt, die den Lebendigen, indem sie ihn auf seinen Körper herunterbringt, schon unter die Leichen einreiht[18]. Beckett stiert auf solche Aspekte, bis der Familienalltag, aus dem sie stammen, zur Irrelevanz verblaßt; am Anfang ist das Tableau des mit einem alten Laken verhüll-ten Hamm, am Ende nähert er seinem Gesicht das Taschen-tuch, den letzten Besitz:

> HAMM: Altes Linnen! (Pause) Dich behalte ich.[19]

Solche von ihrem Zusammenhang und dem Charakter der

185

Person emanzipierten Situationen werden in einen zweiten, autonomen Zusammenhang hineinkonstruiert, ähnlich wie Musik die in ihr untertauchenden Intentionen und Ausdruckscharaktere zusammenfügt, bis ihre Folge ein Gebilde eigenen Rechtes wird. Eine Schlüsselstelle des Stücks –

> Wenn ich schweigen kann und ruhig bleiben, wird es aus sein mit jedem Laut und jeder Regung.[20] –

verrät das Prinzip, vielleicht als Reminiszenz daran, wie Shakespeare mit dem seinen in der Schauspielerszene des Hamlet verfuhr.

> HAMM: Dann sprechen, schnell, Wörter, wie das einsame Kind, das sich in mehrere spaltet, in zwei, drei, um beieinander zu sein und miteinander zu sprechen, in der Nacht. (Pause) Ein Augenblick kommt zum anderen, pluff, pluff, wie die Hirsekörner des... (er denkt nach)... jenes alten Griechen, und lebenslänglich wartet man darauf, daß ein Leben daraus werde.[21]

Im Schauer des keine Eile Habens spielen solche Situationen auf die Gleichgültigkeit und Überflüssigkeit dessen an, was das Subjekt überhaupt noch tun kann. Erwägt Hamm, die Deckel der Mülleimer vernieten zu lassen, in denen seine Eltern hausen, so widerruft er den Entschluß dazu mit den gleichen Worten wie den zum Urinieren, der der Quälerei des Katheters bedarf:

> HAMM: Es eilt nicht.[22]

Der leise Abscheu vor Medizinfläschchen, zurückdatierend auf den Augenblick, da man der Eltern als physisch hinfällig, sterblich, auseinanderfallend inneward, scheint wider in der Frage:

> HAMM: Muß ich jetzt meine Pillen nehmen?[23]

Miteinander Sprechen ist durchweg zum Strindbergischen Nörgeln geworden:

HAMM: Fühlst du dich in deinem normalen Zustand?

CLOV (gereizt): Ich sagte doch, daß ich mich nicht beklage.[24],

und ein anderes Mal:

HAMM: Ich fühle mich etwas zu weit links. (Clov schiebt den Sessel unmerklich weiter. Pause.) Jetzt fühle ich mich etwas zu weit rechts. (Dasselbe Spiel.) Jetzt fühle ich mich etwas zu weit vorn. (Dasselbe Spiel.) Jetzt fühle ich mich etwas zu weit zurück. (Dasselbe Spiel.) Bleib nicht da! (d. h. hinterm Sessel.) Du machst mir angst.

Clov kehrt an seinen Platz neben dem Sessel zurück.

CLOV: Wenn ich ihn töten könnte, würde ich zufrieden sterben.[25]

Die Neige der Ehe aber ist die Situation, wo man sich kratzt:

NELL: Ich werde dich verlassen.

NAGG: Kannst du mich vorher noch kratzen?

NELL: Nein. (Pause) Wo?

NAGG: Am Rücken.

NELL: Nein. (Pause) Reib dich am Eimerrand.

NAGG: Es ist tiefer. Am Kreuz.

NELL: An welchem Kreuz?

NAGG: Am Kreuz. (Pause) Kannst du nicht? (Pause) Gestern hast du mich da gekratzt.

NELL (elegisch): Ah, gestern!

NAGG: Kannst du nicht? (Pause) Willst du nicht, daß ich dich kratze? (Pause) Weinst du schon wieder?

NELL: Ich versuchte es.[26]

Nachdem der abgedankte Vater und Präzeptor seiner Eltern den als metaphysisch berühmten jüdischen Witz von der Hose und der Welt erzählt hat, bricht er selber in Lachen darüber aus. Die Scham, die einen ergreift, wenn jemand über die eigenen Worte lacht, wird zum Existential; Leben ist Inbegriff bloß noch als der alles dessen, wessen man sich zu schämen hätte. Subjektivität bestürzt als Herrschaft in der Situation, wo einer pfeift und der andere herbeikommt[27]. Wogegen aber die Scham sich sträubt, das hat seinen sozialen Stellenwert: in den Momenten, da Bürger als rechte Bürger sich benehmen, beflecken sie den Begriff der Humanität, auf dem ihr eigener Anspruch ruht. Geschichtlich sind Becketts Urbilder auch darin, daß er als menschlich Typisches einzig die Deformationen vorzeigt, die den Menschen von der Form ihrer Gesellschaft angetan werden. Kein Raum bleibt für anderes. Die Unarten und Ticks des normalen Charakters, die das Endspiel unausdenkbar steigert, sind jene längst alle Klassen und Individuen prägende Allgemeinheit eines Ganzen, das bloß durch die schlechte Partikularität, die antagonistischen Interessen der Subjekte hindurch sich reproduziert. Weil aber kein anderes Leben war als das falsche, wird der Katalog seiner Defekte zum Widerspiel der Ontologie.

Die Aufspaltung in Unverbundenes und Unidentisches ist jedoch an Identität gekettet in einem Theaterstück, das aufs traditionelle Personenverzeichnis nicht verzichtet. Nur gegen Identität, in ihren Begriff fallend, ist Dissoziation überhaupt möglich; sonst wäre sie die pure, unpolemische, unschuldige Vielfalt. Die geschichtliche Krise des Individuums hat einstweilen ihre Grenze an dem biologischen Einzelwesen, ihrem Schauplatz. So endet der ohne Widerstand der Individuen hingleitende Wechsel der Situationen bei Beckett an den hartnäckigen Körpern, auf welche sie regredieren. An solcher Einheit gemessen, sind die schizoiden Situationen komisch wie Sinnestäuschungen. Daher die prima vista zu bemerkende Clownerie der Verhaltensweisen und Konstellationen von Becketts Figuren[28]. Erklärt die Psychoanalyse den Clownshumor als Regression auf eine überaus frühe ontogenetische Stufe, dann steigt das Beckettsche Regressionsstück dort hinab. Aber das Lachen, zu dem es animiert, müßte die Lacher ersticken. Das wurde aus Humor, nachdem er als ästhetisches Medium veraltet ist und widerlich, ohne Kanon dessen, worüber zu lachen wäre; ohne einen Ort von Versöhnung, von dem aus sich lachen ließe; ohne irgend etwas Harmloses zwischen Himmel und Erde, das erlaubte, belacht zu werden. Ein intentioniert vertrotteltes double entendu vom Wetter lautet:

> CLOV: Es wird wieder heiter. (Er steigt auf die Leiter und richtet das Fernglas nach draußen. Es entgleitet seinen Händen und fällt. Pause.) Ich tat es absichtlich. (Er steigt von der Leiter, hebt das Fernglas auf, prüft es und richtet es auf den Saal.) Ich sehe ... eine begeisterte Menge. (Pause) Na so was, dazu kann man wohl Fernrohr sagen. (Er läßt das Fernglas sinken und schaut Hamm an.) Na? Keiner lacht?[29]

Humor selbst ist albern: lächerlich geworden – wer könnte über komische Grundtexte wie den Don Quixote oder den Gargantua noch lachen –, und das Urteil über ihn wird von Beckett exekutiert. Noch die Witze der Beschädigten sind beschädigt. Sie erreichen keinen mehr; die Verfallsform, von der freilich aller Witz etwas hat, der Kalauer, überzieht sie wie Ausschlag. Wird Clov, der mit dem Fernglas Schauende, nach der Farbe gefragt und erschreckt Hamm durch das Wort grau, so korrigiert er sich durch die Formulierung »ein helles Schwarz«. Das verkleckst die Pointe aus Molières Geizhals, der die angeblich gestohlene Kassette als grau-rot beschreibt. Wie den Farben ist dem Witz das Mark ausgesogen. Einmal sinnen die beiden Unhelden, ein Blinder und ein Lahmer – der stärkere schon beides, der schwächere wird es erst werden – auf einen »Trick«, einen Ausweg, »irgendeinen Plan« à la Dreigroschenoper, von dem sie nicht wissen, ob er Leben und Qual nur verlängern, oder beides mit der absoluten Vernichtung beenden soll:

> CLOV: Ach so. (Er beginnt mit auf den Boden gerichtetem

189

Blick und den Händen auf dem Rücken hin- und herzuge-
hen. Er bleibt stehen.) Meine Beine tun mir weh, es ist nicht
zu glauben. Ich werde bald nicht mehr denken können.

HAMM: Du wirst mich nicht verlassen können. (Clov geht
wieder.) Was machst du?

CLOV: Ich plane. (Er geht wieder.) Ah! (Er bleibt stehen.)

HAMM: Was für ein Denker! (Pause) Na und?

CLOV: Warte mal. (Er konzentriert sich. Nicht sehr über-
zeugt.) Ja . . . (Pause. Überzeugter.) Ja. (Er richtet den Kopf
auf.) Ich hab's. Ich ziehe den Wecker auf.[30]

Das ist an den ursprünglich wohl ebenfalls jüdischen Witz des
Zirkus Busch assoziiert, wo der dumme August, der seine
Frau mit dem Freund auf dem Sofa ertappt hat, sich nicht ent-
schließen kann, die Frau oder den Freund hinauszuwerfen,
weil ihm beide zu lieb sind, und auf den Ausweg verfällt, das
Sofa zu verkaufen. Aber noch die Spur dämlich sophistischer
Rationalität wird weggewischt. Komisch ist nur noch, daß mit
dem Sinn der Pointe Komik selber evaporiert. So zuckt zusammen, wer bereits die oberste Stufe einer Treppe erklom-
men hat, weiter steigt und ins Leere tritt. Äußerste Roheit
vollstreckt den Richtspruch übers Lachen, das längst teilhat
an ihrer Schuld. Hamm läßt die Rümpfe der Eltern, die in den
Mülltonnen zu Babies geworden sind, vollends verhungern,
Triumph des Sohns als Vater. Dazu wird geschwatzt:

NAGG: Meinen Brei!

HAMM: Verfluchter Erzeuger!

NAGG: Meinen Brei!

HAMM: Ah! Keine Haltung mehr, die Alten. Fressen, fressen, sie denken nur ans Fressen. (Er pfeift. Clov kommt
herein und bleibt neben dem Sessel stehen.) Sieh mal an!
Ich dachte, du wolltest mich verlassen.

CLOV: Oh, noch nicht, noch nicht.

NAGG: Meinen Brei!

190

HAMM: Gib ihm seinen Brei.

CLOV: Es gibt keinen Brei mehr.

HAMM: Es gibt keinen Brei mehr. Du wirst nie wieder Brei bekommen.[31]

Noch dem unwiderruflichen Schaden fügt der Unhold den Spott hinzu, die Entrüstung über die Alten, die keine Haltung mehr hätten, so wie diese sonst über die zuchtlose Jugend sich zu entrüsten pflegen. Was in diesem Ambiente an Humanität fortwest: daß die beiden Alten den letzten Zwieback miteinander teilen, wird durch den Kontrast zur transzendentalen Bestialität abstoßend, der Rückstand der Liebe zur schmatzenden Intimität. Soweit sie noch Menschen sind, menschelt es:

NELL: Was ist denn, mein Dicker? (Pause) Willst du wieder mit mir schäkern?

NAGG: Schliefst du?

NELL: Oh, nein.

NAGG: Küßchen!

NELL: Geht doch nicht.

NAGG: Mal versuchen.

Die Köpfe nähern sich mühsam aneinander, ohne sich berühren zu können, und weichen wieder auseinander.[32]

Wie mit dem Humor wird mit den dramatischen Kategorien insgesamt umgesprungen. Alle sind parodiert. Nicht aber verspottet. Emphatisch heißt Parodie die Verwendung von Formen im Zeitalter ihrer Unmöglichkeit. Sie demonstriert diese Unmöglichkeit und verändert dadurch die Formen. Die drei Aristotelischen Einheiten werden gewahrt, aber dem Drama selbst geht es ans Leben. Mit der Subjektivität, deren Nachspiel das Endspiel ist, wird ihm der Held entzogen; von Freiheit kennt es nur noch den ohnmächtigen und lächerlichen Reflex nichtiger Entschlüsse[33]. Auch darin beerbt Becketts Stück die Romane Kafkas, zu dem er ähnlich steht wie die seriellen Komponisten zu Schönberg: er reflektiert ihn nochmals in sich und krempelt ihn um durch Totalität seines Prinzips. Becketts Kritik an dem Älteren, welche die Divergenz zwischen dem Geschehenden und der gegenständlich reinen, epischen Sprache unwiderlegbar hervorhebt, birgt dieselbe Schwierigkeit wie das Verhältnis der gegenwärtigen integralen Komposition zu der in sich antagonistischen Schönbergs: was ist die raison d'être der Formen, sobald ihre Spannung zu einem ihnen Inhomogenen getilgt ist, ohne daß doch darum der Fortschritt ästhetischer Materialbeherrschung zu bremsen wäre? Das Endspiel zieht sich aus der Affäre, indem es jene Frage sich zu eigen: thematisch macht. Was die Dramatisierung von Kafkas Romanen verwehrt, wird zum Vorwurf. Die dramatischen Konstituentien erscheinen nach ihrem Tod. Exposition, Knoten, Handlung, Peripetie und Katastrophe kehren einer dramaturgischen Leichenbeschau als Dekomponierte wieder: für die Katastrophe etwa tritt die Mitteilung ein, daß es keine Nährpillen mehr gebe[34]. Jene Konstituentien sind gestürzt mit dem Sinn, zu dem einmal das Drama sich entlud; das Endspiel studiert wie im Reagenzglas das Drama des Zeitalters, das nichts von dem mehr duldet, worin es besteht. Zum Exempel: die Tragödie kannte auf der Höhe der Handlung, als Quintessenz der Antithese, äußerste Straffung des dramatischen Fadens, die Stichomythie; Dialoge, in denen ein Trimeter der einen Person auf den der anderen folgt. Die Form hatte dieses Mittels, als eines durch Stilisierung und offenbaren Anspruch der säkularen Gesellschaft allzu fernen, sich begeben. Beckett bedient sich seiner, als hätte die Detonation freigesetzt, was unterm Drama vergraben ward. Das Endspiel enthält Dialoge Zug um Zug, einsilbig, wie einst das Frage- und Antwortspiel zwischen verblendetem König und Schicksalsboten. Aber worin dort die Kurve sich spannte, darin erschlaffen hier die Interlokutoren. Kurzatmig bis zum Verstummen bringen sie die Synthesis sprachlicher Perioden nicht mehr zustande und stammeln in Protokollsätzen, man weiß nicht ob solchen der Positivisten oder Expressionisten. Der Grenzwert des Beckettschen Dramas ist jenes Schweigen, das schon im Shakespeareschen Beginn des neueren Trauerspiels als Rest definiert war. Daß als eine Art Epilog aufs Endspiel ein Acte sans paroles folgt, ist dessen eigener terminus ad quem. Die Worte klingen wie Notbehelfe, weil das Verstummen noch nicht ganz glückte, wie Begleitstimmen zum Schweigen, das sie stören.

Was im Endspiel aus der Form wurde, läßt literarhistorisch fast sich nachzeichnen. In Ibsens Wildente vergißt der verkommene Photograph Hjalmar Ekdal, potentiell selber schon ein Unheld, der halbwüchsigen Hedwig, wie er es versprach, eine Delikatesse des üppigen Diners beim alten Werle mitzubringen, zu dem er, wohlweislich ohne seine Familie, eingeladen war. Das ist psychologisch motiviert aus seinem schlampig-egoistischen Charakter, zugleich aber symbolisch für Hjalmar, für den Handlungsgang, für den Sinn des Ganzen: das vergebliche Opfer des Mädchens. Die spätere Freudische Theorie der Fehlhandlung ist antizipiert, welche diese auslegt durch ihre Beziehung auf vergangene Erlebnisse der Person ebenso wie auf ihre Wünsche, also auf ihre Einheit. Freuds Hypothese, daß »all unsere Erlebnisse einen Sinn haben«[35], übersetzt die überlieferte dramatische Idee in einen psychologischen Realismus, aus dem Ibsens Tragikomödie von der Wildente unvergleichlich noch einmal den Funken der Form schlug. Emanzipiert sich die Symbolik von ihrer psychologischen Determination, so verdinglicht sie sich zu einem an sich Seienden, das Symbol wird symbolistisch wie in Ibsens Spätwerken, etwa dem von der sogenannten Jugend überfahrenen Buchhalter Foldal im John Gabriel Borkmann. Der Widerspruch zwischen solchem konsequenten Symbolismus und dem konservativen Realismus wird zur Unzulänglichkeit der letzten Stücke. Damit aber zum Gärstoff des expressionistischen Strindberg. Dessen Symbole reißen sich los von den empirischen Menschen und werden zu einem Teppich verwoben, in dem alles symbolisch ist und nichts, weil alles alles bedeuten kann. Das Drama braucht nur des unausweichlich Lächerlichen solcher Pansymbolik innezuwerden, die sich selbst erledigt; es verwertend aufzugreifen, und die Beckettsche Absurdität ist auch der immanenten Dialektik der Form nach erreicht. Das nichts Bedeuten wird zur einzigen Bedeutung. Der tödlichste Schrecken der dramatischen Personen, wenn nicht des parodierten Dramas selber, ist der verstellt komische darüber, daß sie irgend etwas bedeuten könnten

HAMM: Wir sind doch nicht im Begriff, etwas zu ... zu ... bedeuten?

CLOV: Bedeuten? Wir, etwas bedeuten? (Kurzes Lachen.) Das ist aber gut![36]

Mit dieser Möglichkeit, die längst von der Übermacht einer Apparatur erdrückt wird, in der die Einzelnen auswechselbar oder überflüssig sind, verschwindet auch die Bedeutung der Sprache. Hamm, den die zum Taprigen verkommene Regung des Lebens im Gespräch der Eltern in der Mülltonne aufbringt und der nervös wird, weil »es also kein Ende nimmt«, fragt: »Worüber können sie denn reden, worüber kann man noch reden?«[37] Dahinter bleibt das Stück nicht zurück. Es ist errichtet auf dem Grunde eines Sprachverbots und spricht es durch sein eigenes Gefüge aus. Dabei weicht es der Aporie des expressionistischen Dramas nicht aus: daß Sprache, selbst wo sie tendenziell zum Laut sich verkürzt, ihr semantisches Element nicht abschütteln, nicht rein mimetisch[38] oder gestisch werden kann, etwa wie die von der Gegenständlichkeit emanzipierten Formen der Malerei die Ähnlichkeit mit Gegenständlichem nicht ganz loswerden. Die mimetischen Valeurs,

194

einmal von den signifikativen endgültig gesondert, geraten an Willkür und Zufall und schließlich eine zweite Konvention. Wie das Endspiel sich damit abfindet, unterscheidet es von Finnegans Wake. Anstatt zu trachten, das diskursive Element der Sprache durch den reinen Laut zu liquidieren, schafft Beckett es um ins Instrument der eigenen Absurdität, nach dem Ritual der Clowns, deren Geplapper zu Unsinn wird, indem er als Sinn sich vorträgt. Der objektive Sprachzerfall, das zugleich stereotype und fehlerhafte Gewäsch der Selbstentfremdung, zu dem den Menschen Wort und Satz im eigenen Munde verquollen sind, dringt ein ins ästhetische Arcanum; die zweite Sprache der Verstummenden, ein Agglomerat aus schnodderigen Phrasen, scheinlogischen Verbindungen, galvanisierten Wörtern als Warenzeichen, das wüste Echo der Reklamewelt, ist umfunktioniert zur Sprache der Dichtung, die Sprache negiert [39]. Darin berührt Beckett sich mit der Dramatik Eugène Ionescos. Ordnet ein späteres Stück von ihm sich um die imago des Tonbands, dann ähnelt die Sprache des Endspiels der aus dem abscheulichen Gesellschaftsspiel geläufigen, daß man den Unsinn, der während einer Party geredet wird, insgeheim auf Band aufnimmt und dann den Gästen zur Demütigung vorspielt. Auskomponiert wird der Schock, über welchen bei solcher Gelegenheit das blöde Gekicher hinweghüpft. Wie die wache Erfahrung nach intensiver Lektüre Kafkas allerorten Situationen aus seinen Romanen zu beobachten meint, so bewirkt Becketts Sprache eine heilsame Erkrankung des Erkrankten: wer sich selbst zuhört, bangt, ob er nicht ebenso redet. Längst schon schien dem, der das Kino verläßt, in den zufälligen Vorgängen auf der Straße die geplante Zufälligkeit des Films sich fortzusetzen. Zwischen den montierten Phrasen der Alltagssprache gähnt das Loch. Fragt einer der beiden mit der eingeschliffenen Gebärde des Abgebrühten, der der unverbrüchlichen Langeweile des Daseins sicher ist, »Was soll denn schon am Horizont sein?«[40], so wird das sprachgewordene Achselzucken apokalyptisch, erst recht durch seine Allvertrautheit. Der glatten und aggressiven Regung des gesunden Menschenverstands, »Was soll denn schon sein?«, wird das Eingeständnis des eigenen Nihilismus abgepreßt. Etwas später befiehlt Hamm, der Herr, dem soi-disant Diener Clov, zu einem Zirkuszweck, dem vergeblichen Versuch, einen Sessel hin- und herzuschieben, »den Bootshaken« zu holen. Dem folgt ein kleiner Dialog:

CLOV: Tu dies, tu das, und ich tu's. Ich weigere mich nie. Warum?

HAMM: Du kannst es nicht.

CLOV: Bald werde ich es nicht mehr tun.

HAMM: Du wirst es nicht mehr können. (Clov geht hinaus.) Ah, die Leute, die Leute, man muß ihnen alles erklären.[41]

Daß man »den Leuten alles erklären muß«, bläuen jeden Tag Millionen von Vorgesetzten Millionen von Untergebenen ein. Durch den Nonsens, den es an der Stelle begründen soll – Hamms Erklärung dementiert seinen eigenen Befehl –, wird aber nicht nur der von der Gewohnheit zugedeckte Aberwitz des Clichés grell beleuchtet, sondern zugleich der Trug des miteinander Sprechens ausgedrückt; daß die voneinander ohne Hoffnung, Entfernten, indem sie konversieren, so wenig sich erreichen wie die beiden alten Krüppel in den Mülltonnen. Kommunikation, das universale Gesetz der Clichés, bekundet, daß keine Kommunikation mehr sei. Die Absurdität allen Sprechens ist nicht unvermittelt gegen den Realismus, sondern aus diesem entwickelt. Denn die kommunikative Sprache postuliert durch ihre bloße syntaktische Form schon, durch Logizität, Schlußverhältnisse, festgehaltene Begriffe, den Satz vom zureichenden Grunde. Dieser Forderung jedoch wird kaum mehr genügt: die Menschen, so wie sie miteinander

196

reden, werden teils von ihrer Psychologie, dem prälogischen Unbewußten motiviert, teils verfolgen sie Zwecke, die, als solche ihrer bloßen Selbsterhaltung, von jener Objektivität abweichen, welche die logische Form vorspiegelt. Jedenfalls heute kann man ihnen das mit ihren Tonbändern beweisen. Im Freudischen wie im Paretoschen Verstande ist die ratio der verbalen Kommunikation immer auch Rationalisierung. Ratio entsprang aber selber im selbsterhaltenden Interesse, und deshalb wird sie von den zwangsläufigen Rationalisierungen ihrer eigenen Irrationalität überführt. Der Widerspruch zwischen rationaler Fassade und unabdingbar Irrationalem ist selber bereits das Absurde. Beckett braucht ihn nur zu markieren, als Auswahlprinzip zu handhaben, und der Realismus, des Scheins rationaler Stringenz entkleidet, kommt zu sich selbst.

Sogar die syntaktische Form von Frage und Antwort ist unterminiert. Sie setzt eine Offenheit des zu Sagenden voraus, die, wie es schon Huxley nicht sich hat entgehen lassen, nicht mehr existiert. Der Frage ist die vorgezeichnete Antwort anzuhören, und das verdammt das Spiel von Frage und Antwort zum nichtig Wahnhaften des untauglichen Versuchs, durch den Sprachgestus der Freiheit die Unfreiheit der informativen Sprache zu verschleiern. Beckett reißt ihr den Schleier herunter, auch den philosophischen. Was sich da dem Nichts gegenüber alles radikal in Frage stellt, verhindert durch das der Theologie entwendete Pathos vorweg die erschrecklichen Folgen, auf deren Möglichkeit es pocht, und infiltriert durch die Gestalt der Frage die Antwort mit eben dem Sinn, den jene bezweifelt; nicht umsonst konnten im Faschismus und Vorfaschismus solche Destrukteure den destruktiven Intellekt so wacker schmälen. Beckett jedoch entziffert die Lüge des Fragezeichens: die Frage ist zur rhetorischen geworden. Gleicht die existentialphilosophische Hölle einem Tunnel, in

dessen Mitte von der anderen Seite schon wieder das Licht
hineinscheint, so reißt Becketts Dialog die Schienen des Ge-
sprächs auf; der Zug gelangt nicht mehr dorthin, wo es hell
wird. Die alte Wedekindsche Technik des Mißverständnisses
wird total. Der Verlauf der Dialoge selbst nähert dem Zufallsprinzip des literarischen Produktionsprozesses sich an. Er
klingt, als wäre das Gesetz seines Fortgangs nicht die Vernunft
von Rede und Gegenrede, nicht einmal deren psychologisches
Ineinandergehaktsein, sondern ein Aushören, verwandt dem
von Musik, die von den vorgegebenen Typen sich emanzipiert. Das Drama lauscht, was nach einem Satz wohl für ein
anderer kommt. Von der eingängigen Unwillkürlichkeit solcher Fragen hebt die inhaltliche Absurdität erst recht sich ab.
Auch das hat sein infantiles Modell an denen, die im zoologi-
schen Garten darauf warten, was nun wohl im nächsten
Augenblick das Nilpferd oder der Schimpanse anstellen werden.

Im Stande ihrer Zersetzung polarisiert sich die Sprache. Hier
wird sie zum Basic English, oder Französisch, oder Deutsch
einzelner Wörter, archaisch herausgestoßener Befehle im
Jargon universaler Nichtachtung, der Zutraulichkeit unver-
söhnlicher Kontrahenten; dort zum Ensemble ihrer Leerfor-
men, einer Grammatik, die aller Beziehung auf ihren Inhalt
und damit ihrer synthetischen Funktion sich begeben hat. Den
Interjektionen gesellen sich Übungssätze, Gott weiß wofür.
Auch das hängt Beckett an die große Glocke: es ist eine der
Spielregeln des Endspiels, daß die asozialen Partner, und mit
ihnen die Zuschauer, sich immerzu in die Karten sehen.
Hamm fühlt sich als Künstler. Er hat sich das Neronische
qualis artifex pereo zur Maxime seines Lebens erkoren.
Aber seine projektierten Erzählungen stranden an der Syn-
tax:

HAMM: Wo war ich stehengeblieben? (Pause. Trübsinnig.)

198

Es ist zerbrochen, wir sind zerbrochen. (Pause) Es wird zerbrechen.[42]

Zwischen den Paradigmata taumelt die Logik. Hamm und
Clov unterhalten sich auf ihre autoritäre, gegenseitig sich ab-
schneidende Weise:

HAMM: Öffne das Fenster.

CLOV: Wozu?

HAMM: Ich will das Meer hören.

CLOV: Du wirst es nicht hören.

HAMM: Selbst nicht, wenn du das Fenster öffnest?

CLOV: Nein.

HAMM: Es lohnt sich also nicht, es zu öffnen?

CLOV: Nein.

HAMM (heftig): Öffne es also! (Clov steigt auf die Leiter und
öffnet das Fenster. Pause.) Hast du es geöffnet?

CLOV: Ja.[43]

Wenig fehlt, und man möchte in dem letzten »Also « Hamms
den Schlüssel des Stücks suchen. Weil es sich nicht lohnt, das
Fenster zu öffnen, weil Hamm das Meer nicht hören kann –
vielleicht ist es ausgetrocknet, vielleicht bewegt es sich nicht
mehr –, beharrt er darauf, daß Clov es öffne: der Unfug einer
Handlung wird zum Grund, sie zu begehen, nachträgliche Legitimation von Fichtes freier Tathandlung um ihrer selbst willen. So sehen die zeitgemäßen Aktionen aus und wecken den
Verdacht, daß es nie viel anders war. Die logische Figur des
Absurden, die den kontradiktorischen Gegensatz des Strin-
genten als stringent vorträgt, verneint jeglichen Sinnzusammenhang, wie ihn die Logik zu gewähren scheint, um diese der
eigenen Absurdität zu überführen: daß sie mit Subjekt, Prädi-
kat und Kopula das Nichtidentische so zurichtet, als ob es
identisch wäre, in den Formen aufginge. Nicht als Weltan-
schauung löst das Absurde die ratio nale ab; jene kommt in
diesem zu sich selbst.

Die prästabilierte Harmonie von Verzweiflung herrscht zwischen den Formen und dem residualen Inhalt des Stücks. Das zusammengeschmolzene Ensemble zählt nur vier Köpfe. Zwei davon sind übermäßig rot, als wäre ihre Vitalität eine Hautkrankheit; die beiden Alten dafür übermäßig weiß wie schon keimende Kartoffeln im Keller. Recht funktionierende Körper haben sie alle nicht mehr, die Alten bestehen nur noch aus Rümpfen, die Beine haben sie übrigens nicht bei der Katastrophe sondern offenbar bei einem privaten Unfall mit dem Tandem in den Ardennen, »am Ausgang von Sedan«[44], verloren, wo regelmäßig eine Armee die andere zu vernichten pflegt; man soll sich nicht einbilden, gar so viel hätte sich geändert. Noch die Erinnerung an ihr bestimmtes Unglück jedoch wird beneidenswert angesichts der Unbestimmtheit des allgemeinen, sie lachen dabei. Im Unterschied zu den expressionistischen Vätern und Söhnen haben zwar alle Eigennamen, alle vier jedoch sind einsilbig, four letter words gleich den obszönen. Die praktischen und familiären Abkürzungen, die in angelsächsischen Ländern beliebt sind, werden als Stümpfe von Namen entblößt. Einigermaßen gebräuchlich, wenn auch obsolet, ist nur der der alten Mutter, Nell; Dickens verwendet ihn für das rührende Kind der Old Curiosity Shop. Die drei anderen Namen sind erfunden wie für Litfaßsäulen. Der Alte heißt Nagg, nach Assoziation von nagging, vielleicht auch einer deutschen: das traute Paar ist es durchs Nagen. Sie diskutieren darüber, ob man das Sägemehl in ihren Mülleimern erneuert hat; es ist aber kein Sägemehl mehr sondern Sand. Nagg konstatiert, früher sei es Sägemehl gewesen, und Nell antwortet überdrüssig: »Früher.«[45], wie eine Frau eingefroren wiederholte Aussagen ihres Gatten hämisch preisgibt. So mesquin der Streit über Sägemehl oder Sand, so entscheidend ist der Unterschied in der Residualhandlung, Übergang vom Minimum zum Nichts. Was Benjamin an Baudelaire rühmte, die Fähigkeit, mit äußerster Diskretion ein Äußerstes zu sagen [46], kann Beckett reklamieren; der Allerweltstrost, es könne immer noch schlimmer kommen, wird zum Verdammungsurteil. In dem Reich zwischen Leben und Tod, wo nicht einmal mehr leiden sich läßt, ist der Unterschied von Sägemehl und Sand der ums Ganze; Sägemehl, kümmerliches Nebenprodukt der Dingwelt, wird Mangelware und sein Entzug Verschärfung der lebenslänglichen Todesstrafe. Daß die beiden in Mülleimern logieren – ein analoges Motiv kommt übrigens in Camino Real von Tennessee Williams vor, sicherlich ohne daß eines der Stücke vom anderen abhängig wäre –, nimmt wie Kafka die Konversationsphrase buchstäblich. »Heute werden die Alten in den Mülleimer geworfen«, und es geschieht. Das Endspiel ist die wahre Gerontologie. Die Alten sind nach dem Maß der gesellschaftlich nützlichen Arbeit, die sie nicht mehr leisten, überflüssig und wären wegzuwerfen. Das wird dem wissenschaftlichen Brimborium einer Fürsorge entrissen, die unterstreicht, was sie negiert. Das Endspiel schult für einen Zustand, wo alle Beteiligten, wenn sie von der nächsten der großen Mülltonnen den Deckel abheben, erwarten, die eigenen Eltern darin zu finden. Der natürliche Zusammenhang des Lebendigen ist zum organischen Abfall geworden. Unwiderruflich haben die Nationalsozialisten das Tabu des Greisenalters umgestoßen. Becketts Mülleimer sind Embleme der nach Auschwitz wiederaufgebauten Kultur. Die Nebenhandlung aber geht weiter als zu weit, zum Untergang der beiden Alten. Verweigert wird ihnen die Kinderspeise, ihr Brei, ersetzt durch einen Zwieback, den die Zahnlosen nicht mehr kauen können, und sie ersticken, weil der letzte Mensch zu sensibel ist, um den vorletzten ihr Leben zu gönnen. Verklammert ist das mit der Haupthandlung dadurch, daß das Verenden der beiden Alten vorwärts treibt zu jenem Ausgang des Lebens, dessen Möglichkeit das Spannungsmoment bildet. Hamlet wird variiert: Krepieren oder Krepieren, das ist hier die Frage.

Den Namen des Shakespeareschen Helden kürzt grimmig der des Beckettschen ab, der des liquidierten dramatischen Subjekts den des ersten. Assoziiert wird dabei auch einer der Söhne Noahs und damit die Sintflut: der Stammherr der Schwarzen, der in einer Freudischen Negation die weiße Herrenrasse substituiert. Endlich bedeutet ham actor auf Englisch den Schmierenkomödianten. Becketts Hamm, Schlüsselgewaltiger und ohnmächtig in eins, spielt, was er nicht mehr ist, als hätte er jene jüngste soziologische Literatur gelesen, die das zoon politikon als Rolle definiert. Persönlichkeit war, wer mit Geschick so sich aufspielte wie nun der hilflose Hamm. Sie mag bereits im Ursprung Rolle gewesen sein, Natur, die sich als Übernatur geriert. Der Wechsel der Situationen des Stücks veranlaßt eine von Hamms Rollen; drastisch empfiehlt ihm gelegentlich eine Regiebemerkung, er solle »mit der Stimme des vernunftbegabten Wesens« reden; in seiner umständlichen Erzählung posiert er den »Erzählerton«. Erinnerung ans Unwiederbringliche wird zum Schwindel. Retrospektiv verdammt der Zerfall die Kontinuität des Lebens, durch die es Leben allein ward, als selber fiktiv. Die Differenz des Tonfalls von Menschen, die erzählen, und solchen, die unmittelbar reden, hält Gericht übers Identitätsprinzip. Beides alterniert in Hamms großer Rede, einer Art eingeschobener Arie ohne Musik. Bei den Bruchstellen pausiert er, mit den Kunstpausen des ausgedienten Heldendarstellers. Zur Norm der Existentialphilosophie, die Menschen sollten, weil sie schon gar nichts anderes mehr sein können, sie selber sein, setzt das Endspiel die Antithese, daß genau dies Selbst nicht das Selbst sondern die äffische Nachahmung eines nicht Existenten sei. Hamms Verlogenheit bringt die Lüge an den Tag, die darin steckt, daß man Ich sagt und damit jene Substantialität sich zuschreibt, deren Gegenteil der Inhalt dessen ist, was vom Ich zusammengefaßt wird. Bleibendes ist als Inbegriff des Ephemeren dessen Ideologie. Von dem aber, was der Wahrheitsgehalt des Subjekts war, vom Denken, wird nur noch die gestische Hülse konserviert. Die beiden tun, als ob sie sich etwas überlegten, ohne daß sie überlegen:

HAMM: Das ist alles drollig, in der Tat. Sollten wir uns mal halb tot lachen?

CLOC (nachdem er überlegt hat): Ich könnte mich heute nicht mehr halb tot lachen.

HAMM (nachdem er überlegt hat): Ich auch nicht.[47]

Hamms Gegenspieler ist schon dem Namen nach, was er ist, der nochmals lädierte Clown, dem man den Endbuchstaben abgeschnitten hat. Gleich klingt ein wohl veralteter Ausdruck für den Pferdefuß des Teufels, ähnlich das kurrente Wort für Handschuh. Er ist der Teufel seines Meisters, den er mit dem Schlimmsten bedroht: ihn zu verlassen, und gleichzeitig dessen Handschuh, mit dem jener die Dingwelt berührt, zu der er nicht unmittelbar mehr gelangt. Aus solchen Assoziationen ist nicht nur Clovs Gestalt, sondern ihr Zusammenhang mit der anderen konstruiert. Auf der alten Klavierausgabe von Strawinskis Ragtime für elf Instrumente, einem der bedeutendsten Stücke aus dessen surrealistischer Phase, stand eine Picassozeichnung, die, angeregt wohl vom Titel »Rag«, zwei verlumpte Figuren zeigt, Vorfahren der Vagabunden Wladimir und Estragon, die auf Herrn Godot warten. Die virtuose Graphik ist in einer einzigen Linie verschlungen. Von ihrem Geist ist der Doppel-Sketch des Endspiels, ebenso wie die ramponierten Wiederholungen, die Becketts gesamtes Werk unwiderstehlich herbeizieht. In ihnen ist Geschichte storniert. Wiederholungszwang ist der regressiven Verhaltensweise des Eingesperrten abgesehen, der es immer wieder versucht. Beckett trifft sich mit jüngsten Tendenzen der Musik nicht zuletzt darin, daß er, der Westliche, Züge aus Strawinskis radikaler Vergangenheit, die beklemmende Statik der zerfällten Kontinuität, mit avancierten expressiven und konstruktiven Mitteln aus der Schönbergschule amalgamiert. Auch die Umrisse von Hamm und Clov sind die einer einzigen Linie; die Individuation zur säuberlich selbständigen Monade wird ihnen versagt. Sie können nicht ohne einander leben. Die Macht Hamms über Clov scheint darauf zu beruhen, daß nur er weiß, wie der Speiseschrank aufgeht, etwa wie nur ein Prinzipal die Kombination kennt, auf die das Schloß eines Kassenschranks eingestellt ist. Er wäre bereit, ihm das Geheimnis zu verraten, wenn Clov schwüre, ihn – oder »uns« – »zu erledigen«. In einer fürs Gewebe des Stücks überaus charakteristischen Wendung antwortet Clov: »Ich könnte dich nicht erledigen«, und als mokierte das Stück sich über den Mann, der Vernunft annimmt, sagt Hamm: »Dann wirst du mich nicht erledigen.«[48] Auf Clov ist er angewiesen, weil dieser allein noch verrichten kann, was beide am Leben erhält. Das aber ist von fraglichem Wert, weil beide wie der Kapitän des Gespensterschiffs fürchten müssen, nicht sterben zu können. Das bißchen, das zugleich alles ist, wäre, daß daran doch vielleicht etwas sich ändert. Diese Bewegung, oder ihr Ausbleiben, ist die Handlung. Sie wird freilich nicht viel expliziter als das motivisch wiederholte »Irgend etwas geht seinen Gang«[49], so abstrakt wie die reine Form der Zeit. Eher wird die Hegelsche Dialektik von Herr und Knecht, an die Günther Anders schon bei Gelegenheit von Godot erinnerte, verlacht, als daß sie, nach den Sitten der traditionellen Ästhetik, gestaltet wäre. Der Knecht kann nicht mehr die Zügel ergreifen, um Herrschaft abzuschaffen. Der Verstümmelte wäre dazu kaum fähig, und für die spontane Aktion ist es, nach der geschichtsphilosophischen Sonnenuhr des Stückes, sowieso zu spät. Clov bleibt nichts übrig, als auszuwandern in die für die Abgeschiedenen nicht vorhandene Welt, mit einigen Chancen, dabei zu sterben. Selbst auf die Freiheit zum Tode darf er sich nicht verlassen. Zwar bringt er den Entschluß zu gehen auf, kommt auch wie zum Abschied herein: »Panama, Tweedrock, hellgelbe Handschuhe, Regenmantel überm Arm, Schirm und Koffer«[50], mit einer musikalisch starken Schlußwirkung. Aber man sieht nicht seinen Abgang, sondern er bleibt »regungslos und teilnahmslos mit auf Hamm gerichtetem Blick bis zum Ende stehen.«[51] Das ist eine Allegorie, aus der die Intention verpuffte. Von Unterschieden abgesehen, die entscheiden mögen oder ganz gleichgültig sein, ist sie identisch mit dem Anfang. Kein Zuschauer und kein Philosoph wüßte zu sagen, ob es nicht wieder von vorn beginnt. Dialektik pendelt aus. Musikhaft ist die Handlung des Stücks insgesamt komponiert, über zwei Themen wie vormals Doppelfugen. Das erste Thema ist, daß es zu Ende gehen soll, die unscheinbar gewordene Schopenhauersche Verneinung des Willens zum Leben. Hamm stimmt es an; die Personen, die keine mehr sind, werden zu Instrumenten ihrer Situation, als hätten sie Kammermusik zu spielen. »Hamm, der im Endspiel blind und unbeweglich im Rollstuhl sitzt, ist von allen bizarren Instrumenten Becketts das mit den meisten Tönen, dem überraschendsten Klang.«[52] Hamms Unidentität mit sich selbst motiviert den Verlauf. Während er das Ende will, als das der Qual schlecht unendlicher Existenz, ist er besorgt um sein Leben wie ein Herr in den ominösen besten Jahren. Überwertig sind ihm die minderen Paraphernalien von Gesundheit. Er fürchtet aber nicht den Tod, sondern daß er mißlingen könnte; das Kafkasche Motiv des Jägers Grachus hallt nach[53]. So wichtig wie die eigene Notdurft ist ihm, daß der zum Schauen bestellte Clov kein Segel, keine Rauchfahne erspäht; daß keine Ratte und kein Insekt mehr sich regt, mit denen das Unheil von vorn anheben könne; auch nicht das vielleicht überlebende Kind,

das doch die Hoffnung wäre und auf das er lauert wie Herodes
der Metzger auf den agnus dei. Das Insektenvertilgungsmittel,
das vom Anbeginn auf die Vernichtungslager hinauswollte,
wird zum Endprodukt der Naturbeherrschung, die sich selbst
erledigt. Inhalt des Lebens ist nur noch: daß nichts Lebendiges
sei. Alles was ist, soll einem Leben gleichgemacht werden, das
selber der Tod ist, die abstrakte Herrschaft. – das zweite
Thema ist Clov zugeordnet, dem Diener. Nach einer freilich
sehr verdunkelten Geschichte lief er Schutz suchend Hamm
zu; aber er hat auch manches vom Sohn des wütend impoten-
ten Patriarchen. Dem Ohnmächtigen den Gehorsam kündigen ist das Allerschwerste, unwiderstehlich sträubt sich das
Geringfügige, Überholte gegen die Abschaffung. Kontrapunktiert sind die beiden Handlungen dadurch, daß der To-
deswille Hamms eins ist mit seinem Lebensprinzip, während
der Lebenswille Clovs den Tod beider herbeiführen dürfte;
Clov sagt: »Draußen ist der Tod.«[54] Die Antithese der Helden ist denn auch nicht fixiert, sondern ihre Regungen vermi-
schen sich; gerade Clov redet zuerst vom Ende. Schema des
Verlaufs ist das Endspiel des Schachs, eine typische, einigermaßen normierte Situation, durch Zäsur vom Mittelspiel und
seinen Kombinationen getrennt; diese fehlen auch im Stück,
Intrige und plot werden stillschweigend suspendiert. Nur
Kunstfehler oder Unglücksfälle wie der, daß irgendwo noch
Lebendiges wächst, könnten Unvorhergesehenes stiften,
nicht der findige Geist. Fast leer ist das Feld, und was zuvor
geschah, ist kümmerlich nur aus den Stellungen der paar Figuren abzulesen. Hamm ist der König, um den alles sich dreht
und der selber nichts vermag. Das Mißverhältnis zwischen
dem Schach als Zeitvertreib und der unmäßigen Anstrengung,
die es inoliviert, wird auf der Bühne zu dem zwischen athletisch
sich Gebärdenden und dem Gummigewicht dessen, was sie
tun. Ob die Partie mit einem Patt oder einem ewigen Schach

ausgeht, oder ob Clov siegt, wird, als wäre die Gewißheit dar-
über schon zuviel Sinn, nicht eindeutig; übrigens ist es wohl
auch gar nicht so wichtig, im Patt käme alles zur Ruhe wie im
Matt. Sonst entragt dem Kreis einzig das flüchtige Bild jenes
Kindes[55], hinfälligste Reminiszenz an Fortinbras oder den
Kinderkönig. Es könnte gar Clovs eigenes, verlassenes Kind
sein. Aber das schräge Licht, das von dorther in den Raum
fällt, ist so schwach wie die hilflos helfenden Arme, die am
Ende von Kafkas Prozeß zum Fenster sich hinausstrecken.
Thematisch wird die Endgeschichte des Subjekts in einem In-
termezzo, das seine Symbolik sich gestatten kann, weil es die
eigene Hinfälligkeit, und damit die seines Sinnes, vor Augen
stellt. Die Hybris des Idealismus, die Inthronisation des Menschen als Schöpfer im Zentrum der Schöpfung, hat sich in dem
»Innenraum ohne Möbel« verschanzt wie ein Tyrann in seinen letzten Tagen. Dort wiederholt er mit winzig verkleinerter
Imagination, was einmal der Mensch gewesen sein wollte; was
ihm der gesellschaftliche Zug nicht anders als die neue Kos-
mologie entwand und wovon er doch nicht loskommt. Clov
ist seine male nurse. Von ihm läßt Hamm im Rollsessel in die
Mitte jenes Interieurs sich schieben, zu dem die Welt wurde
und zugleich der Innenraum seiner eigenen Subjektivität:

HAMM: Laß mich eine kleine Runde machen. (Clov stellt
sich hinter den Sessel und schiebt ihn ein Stück voran.)
Nicht zu schnell. (Clov schiebt den Sessel weiter.) Eine
kleine Runde um die Welt. (Clov schiebt den Sessel weiter.)
Scharf an der Wand entlang. Dann wieder zurück in die
Mitte. (Clov schiebt den Sessel weiter.) Ich stand doch genau in der Mitte, nicht wahr?[56]

Der Verlust der Mitte, den das parodiert, weil jene Mitte
selbst schon Lüge war, wird zum armseligen Gegenstand nörgelnder und kraftloser Pedanterie:

CLOV: Wir haben die Runde noch nicht beendet.

HAMM: Zurück an meinen Platz. (Clov schiebt den Sessel wieder an seinen Platz und hält ihn an.) Ist das hier mein Platz?

CLOV: Ja, dein Platz ist hier.

HAMM: Stehe ich genau in der Mitte?

CLOV: Ich werde nachmessen.

HAMM: Ungefähr! Ungefähr!

CLOV: Da.

HAMM: Stehe ich ungefähr in der Mitte?

CLOV: Es scheint mir so.

HAMM: Es scheint dir so! Stell mich genau in die Mitte!

CLOV: Ich hole den Zollstock.

HAMM: Ach was! So in etwa. (Clov schiebt den Sessel unmerklich weiter.) Genau in die Mitte![57]

Was aber in dem blöden Ritual vergolten wird, ist nichts, was das Subjekt erst verübt hätte. Subjektivität selbst ist die Schuld; daß man überhaupt ist. Ketzerisch fusioniert sich die Erbsünde mit der Schöpfung. Sein, das Existentialphilosophie als Sinn von Sein ausposaunt, wird zu dessen Antithesis. Panische Angst vor Reflexbewegungen des Lebendigen peitscht nicht nur zu unermüdlicher Naturbeherrschung an: sie heftet sich ans Leben selbst als den Grund des Unheils, zu dem Leben wurde:

HAMM: Alle, denen ich hätte helfen können. (Pause) Helfen! (Pause) Die ich hätte retten können. (Pause) Retten! (Pause) Sie krochen aus allen Ecken. (Pause. Heftig.) Überlegen Sie doch, überlegen Sie! Sie sind auf der Erde, dagegen ist kein Kraut gewachsen![58]

Daraus zieht er das Fazit: »Das Ende ist am Anfang, und doch macht man weiter.«[59] Das autonome Sittengesetz schlägt antinomistisch um, reine Herrschaft über Natur in Pflicht zum Ausrotten, die stets schon dahinter lauerte:

HAMM: Schon wieder Komplikationen! (Clov steigt von der Leiter.) Wenn es nur nicht wieder losgeht!

Clov rückt die Leiter näher ans Fenster, steigt hinauf und setzt das Fernglas an. Pause.

CLOV: O je, oh je, oh je, oh je!

HAMM: Ein Blatt? Eine Blume? Eine Toma ... (er gähnt) ... te?

CLOV (schauend): Du kriegst gleich Tomaten! Jemand! Da ist jemand!

HAMM (hört auf zu gähnen): Na ja, geh ihn ausrotten.

(Clov steigt von der Leiter. Leise.) Jemand! (Mit bebender Stimme.) Tu deine Pflicht! [60]

Über den Idealismus, dem solcher totale Pflichtbegriff entstammt, urteilt eine Frage des verhinderten Rebellen Clov an seinen verhinderten Herrn:

CLOV: Gibt es Sektoren, die dich besonders interessieren? (Pause) Oder bloß alles? [61]

Das klingt wie die Probe auf Benjamins Einsicht, eine angeschaute Zelle Wirklichkeit wiege den Rest der ganzen übrigen Welt auf. Das Totale, reine Setzung des Subjekts, ist das Nichts. Kein Satz klingt absurder als dieser vernünftigste, der das Alles zum Nur kontrahiert, dem Trugbild der anthropozentrisch beherrschbaren Welt. So vernünftig, jedoch dies Absurdeste, so wenig läßt der absurde Aspekt von Becketts Stück sich wegdisputieren, nur weil seiner die eilfertige Apologetik und die Begierde des Abstempelns sich bemächtigte. Ratio, vollends instrumentell geworden, bar der Selbstbesinnung und der auf das von ihr Entqualifizierte, muß nach dem Sinn fragen, den sie selber tilgte. In dem Stand aber, der zu dieser Frage nötigt, bleibt keine Antwort als das Nichts, das sie als reine Form bereits ist. Die geschichtliche Unausweichlichkeit dieser Absurdität läßt sie ontologisch erscheinen: das ist der Verblendungszusammenhang der Geschichte selbst. Becketts

Drama durchschlägt ihn. Der immanente Widerspruch des Absurden, der Unsinn, in dem Vernunft terminiert, öffnet emphatisch die Möglichkeit eines Wahren, das nicht einmal mehr gedacht werden kann. Er untergräbt den absoluten Anspruch dessen, was nun einmal so ist. Die negative Ontologie ist die Negation von Ontologie: Geschichte allein hat gezeitigt, was die mythische Gewalt des Zeitlosen sich aneignete. Die geschichtliche Fiber von Situation und Sprache bei Beckett konkretisiert nicht more philosophico ein Ungeschichtliches – eben dieser Usus der existentialistischen Dramatiker ist so kunstfremd wie philosophisch rückständig. Sondern das Ein für allemal Becketts ist die unendliche Katastrophe; erst »daß die Erde erloschen ist, obgleich ich sie nie brennen sah«[62], begründet Clovs Antwort auf Hamms Frage: »Meinst du nicht, daß es lange genug gedauert hat?«: »Seit jeher schon. «[63] Vorgeschichte dauert fort, das Phantasma von Ewigkeit ist selber nur deren Fluch. Nachdem Clov dem ganz Gelähmten über das berichtete, was er von der Erde sieht, nach der zu schauen jener ihm gebot[64], vertraut Hamm ihm als sein Geheimnis an:

CLOV (vertieft): Hmm.

HAMM: Weißt du was?

CLOV (dergleichen): Hmm.

HAMM: Ich bin nie dagewesen.[65]

Die Erde ward noch nie betreten; das Subjekt ist noch keines. Bestimmte Negation wird dramaturgisch durch konsequente Verkehrung. Die beiden Sozialpartner qualifizieren ihre Einsicht, es gebe keine Natur mehr, mit dem bürgerlichen »Du übertreibst«[66]. Besonnenheit ist das probate Mittel, Besinnung zu sabotieren. Sie veranlaßt zur melancholischen Reflexion:

CLOV (traurig): Niemand auf der Welt hat je so verdreht gedacht wie wir.[67]

Wo sie der Wahrheit am nächsten kommen, fühlen sie in gedoppelter Komik ihr Bewußtsein als falsches; so spiegelt sich der Zustand, an den Reflexion nicht mehr heranreicht. Mit der Technik von Verkehrung ist aber das ganze Stück gewoben. Sie transfiguriert die empirische Welt in das, als was sie desultorisch schon beim späten Strindberg und im Expressionismus benannt war. »Das ganze Haus stinkt nach Kadaver... Das ganze Universum.«[68] Hamm, der danach auf »das Universum pfeift«, ist ebenso der Urenkel Fichtes, der die Welt verachtet, weil sie nichts als Rohmaterial und Produkt ist, wie der, welcher keine Hoffnung weiß denn die kosmische Nacht, die er mit Poesiezitaten erfleht. Zur Hölle wird die Welt als absolute: nichts anderes ist als sie. Graphisch hebt Beckett den Satz Hamms hervor: »Jenseits ist... die ANDERE Hölle.«[69] Er läßt eine vertrackte Metaphysik des Diesseits durchscheinen, mit Brechtischem Kommentar:

CLOV: Glaubst du an das zukünftige Leben?

HAMM: Meines ist es immer gewesen. (Clov geht und schlägt die Tür hinter sich zu.) Peng! Das saß![70]

In seiner Konzeption kommt Benjamins Idee einer Dialektik im Stillstand nach Hause:

HAMM: Es wird das Ende sein, und ich werde mich fragen, durch was es wohl herbeigeführt wurde, und ich werde mich fragen, durch was es wohl... (er zögert.)... warum es so spät kommt. (Pause) Ich werde da sein, in dem alten Unterschlupf, allein gegen die Stille und... (Er zögert.)... die Starre. Wenn ich schweigen kann und ruhig bleiben, wird es aus sein mit jedem Laut und jeder Regung.[71]

Jene Starre ist die Ordnung, die Clov angeblich liebt und die er als Zweck seiner Verrichtungen definiert:

CLOV: Eine Welt, in der alles still steht und starr wäre und jedes Ding seinen letzten Platz hätte, unterm letzten Staub.[72]

Wohl wird das alttestamentarische Zu Staub sollst du werden übersetzt in: Dreck. Zur Substanz des Lebens, das der Tod ist, werden dem Stück die Exkretionen. Aber das bilderlose Bild des Todes ist eines von Indifferenz. In ihm verschwindet der Unterschied zwischen der absoluten Herrschaft, der Hölle, in der Zeit gänzlich in den Raum gebannt ist, in der schlechterdings nichts mehr sich ändert, – und dem messianischen Zustand, in dem alles an seiner rechten Stelle wäre. Das letzte Absurde ist, daß die Ruhe des Nichts und die von Versöhnung nicht auseinander sich kennen lassen. Hoffnung kriecht aus der Welt, in der sie so wenig mehr aufbewahrt wird wie Brei und Praliné, dorthin zurück, woher sie ihren Ausgang nahm, in den Tod. Aus ihm zieht das Stück seinen einzigen Trost, den stoischen:

CLOV: Es gibt so viele schreckliche Dinge.

HAMM: Nein, nein, es gibt gar nicht mehr so viele.[73]

Bewußtsein schickt sich an, dem eigenen Untergang ins Auge zu sehen, als wollte es ihn überleben wie die beiden ihren Weltuntergang. Proust, über den Beckett in seiner Jugend einen Essay schrieb, soll versucht haben, den eigenen Todeskampf in Notizen zu protokollieren, die der Beschreibung von Bergottes Tod hätten eingefügt werden sollen. Das Endspiel führt diese Absicht aus wie das Mandat aus einem Testament.

1  Samuel Beckett, Endspiel, Frankfurt am Main 1957, S. 33.
2  a.a.O., S. 27.
3  a.a.O., S. 23 f.
4  a.a.O., S. 14.
5  a.a.O., S. 15 f.
6  a.a.O., S. 9.
7  a.a.O., S. 25.
8  a.a.O., S. 16.
9  a.a.O., S. 28.
10  vgl. Erpreßte Versöhnung, oben S. 166 und Georg Lukács, Wider den mißverstandenen Realismus, Hamburg 1958, S. 31.

11 Jaspers, Philosophie, Berlin-Göttingen-Heidelberg 1956, II. Bd., S. 201 f.
12 a.a.O., S. 202.
13 a.a.O., S. 203.
14 a.a.O., S. 225.
15 Heinrich Rickert, Unmittelbarkeit und Sinndeutung, Tübingen 1939, S. 133 f.
16 Ernst Robert Curtius, Französischer Geist im neuen Europa, 1925, S. 74 ff; zitiert bei Heinrich Rickert, a.a.O., S. 133 ff., Fußnote.
17 Beckett, a.a.O., S. 37.
18 vgl. Max Horkheimer und Th. W. Adorno, Dialektik der Aufklärung. Amsterdam 1947, S. 279.
19 Beckett, a.a.O., S. 67.
20 a.a.O., S. 55.
21 a.a.O.
22 a.a.O., S. 23.
23 a.a.O., S. 11.
24 a.a.O., S. 10.
25 a.a.O., S. 25.
26 a.a.O., S. 20.
27 vgl. a.a.O., S. 44.
28 vgl. etwa Günther Anders, Die Antiquiertheit des Menschen, München 1956, S. 217.
29 Beckett, a.a.O., S. 26.
30 a.a.O., S. 39.
31 a.a.O., S. 13.
32 a.a.O., S. 16 f
33 vgl. Th. W. Adorno, Prismen, Aufzeichnungen zu Kafka, Berlin und Frankfurt am Main 1955, S. 329, Fußnote.
34 vgl. Beckett, a.a.O., S. 56.
35 Sigmund Freud, Gesammelte Werke, XI. Bd., London 1940, Vorlesungen zur Einführung in die Psychoanalyse, S. 33.
36 Beckett, a.a.O., S. 29.
37 a.a.O., S. 22.
38 vgl. Th. W. Adorno, Voraussetzungen in: Akzente 1961, Heft 4 und dazu Max Horkheimer und Th. W. Adorno, Dialektik der Aufklärung, a.a.O., S. 37 ff.
39 vgl. Th. W. Adorno, Dissonanzen, 2. Auflage, Göttingen 1958, S. 34 und 44.
40 Beckett, a.a.O., S. 28.
41 a.a.O., S. 36.
42 a.a.O., S. 41.
43 a.a.O., S. 51 f.
44 a.a.O., S. 18.
45 a.a.O.
46 Walter Benjamin, Schriften I, Frankfurt am Main 1955, S. 457.
47 Beckett, a.a.O., S. 48.
48 a.a.O., S. 33.
49 a.a.O., S. 16; vgl. S. 29.
50 a.a.O., S. 66.

51 a.a.O.
52 Marie Luise von Kaschnitz, Vortrag über Lucky, Frankfurter Universität.
53 vgl. Th. W. Adorno, Prismen, a.a.O., S. 341.
54 Beckett, a.a.O., S. 13.
55 vgl. a.a.O., S. 62.
56 a.a.O., S. 24.
57 a.a.O., S. 25.
58 a.a.O., S. 54.
59 a.a.O.,
60 a.a.O., S. 61.
61 a.a.O., S. 57.
62 a.a.O., S. 65.
63 a.a.O., S. 38.
64 a.a.O., S. 56.
65 a.a.O., S. 58.
66 a.a.O., S. 14.
67 a.a.O.
68 a.a.O., S. 39.
69 a.a.O., S. 24.
70 a.a.O., S. 41.
71 a.a.O., S. 54 f.
72 a.a.O., S. 46.
73 a.a.O., S. 38.

*aus:*
*Theodor W. Adorno, Noten zur Literatur* II
© *Suhrkamp Verlag Frankfurt am Main 1961*

# Drucknachweise

*Ist die Kunst heiter?* Süddeutsche Zeitung, 15./16. Juli 1967

*Valéry Proust Museum* geschrieben 1953, publiziert in »Die Neue Rundschau« 1953. Wieder abgedruckt in »Prismen«, Suhrkamp Verlag, Frankfurt am Main, 1955.

*Valérys Abweichungen,* in: *Die Neue Rundschau,* 71. Jg., 1960, Heft 1, S. 1 ff. Wiederabgedruckt in »Noten zur Literatur II«, Suhrkamp Verlag, Frankfurt am Main, 1961.

*Kleine Proust-Kommentare,* ursprünglich ein Vortrag für den Hessischen und den Süddeutschen Rundfunk, zur Feier des Abschlusses der deutschen Ausgabe der Recherche. Marianne Hoppe las die ausgewählten Abschnitte, der Autor sprach die Kommentare dazu. Unverändert publiziert in: *Akzente,* 1958, Heft 6, S. 564 ff. Wiederabgedruckt in »Noten zur Literatur II«, Suhrkamp Verlag, Frankfurt am Main, 1961.

*Rückblickend auf den Surrealismus,* erschienen in *Texte und Zeichen,* 1956, 6. Heft. Wiederabgedruckt in »Noten zur Literatur«, Suhrkamp Verlag, Frankfurt am Main, 1958.

*Voraussetzungen.* Vortrag, aus Anlaß einer Lesung von Hans G. Helms, Köln, 27. Oktober 1960. Publiziert in: *Akzente* 1961, Heft 5. Wiederabgedruckt in »Noten zur Literatur III«, Suhrkamp Verlag, Frankfurt am Main, 1965.

*Aufzeichnungen zu Kafka,* geschrieben 1942–1953, publiziert in »Die Neue Rundschau« 1953. Wiederabgedruckt in »Prismen«, Suhrkamp Verlag, Frankfurt am Main, 1955.

*Versuch, das Endspiel zu verstehen.* Teile wurden beim 7. Suhrkamp-Verlags-Abend am 27. Februar 1961 in Frankfurt a. M. vorgetragen. Abgedruckt in »Noten zur Literatur II«, Suhrkamp Verlag, Frankfurt am Main, 1961.

1903 am 11. September in Frankfurt am Main geboren
1924 Promotion an der Universität Frankfurt über »Die Transzendenz des Dinglichen und Noematischen in Husserls Phänomenologie«
1931 Habilitation an der Universität Frankfurt: »Kierkegaard. Konstruktion des Ästhetischen«
1934 Emigration nach Oxford
1938 Übersiedlung nach New York
1941 Übersiedlung nach Los Angeles, Zusammenarbeit mit Max Horkheimer an der
1947 »Dialektik der Aufklärung«. Philosophische Fragmente
1949 Rückkehr nach Frankfurt, »Philosophie der neuen Musik«
1951 »Minima Moralia«
1952 »Versuch über Wagner«
1955 »Prismen«. Kulturkritik und Gesellschaft
1956 »Dissonanzen«. Musik in der verwalteten Welt. »Zur Metakritik der Erkenntnistheorie«. Studien über Husserl und die phänomenologischen Antinomien
1957 »Aspekte der Hegelschen Philosophie«
1958 »Noten zur Literatur I«
1959 »›Klangfiguren‹. Musikalische Schriften I«
1960 »Mahler. Eine musikalische Physiognomik«
1961 »Noten zur Literatur II«
1962 »Einleitung in die Musiksoziologie«. Zwölf theoretische Vorlesungen. »Sociologica II«, Reden und Vorträge von Th. W. Adorno und Max Horkheimer
1963 »Drei Studien zu Hegel«
     »Eingriffe«. Neun kritische Modelle
     »Der getreue Korrepetitor«. Lehrschriften zur musikalischen Praxis
     »Quasi una Phantasia«, Musikalische Schriften II
1964 »Moments Musicaux«, Aufsätze 1928–1962
     »Jargon der Eigentlichkeit«. Zur deutschen Ideologie
1965 »Noten zur Literatur III«
1966 »Negative Dialektik«
     »Ohne Leitbild«
1969 am 6. August Tod in Visp bei Zermatt, Kanton Wallis
     »Stichworte«. Kritische Modelle 2
1970 Beginn der 20bändigen Ausgabe »Gesammelte Schriften«

Theodor W. Adorno im Suhrkamp Verlag

## Gesammelte Schriften

## Einzelausgaben:

## edition suhrkamp

*Eingriffe.* Neun kritische Modelle. 1963 Band 10
*Drei Studien zu Hegel.* 1963 Band 38
*Moments Musicaux.* 1964 Band 54
*Jargon der Eigentlichkeit. Zur deutschen Ideologie.* 1964 Band 91
*Ohne Leitbild. Parva Aesthetica.* 1967 Band 201
*Impromptus.* Zweite Folge neu gedruckter musikalischer Aufsätze.
1968 Band 267
*Stichworte.* Kritische Modelle 2. 1969 Band 347
*Kritik. Kleine Schriften zur Gesellschaft.* 1971 Band 469
*Zur Metakritik der Erkenntnistheorie.* 1972 Band 590
*Über Th. W. Adorno.* Mit Beiträgen von Kurt Oppens, Hans Kudszus,
Jürgen Habermas, Bernhard Willms, Hermann Schweppenhäuser
und Ulrich Sonnemann. 1968 Band 249

## Bibliothek Suhrkamp

*Noten zur Literatur I.* 1958 Band 47
*Mahler.* Eine musikalische Physiognomik. 1960 Band 61
*Noten zur Literatur II.* 1961 Band 71
*Noten zur Literatur III.* 1965 Band 146
*Minima Moralia.* 1969 Band 236
*Über Walter Benjamin.* Herausgegeben von Rolf Tiedemann.
1970 Band 260

## suhrkamp taschenbücher

Erziehung zur Mündigkeit. 1971. Band 11

st 75 Ernst Bloch
**Vorlesungen zur Philosophie der Renaissance**
176 Seiten
*Vorlesungen zur Philosophie der Renaissance* ist Ernst
Blochs neueste Veröffentlichung. Bloch interpretiert die
Renaissance nicht als »Wiedergeburt« der Antike, sondern als Neugeburt eines neuen Menschen und einer
neuen Gesellschaft: der bürgerlichen. Diese Zeitenwende
stellt er dar anhand der bisher stiefmütterlich behandel-
ten Philosophie der Renaissance, angefangen bei den
italienischen Naturphilosophen, über Giordano Bruno,
Campanella, Paracelsus, Jakob Böhme und Francis Bacon,
die Entstehung der mathematischen Naturwissenschaft
mit Galilei, Kepler und Newton, bis zur Rechts- und
Staatsphilosophie von Althusius, Machiavelli, Bodin und
Hobbes. So entsteht ein geistesgeschichtliches Gesamt-
bild dieser Epoche, wie es heute für die Renaissance im
allgemeinen Bewußtsein noch fehlt, weil man von ihr
vor allem die künstlerische Revolution wahrgenommen
hat.


76 Alexander Mitscherlich
Massenpsychologie ohne Ressentiment.
Sozialpsychologische Betrachtungen
ca. 224 Seiten
In diesem Band sind Aufsätze gesammelt, in denen sich
Mitscherlich mit dem Verhalten, den Reaktionsweisen
und Belastungen des Menschen in der Masse beschäftigt,
kurz, mit den Problemen des modernen Menschen überhaupt. Es geht um Angst und Aggressionen, Masse
und Familie, unstillbare Bedürfnisse und Ersatzbefrie-
digungen, Tabus und deren hemmende Wirkungen für
die Demokratie. Durch das Bewußtmachen dieser
Schwierigkeiten will Mitscherlich dem Menschen helfen,
das Leben in der gegenwärtigen Massengesellschaft besser
zu bestehen.

st 77 George Steiner
In Blaubarts Burg.
Anmerkungen zur Neudefinition der Kultur
Aus dem Englischen von Friedrich Polakovics
160 Seiten
Grundthema dieses Buches ist die beklemmende Fest-
stellung, daß die Schreckensfiktionen der westlichen Kultur, besonders der europäischen Literatur seit 1815, wie
eine ersehnte Vorwegnahme des tatsächlichen Schreckens
wirken, der ab 1915 über Europa kam. Aus dieser Fest-
stellung entsteht die Erkenntnis: die westliche Kultur
ist nicht von außen vernichtet worden, die Barbarei,
die sie zerstörte, entstand in ihr selbst aus dem uner-
träglichen Widerspruch zwischen der ideellen Befreiung
des Individuums im Zeitalter der Französischen Revolution und seiner realen Versklavung in der Maschinerie
der Welt der Wirtschaft seit der Restauration von 1815.

st 78 Wolfgang Koeppen
Das Treibhaus
192 Seiten
In dem Roman »Das Treibhaus« zeigt Wolfgang Koeppen
am Schicksal eines Einzelnen die Anonymität politischer
Mechanismen: das »Treibhaus«-Klima von Wahlkampf,
Diplomatie und Parteiopportunismus, politische Praxis
als Selbstzweck, als Geschäft. Wer sich nicht anpaßt,
scheitert.

st 79 Hermann Hesse
Das Glasperlenspiel
624 Seiten
Dieses Buch enthält eine sehr konkrete Utopie. Nicht
umsonst ist es den Morgenlandfahrern gewidmet, der
Chiffre Hermann Hesses für die Künstler, Wissen-
schaftler und alle Menschen der Vergangenheit, Gegenwart und Zukunft, die untereinander darin verwandt
sind, daß sie unabhängig von Parolen und Ansprüchen
der Majoritäten ihre eigene Veranlagung konsequent
verwirklichen, nicht aus Selbstzweck, sondern aus Notwendigkeit und somit zwangsläufig beitragen zur Objektivation des Geistes, der Wissenschaft und Humanität,
die über allen Beschränkungen der Nationen, Rassen,
Konfessionen und Ideologien steht.

st 81 Max Frisch
Stücke 2
448 Seiten
Auch in seinen späteren Stücken geht es Max Frisch
um die Darstellung der vielfältigen psychischen und sozialen Einflüsse und Widerstände, mit denen einzelne
Gruppen konfrontiert werden. *Don Juan oder Die Liebe
zur Geometrie, Biedermann und die Brandstifter, Die
große Wut des Philipp Hotz, Andorra, Biografie.* Dieser
Band folgt in Text und Anhang, bis auf die *Biografie,*
der Ausgabe von 1962.

st 83 Kurt R. Grossmann
Ossietzky. Ein deutscher Patriot
Mit einem Vorwort von Dieter Hildebrandt
464 Seiten
Carl von Ossietzky – kein anderer deutscher Nobelpreis-
träger ist bei uns so ausschließlich nur vom Hörensagen
bekannt. Zwar findet sich sein Name in den Geschichts-
büchern, denn wer von der Weimarer Republik spricht,
spricht von Ossietzky, ihrem mutigsten und selbstlosesten
Anwalt. Doch wer sich näher und objektiv über ihn
informieren will, ist bei uns noch immer auf die rar
gewordenen alten Jahrgänge der »Weltbühne« und andere so gut wie verschollene Zeitschriften angewiesen.
Das Buch des mit Ossietzky befreundeten, in diesem
Jahr verstorbenen Augenzeugen Kurt R. Grossmann ist
ein wohldokumentiertes Quellenwerk und darüber
hinaus ein lehrreiches Stück Zeitgeschichte, in dem
Ossietzky nicht ideologisch reduziert, sondern in seiner
ganzen kritischen Vielfalt gezeigt wird als einer der un-
erschrockensten deutschen Publizisten.

st 89 Michel Butor
Paris-Rom oder Die Modifikation
Aus dem Französischen von Helmut Scheffel
304 Seiten
*Paris-Rom oder Die Modifikation* ist eines der wich-
tigsten Werke des *nouveau roman,* der, die Experimente
von Proust, Joyce und Faulkner weiterentwickelnd, in
einer kritischen Auseinandersetzung mit dem traditionellen Roman ein adäquates Ausdrucksmittel sucht. Auf
der Reise von Paris nach Rom ändert der Erzähler,

ein Geschäftsreisender, seinen Entschluß, sich von seiner Pariser Frau scheiden zu lassen und seine italienische Freundin zu heiraten, weil er sich bewußt wird, daß er durch diese zweite Heirat seine erste Ehe nur wiederholen würde. Der Roman ist durchweg ein innerer Monolog in der zweiten Person. Dieser Monolog wird stimuliert und unterbrochen durch Verschiebungen von Raum und Zeit, den Wechsel von Reflexion und Traum, den Kontrast zwischen der fremden Umwelt und der inneren Entscheidung, durch die Erkenntnis, daß die Dinge, d. h. unser Verhältnis zu ihnen, sowohl eine mythenschaffende wie eine mythenzerstörende Qualität haben.


st 97/98 Knut Ewald
Innere Medizin
ist das auf dem aktuellsten Stand befindliche, derzeit erhältliche Kompendium der Inneren Medizin. Als übersichtliches – den ganzen Stoff der Inneren Medizin stichwortartig resümierendes – Nachschlagwerk ist es das ideale Handbuch für alle Studierenden, Ärzte und interessierte Laien. Ein umfangreiches Sachwortverzeichnis ermöglicht eine rasche Orientierung.


st 103 Noam Chomsky
Kambodscha, Laos, Nordvietnam
Im Krieg mit Asien II
Aus dem Amerikanischen übersetzt von Jürgen Behrens
256 Seiten
Noam Chomsky, der Begründer der Generativen Grammatik, erregte weltweites Aufsehen durch sein kompromißloses Engagement gegen den Krieg der Vereinigten Staaten in Indochina. In seinem neuesten Buch *Im Krieg mit Asien,* dessen erster Teil als st 32 unter dem Titel *Indochina und die amerikanische Krise* erschien, legt Chomsky seine totale Verurteilung der amerikanischen Indochinapolitik dar. Dieser zweite Band enthält am Ende eine vollständige Literaturliste der zitierten Arbeiten und damit zugleich eine der wahrscheinlich umfassendsten amerikanischen Bibliographien zum Vietnamkrieg.

st 127 Hans Fallada
Tankred Dorst
Kleiner Mann – was nun?
Eine Revue von Tankred Dorst und Peter Zadek
ca. 200 Seiten
Tankred Dorst hat Hans Falladas 1932 erschienenen
Roman »Kleiner Mann – was nun?« dramatisiert, der
zu einem der größten Bucherfolge seiner Zeit wurde. In
der Geschichte des kleinen Angestellten Pinneberg und
der Arbeitertochter Lämmchen in den Jahren der großen
Arbeitslosigkeit erkannten Hunderttausende ihre eigene
Geschichte, ihren Alltag, ihre Welt. Die Dramatisierung
von Tankred Dorst wurde für die Neueröffnung der
Städtischen Bühnen Bochum unter der Leitung von Peter
Zadek vorgenommen.

st 150 Zur Aktualität Walter Benjamins
Aus Anlaß des 80. Geburtstags von Walter Benjamin
herausgegeben von Siegfried Unseld
288 Seiten
Der vorliegende Band »Zur Aktualität Walter Benjamins« nimmt wichtige, hier erstmals publizierte Ab-
handlungen auf, die aus diesem Anlaß geschrieben worden sind, und Texte von Walter Benjamin, seine »Lehre
vom Ähnlichen«, eine umfangreiche Variante der Arbeit
»Über das mimetische Vermögen«, den autobiographisch
bedeutenden Text »Agesilaus Santander«, den Briefwechsel
mit Bertolt Brecht und drei Lebensläufe, deren letzter
kurz vor seinem Tod geschrieben wurde.